丛书主编/陈 龙 杜志红

数字媒体艺术丛书

融媒体传播概论

Introduction to Convergent Media Communication

主　编　陈　龙
编写人员　(按章节编写顺序排列)
　　　　　陈　龙　傅亦静　李　超
　　　　　刘志红　雷朗清　王宏宇
　　　　　潘奕帆　段鑫玥

苏州大学出版社
Soochow University Press

图书在版编目(CIP)数据

融媒体传播概论 / 陈龙主编. —苏州：苏州大学出版社，2021.12（2023.10 重印）
（数字媒体艺术丛书 / 陈龙，杜志红主编）
ISBN 978-7-5672-3835-0

Ⅰ.①融… Ⅱ.①陈… Ⅲ.①传播媒介-研究 Ⅳ.①G219.2

中国版本图书馆 CIP 数据核字（2021）第 271117 号

书　　名：	融媒体传播概论 RONGMEITI CHUANBO GAILUN
主　　编：	陈　龙
责任编辑：	万才兰
装帧设计：	吴　钰
出版发行：	苏州大学出版社（Soochow University Press）
社　　址：	苏州市十梓街 1 号　邮编：215006
网　　址：	www.sudapress.com
邮　　箱：	sdcbs@suda.edu.cn
印　　装：	苏州市越洋印刷有限公司
邮购热线：	0512-67480030　销售热线：0512-67481020
网店地址：	https://szdxcbs.tmall.com/（天猫旗舰店）
开　　本：	787 mm×960 mm　1/16　印张：16.75　字数：265 千
版　　次：	2021 年 12 月第 1 版
印　　次：	2023 年 10 月第 2 次印刷
书　　号：	ISBN 978-7-5672-3835-0
定　　价：	56.00 元

凡购本社图书发现印装错误，请与本社联系调换。服务热线：0512-67481020

General preface 总序

人类社会实践产生经验与认知，对经验和认知的系统化反思产生新的知识。实践无休无止，则知识更新也应与时俱进。

自 4G 传输技术应用以来，视频的网络化传播取得了突破性进展，媒介融合及文化和社会的媒介化程度进一步加深，融媒体传播、短视频传播、网络视频直播，以及各种新影像技术的使用，让网络视听传播和数字媒体艺术的实践在影像领域得到极大拓展。与此同时，融媒体中心建设、电商直播带货、短视频购物等相关社会实践也亟需理论的指导，而相关的培训均缺乏系统化、高质量的教材。怎样认识这些传播现象和艺术现象？如何把握这纷繁复杂的数字媒体世界？如何以科学的系统化知识来指导实践？理论认知和实践指导的双重需求，都需要传媒学术研究予以积极的回应。

本套丛书的作者敏锐地捕捉到这种变化带来的挑战，认为只有投入系统的研究，才能革新原有的知识体系，提升教学和课程的前沿性与先进性，从而适应新形势下传媒人才培养的战略要求。

托马斯·库恩（Thomas Kuhn）在探讨科学技术的革命时使用"范式"概念来描述科技变化的模式或结构的演进，以及关于变革的认知方式的转变。他认为，每一次科学革命，其本质就是一次较大的新旧范式的转换。他把一个范式的形成要素总结为

"符号概括、模型和范例"。范式能够用来指导实践、发现谜题和危机、解决新的问题。在这个意义上,范式一改变,这世界本身也随之改变了。传播领域和媒体艺术领域的数字革命,带来了新的变化、范例和模型,促使我们改变对这些变革的认知模式,形成新的共识和观念,进行系统化、体系化的符号概括。在编写这套丛书时,各位作者致力于以新的观念来研究新的问题,努力描绘技术变革和传播艺术嬗变的逻辑与脉络,形成新的认知方式和符号概括。

为此,本套丛书力图呈现以下特点:

理论视角新。力求跳出传统影视和媒介传播的"再现""表征"等认知范式,以新的理论范式来思考网络直播、短视频等新型数字媒体的艺术特质,尽力做到道他人之所未道,言他人之所未言。

紧密贴合实践。以考察新型数字媒体的传播实践和创作实践为研究出发点,从实践中进行分析,从实践中提炼观点。

各有侧重,又互相呼应。从各个角度展开,有的侧重学理性探讨,有的侧重实战性指导,有的侧重综合性概述,有的侧重类型化细分,有的侧重技术性操作,理论与实践相结合的特色突出。

当然,由于丛书作者学识和才华的局限,加之时间仓促,丛书的实际成效或许与上述目标尚有一定距离。但是取乎其上,才能得乎其中。有高远的目标,才能明确努力的方向。希望通过将这种努力呈现,以就教于方家。

对于这套丛书的编写,苏州大学传媒学院给予了莫大的鼓励和支持,苏州大学出版社也提供了很多指导与帮助,特别是编辑们为此付出了极多。谨在此表示衷心的感谢!

"数字媒体艺术丛书"编委会

Contents 目录

绪　论 / 001

第一章　媒介融合是大势所趋 / 019

第一节　边界消融下传媒业版图的重构 / 021

第二节　媒介融合——传媒业发展的必然趋势 / 028

第三节　媒介融合的发展现状及未来趋势 / 051

第二章　融媒体时代的新闻报道 / 065

第一节　融媒体时代的新闻报道概况 / 067

第二节　融媒体时代新闻报道的主要形式 / 076

第三节　融媒体时代新闻报道的基本要求 / 083

第三章　融媒体时代的编辑 / 093

第一节　融媒体时代编辑的定位 / 095

第二节　融媒体时代编辑面临的挑战 / 099

第三节　融媒体时代编辑素养提升 / 106

第四节　典型案例 / 113

第四章 短视频：融媒体时代内容生产的新特点 / 121

第一节 短视频的基本内涵 / 123

第二节 我国短视频的发展阶段 / 132

第三节 融媒体中的短视频 / 136

第四节 主流融媒体短视频与商业短视频平台的互嵌共融 / 143

第五节 主流融媒体布局短视频的困境与出路 / 151

第五章 算法：融媒体时代的核心技术 / 157

第一节 算法：互联社会平台的内在联结 / 159

第二节 算法破局：用户逻辑取代平台逻辑 / 181

第三节 融媒体算法传播应用的前景：省级平台共享算法技术开发利用 / 190

第六章 融媒体时代的传媒资源整合 / 195

第一节 传媒资源整合的动因 / 197

第二节 传统传媒资源的优势整合 / 210

第三节 互联网传媒资源的融合出新 / 218

第七章 融媒体改革的困境 / 223

第一节 人才结构不够合理，难以应对融媒体改革 / 225

第二节 从业人员观念较陈旧，出现路径依赖现象 / 231

第三节 存在内部机制矛盾，媒体经营方式缺乏创新 / 237

第四节 社交媒体攻势明显，舆论导向传播力不足 / 244

第五节 内容较为枯燥单调，未实现本土化落地 / 249

参考文献 / 253

绪论

一、融媒体建设的前世今生

我们这里所说的"融媒体"其实不是传统意义上的媒体，它是现有传媒机构顺应技术发展形势而做出的变革之举。

作为新生事物，首先，融媒体传达了一个理念，即传媒市场需要以一种新的模式、新的姿态来应对大众传播受新兴媒体冲击而导致的受众流失、效果不佳这一现实。这一理念以提高媒体传播力、影响力、引导力、公信力为前提，吸收各种媒体之长，实现融合出新。对中国媒体而言，此即全方位的改革。具体来说，就是整合传统媒体与新媒体的各种资源，并将其优势发挥到极致，使单一媒体的竞争力变为多媒体共同的竞争力，从而为"我"所用，为"我"服务。对地方媒体而言，融媒体对外是一个单位，一个声音，一套系统；对内则是在业务管理、内容生产等方面的多元化分工。融媒体打通了策划、采访、写作、编辑、评论的闭环通路，真正成为内容生产、技术创新的软硬件统一体和利益的"共同体"。

其次，融媒体不是一个独立的实体机构，而是一种将传统报刊、广播电视与互联网的优势整合、互为利用，使其功能、手段、价值得以全面提升的运作模式，是在媒体实践中看得见、摸得着的具体行为。新技术的迭代能够及时被吸收到传播领域，提升媒体的传播力。

再次，融媒体是充分利用媒介载体，把广播、电视、报纸等既有共同点又存在互补性的不同媒体，在人力、内容、宣传等方面进行全面整合，打造"资源通融、内容兼融、宣传互融、利益共融"的新型媒体。

最后，随着网络平台化竞争日趋激烈，媒体的深度融合还需要将政府公务、社会服务、社会治理和新闻传播功能融为一体，即将政府信息发布、政府公共服务、基层网格化治理、广播电视平台等融合在一起，真正实现多屏合一。

总体来看，融媒体主要在平台渠道、资源、经营管理、传播理念、技术平台四个方面进行融合。

1. 平台渠道、资源融合

在网络平台瓜分信息传播市场以后，融媒体要与各种网络平台展开竞争，需要进行平台渠道的整合。政府主渠道在广播、电视信号播放方面具有资源优势，进行媒介融合后，可以产生"1+1>2"的效果。融媒体可以实现新老媒体的人力物力资源整合，变各自的单一服务为共同服务，将广播与网站合并，将双方原采编人员进行整合，组建"融媒体采编中心"。采编中心记者、编辑对原创内容进行多元化设计，实现采访、制作一体化，这既降低了人力成本，又提升了网站新闻稿件的权威性和原创性。多元化的传播渠道、整合的人力物力软硬件资源，促进了和谐互补互信的新型内部关系的形成，推进了融媒体传播平台建设，实现了合力化发展。

2. 经营管理融合

媒介融合后，传统媒体的经营理念和经营方式均不适应形势发展需要，必须按照市场要求以新型媒体的企业经营管理模式及思维应对市场竞争，以市场竞争思维为导向，找准自身定位，立足本地实际，创新经营模式，实现可持续发展。例如，全国首个政企共建融媒体中心——南京建邺区融媒体中心采用了一种新型经营模式，摒弃单纯由政府出资的经营管理理念，摆脱"等、靠、要"模式，引入网络平台企业管理模式，开启多元模式，即体现政府引领、社会参与、政企共建的新型经营合作方式。

3. 传播理念融合

新型融媒体的内容传播在时效性上有得天独厚的优势，也更加适应时代发展。然而，这并不意味着传统媒体的传播理念一无是处。特别是传统主流媒体在深度报道、内容精细化等方面有着丰富的经验。传统媒体借鉴与融通了新型媒体的传播思维和方式。例如，突出交互性，推进社交型传播；充分利用社交传播特性，把握热度，设置议题，塑造爆款产品，形成覆盖范围更广、发散路径更多、更快速高效的传播能力。

4. 技术平台融合

新型技术体系的融合，为融媒体发展提供了强大支撑。移动互联技术、大数据算法、人工智能等新技术的融合，可以增强内容传播的精准性、体验性、交互性等，这有利于提升传播效果，确保传播内容抵达更多人群。把握及融合新技术对优质融媒体内容的传播起着关键作用。

二、融媒体建设的背景

融媒体不是传统意义上的媒体，就其理论内涵来看，其与西方国家的"媒介融合"（media convergence）有着直接的关联。媒介融合这一概念最早由美国麻省理工学院的教授伊契尔·德·索拉·普尔（Ithiel de Sola Pool）在其著作《自由的技术》（Techologies of Freedom）中提出。普尔的本意是指各种媒介呈现出多功能一体化的趋势，主要指的是电视、报刊等传统媒介融合在一起。从狭义上说，媒介融合是指将不同的媒介形态"融合"在一起，使之产生"质变"，形成一种新的媒介形态，如电子杂志、博客新闻等；而从广义说，其内涵更为宽泛，包括一切媒介及其有关要素的结合、汇聚甚至融合，不仅包括媒介形态的融合，还包括媒介功能、传播手段、所有权、组织结构等要素的融合。也就是说，媒介融合是信息传输通道的多元化下的新作业模式，是把报纸、电视台、电台等传统媒体，与互联网、手机、iPad 及各种穿戴设备智能终端等有效结合起来进行资源共享、集中处理，衍生出不同形式的信息产品，然后通过不同的平台传播给受众。2006 年，美国南加州大学的教授亨利·詹金斯（Henry Jenkins）在其著作《融合文化》（The Convergence Culture）中介绍了不同的媒体和可用设备如何日益影响媒体消费、改变消费者的行为。该书对媒介融合理念做了全面的阐释，在国际学术界较早介绍媒介融合理念。美国新闻学会媒介研究中心主任安德鲁·纳齐森（Andrew Nachison）将"融合媒介"定义为"印刷的、音频的、视频的、互动性数字媒体组织之间的战略的、操作的、文化的联盟"①，他强调的"媒介融合"更多地是指各个媒介之间的合作和联盟。媒介技术的进步使传统媒介之间的界限日渐模糊，新媒介形式层出不穷，媒介终端可实现的功能逐步强大，这是媒介融合发展的基础。

---

① 刘颖悟，汪丽. 媒介融合的概念界定与内涵解析［J］. 传媒，2012（1）：73-75.

人际交往媒介的使用，激发了技术创新的潜能，推动了技术变革，进而推动了媒介融合。

2014年，中央全面深化改革领导小组第四次会议审议通过《关于推动传统媒体和新兴媒体融合发展的指导意见》，将融媒体建设上升到国家战略高度。现在融媒体的内涵已经更加丰富和全面，不仅不等同于"新媒体"和"旧媒体"的简单相加，而且不再是片面的"全媒体"。融媒体的核心在于"融"，即在传播的框架内各种传播形式和传播技术相互渗透与融合贯通，形成新的传播矩阵和传播力量，以达到传播的目的。基于媒介融合发展进入全面发力、深化改革、构建体系的新阶段，推进媒介深度融合正处于战略机遇期和关键窗口期。

我国融媒体建设的重心在基层，我国融媒体建设的中心任务就是加强县级融媒体中心建设。

2018年8月，习近平总书记在全国宣传思想工作会议上发表重要讲话，指出要扎实抓好县级融媒体中心建设，更好引导群众、服务群众，从国家战略层面提出了县级融媒体中心建设的发展方向。

县级融媒体中心建设的设想是为了确保中央精神能够被深入、全面地传达到基层每一个角落，打通媒介融合的"最后一公里"、连接群众的"最后一公里"、基层治理的"最后一公里"，更好地满足人民群众的信息需求，扩大主流价值的影响力版图，让党的声音传得更开、传得更广、传得更深入。其核心要素是建设覆盖基层的网络，实现以传统媒体为主的传播形态向以网络传播为主的传播形态转型。建设的目标是将融媒体中心建设成多网合一、多屏合一的基层综合治理平台。其基本架构是，在县级主流媒体建设采编播一体的"中央厨房"，在乡镇村设置网格化管理的信息员和信息终端。"中央厨房"负责生产适应各种媒介的新闻内容，在建设初期，作为地方党委主抓的工作，平台建设通常包括四个层面的工作：一是硬件基础设施建设，根据5G网络、人工智能（artificial intelligence, AI）发展迅猛的形势，建设具有超前意识的平台网络系统；二是对原有媒体人员进行分流、整合，形成一支精干的管理和传播制作人才队伍，加强人员培训，尤其是加强大数据分析、网页设计、视频制作、新媒体采写编评等方面业务的培训；三是加强内部制度建设，推进以能力为导向的分配制度改革，吸引优秀人才进入融媒体中心，保持融媒体中心的发展活力；四是与相关研究机构共建研究中心，针对融媒体中心发展过程中的具体情况开展相关研究，确定下一步的发展路径。

从近 20 年国际国内对媒介融合的认知和见解来看，有如下一些"共识"。

1. 技术融合：实现传播力提升

21 世纪初，包括麻省理工学院媒体实验室在内的许多以媒体为中心的项目，都是出于对融合必要性的认识而诞生的。媒介融合挑战了从报纸到电视的传媒业的既定商业模式。在互联网领域，媒介融合肇始于新千年初期的无线网络和设备技术的变革，这是由蜂窝移动通信技术、互联网、电视、计算机、固定电话和移动电话等的快速融合所推动的。互联网逐渐成为智能传播的融合网络，即在一个共同的平台上提供所有信息服务。第三代合作伙伴项目（3rd Generation Partnership Project，3GPP）是无线行业的领先标准化项目，3GPP 标准化使无线通信能够集成互联网的信令和相关协议。欧洲电信标准化协会（European Telecommunications Standard Institute，ETSI）随后将 IP 多媒体系统（IP multimedia subsystem，IMS）的覆盖范围扩展到下一代网络（next generation union，NGN）的固定网络，将其视为未来基于互联网协议（Internet protocol，IP）的通用网络。最终的 NGN 架构于 2008 年发布，其影响十分深远。此外，国际电信联盟（International Telecommunication Union，ITU）、国际互联网工程任务组（Internet Engineering Task Force，IETF）和电信行业解决方案联盟（Alliance for Telecommunications Industry Solutions，ATIS）已经并仍然在对网络和服务系列进行标准化。

下一代网络扩展到了电视领域，标准化小组在开展标准化工作的同时，还调查了技术融合的其他方面。2004 年，亚瑟·卢格迈（Arthur Lugmayr）及其合作者在著作《数字交互式电视和元数据：未来广播多媒体》（*Digital Interactive TV and Metadata：Future Broadcast Multimedia*）中研究了交互式电视的兴起及其对广播业的影响。他们的结论是，使用元数据和技术来增强用户和内容之间的互动性，为电视行业的创新创造了新的机会，正确地预测了以用户为中心的电视模式的兴起，以及使用社会评论来增强电视体验。帕布罗·塞萨尔（Pablo Cesar）和他的团队在2008年的文章中定义了"以人为中心的电视"，将电视体验的概念推向了一个新的高度。此后，沉浸式传播开始进入人们的视野。可以说，互联网技术兴起和虚拟现实技术的发展，推动了全息技术逐步走向成熟，进而推动了媒介融合。在西方国家，脸书的出现为新的社交网络与其他媒体的结合创造了机会。这在电视领域尤其如此。电视一直是社会话语的中心，尽管将电视与某种形式的社交网络结合起来的想法并不新鲜，但脸书、推特及微博、微信所带来的交互性便利创造了当前的社交网络趋势。①

融媒体是互联网技术发展的直接产物，因此其发展需要应用各种互联网新技术，这些技术应用包括三个部分：一是支撑融媒体的技术接入，包括基于云计算的基础平台和各种应用平台；二是基于用户需求的内容生产和分布，如数字技术、推荐算法等；三是满足垂直领域和个性化需求的服务提供，如电商、电子支付等。这里面既要有硬件建设，也要有软件开发。

在技术领域，融合往往是由一项重大创新推动的。这是20世纪80年代个人电脑与文字处理相结合的产物，如在一个方便的平台上进行电子表格设计和计算。21世纪初，人们越来越清楚地认识到，互联网及其一系列创新服务，从万维网（world wide web，WWW）信息搜索到实时通信，与个人电脑连接在一起。传统的语音通信运营商注意到了一个快速增长的应用，即基于IP的语言传输（voice over Internet protocol，VoIP）。它被认为是降低运营成本的一种技术。与此同时，在很大程度上由低成本和功能丰富的手机推动出现的无线需求也在快速增长。新的"三网融合"产品（语音、视频、数据）应运而生，将IP服务连接到无线手机上，提供数据服务，如远程访问公司邮箱。VoIP和无线服务的结合增加了联合管理所有

---

① 吴坚，杨启程. 交互式视频服务中的元数据动态管理与应用研究［J］. 有线电视技术，2018（7）：76-78.

网络的需求。但当时基本上有四个并行网络：支持互联网基础设施的连接设备；固定业务；移动服务；电视网络。一些电视网，如有线电视运营商管理的电视网提供宽带数据和电话服务，但服务内容不同。所有这些不相交网络的唯一共同特征是它们都可以支持某种形式的互联网协议或在互联网入网点（point-of-presence，POP）互连。互联网技术的广泛使用极大地促进了固定通信与无线通信的融合。

21世纪初，我国启动了"三网合一"工程，即实现有线电视、电信及计算机通信三者之间的融合，目的是构建一个健全、高效的通信网络，从而满足社会发展的需求。三网融合对于技术的应用实践有着较高的要求，在实际构建的过程中还需要实现各个网络层的相互连通。经过几年的努力，三网融合成效显著，为融媒体建设打下了较好的物质基础。在以交互式网络电视和手机电视为代表的融合类业务的推动下，我国的三网融合在2006年取得了实质性进展，行业之间建立了适当的合作模式，并得到了市场的认可。

近年来兴起的数字通信技术大大改变了人们与工作、文化和知识的关系。网络平台的"协作"经济已渐成气候，在这种经济模式中，传统的工作模式已不复存在。同时，现今的许多平台鼓励重视个人的创造力，这改变了艺术家和创造性作品的定义。

平台经济建立在全球市场的基础上，对各种用户开放，通过数字网络将用户连接在一起。新市场的定期出现和用户向经济参与者的转变为该项目提供了吸引力——只是人们忽视了一个事实，即一个强大的寡头垄断平台已经出现，甚至边缘参与者也在客观上支配着个人用户。此外，网络平台的创新主要是通过降低成本、提供新型商业模式以吸引资本和用户，这是基于平台的私人生成的"生态系统"，它们从根本上没有向用户提供技术，而是使用技术向用户提供劳动力。

2. "移动优先"成为不二法门

国际新闻界最早提出"移动优先"（mobile first）概念是在2010年左右，主要源自西方一些主流媒体，如英国广播公司（British Broadcasting Corporation，BBC）等。它是指将内容战略、传播战略等的重点转到移动终端上，如智能手机。在智能传播时代，媒体行业的发展趋势有两个较为突出的变化。一是信息传播的方式发生了变化。传统的大众传播模式是典型的点对面传播，早期的广播、电视节目都是由一个"中心点"发出的，甚至在 Web 1.0 时代互联网传播也往往由"中心点"服务器管理。在 Web 2.0 时代，信息传播转变为"去中心"的方式，分布式的存储与服务使得信息传播更丰富、更稳定、更有效。在数字节点传播时代，中心化的传播模式逐步消解，取而代之的是多元传播格局，以及高效、系统、专业化的协作。围绕"移动优先"，信息传播的方式进而演变成"融中心化"。二是信息化的建设模式发生了重大转变。在传统的信息化建设模式中，每个业务系统，从前端 Web、中间的逻辑，到后端数据库，再到底层操作系统、网络及硬件，都是采用相对独立的、隔离的纵切建设模式。传统的纵切模式需要各种类型的技术人才，需要考虑非常多的技术点；业务系统的建设、扩容、改造、迁移都特别复杂；资源的利用率不高也成为问题。而在数字经济时代，更好的信息化建设模式已经出现。

现在媒体生产不仅有文字，还有语音、视频及交互传播。如何最快速地生产出包括文本、图片、语音、视频等多种形态的内容呢？无论是专业的记者采编，还是用户报料、网络收集，这些渠道是否可以协同展开？报纸、电视、手机、iPad 等都可以承载内容，但生产好的内容如何实现协同渠道快速分发？用户通过不同的媒介渠道是否可以得到体验一致的内容？融媒体运营中，传播已不再是单向的，是否可以马上得到用户的反馈，以评估传播的效果？是否可以针对不同人群提供适合他们的内容？如何确保信息的安全？显然，媒介融合发展是一项复杂的系统工程，也是一场划时代的变革与创新。在媒介融合的过程中，应让用户产生黏性，提供精准服务；产品更多样，形态更丰富，要更快地进行迭代；对于媒体从业人员来说，要让他们更加专业、协同和高效，并赋予他们成就感；要提高媒体效益、影响力、盈利能力、资本认可度。这些都对媒介融合提出了要求。

融媒体发展的根本就是传统媒体转战移动互联网，因此，应坚持移动优先战略，跟踪前沿技术，布局未来移动终端。当前，网络传播已进入移动互联时代，移动互联网和智能终端的技术进步成为媒介融合的助推器。

移动互联网改变了信息生产、分发和盈利方式，塑造了大规模草根化内容的生产上浮路径，任何媒体离开它都可能成为信息孤岛。

为什么融媒体建设要坚持移动优先原则？

坚持移动优先策略，首先是争取舆论引导权，让主流媒体借助移动传播，牢牢占据引导舆论、引领思想、传承文化、服务人民的传播制高点。其次，在社交媒体时代，受众的接收终端已转向智能手机，因此，内容生产的移动界面意识是融媒体建设必须要有的基本意识。再次，强调移动优先就是突出融媒体平台的社交化。互联网的精髓之一就是社交化。互联、互动、互通才是移动优先的真正意义。在未来传播形态中，融媒体平台的一个重要功能就是实现交互性，这就要求融媒体平台在发挥舆论引导功能的同时，不能忘记其与用户勾连的空间。面对社交媒体平台已经抢夺了大量用户的现实，融媒体建设要突出自身的竞争力，就必须重视用户需求，通过自主平台上丰富的内容、服务和互动，留存用户，形成强黏性的用户社群，即圈层，然后对用户价值进行深耕细作。传统媒体的点对面传播，只有单向告知功能，没有交互功能，难以留住用户，更不可能具有用户黏性，也就没有所谓的"月活""日活"用户数量的提升。

3. 融媒体发展的智能化走向

融媒体是智媒，智媒的"智"主要体现在人工智能上。人工智能对于融媒体，不仅解决效率问题，还解决效益问题，如通过大数据了解用户喜好，满足用户需求，进而获得商业利益。人工智能不仅要解决效率和效益问题，还要解决价值问题，如通过智能把关和优化算法体现文化价值，实现融媒体社会效益最大化。融媒体最核心的部分是算法技术。例如，美国奈飞公司（Netflix）通过大数据分析，把握受众兴趣点，以此为依据设计生产内容，并通过算法技术精准推送给受众，从而提升传播效果。

4. 融媒体建设过程中始终伴随着创新

融媒体建设的初衷就是融合创新。融合需要将不同的媒介形式、不同的内容生产方式及不同的社会资源整合、转换和配置在一起，这通常需要体制、机制的创新，以及传播形式的创新，而这是当下创新的难点，需要兼顾公众、政府和市场各方的利益。个性化的内容生产和平台应用往往是竞争力之源。市场化磨合既有竞争与合作的博弈关系，也有开放与控制的平衡要求，因此在推进中需要有过人胆识和足够智慧。

三、市场竞争——融媒体建设的推力

传媒经济学认为，传媒是一种特殊的文化产业，也要参与市场竞争。媒介市场竞争压力直接推动了传统媒体向融媒体的转型，传统媒体在媒介市场的竞争中渐渐处于弱势地位，媒介市场的竞争、博弈需要两种形态的媒介的融合，节点传播的迅猛发展表现为网络平台如雨后春笋般的涌现。在这一过程中，网络平台媒体的服务性功能定位，决定了其具有与受众之间的贴近性，展示了如何与受众形成互动并提升服务效果，对传统媒体来说，极具启发性。

最大化地发挥传统媒体、新媒体的优势需要不同形态媒介的融合。媒介融合是拥有技术优势的网络媒介与拥有内容优势的传统媒介在竞争的基础上实现共同发展的需要。传统媒介虽然具有信息内容的资源优势，但由于其信息单一、信息传播范围狭小及信息传播方式具有单向性，已经越来越无法满足受众的需求，新兴媒介的技术优势带来的即时效应、交互性和便携性的特点正好弥补了此缺陷。而新兴媒介的内容则缺乏信息来源权威性或者说其信息源真实性不高，因而新兴媒介要建立良好的公信力和品牌影响力，必然要借助具有内容优势的传统媒介的力量。只有两种性质的媒介形成优势互补，才能实现"1+1>2"的效果。

不同媒介机构之间的市场竞争是媒介融合的动力。任何企业活动的终极目标都是追求效益最大化，传媒企业也是如此。与传统企业通过降低生产成本和交易成本来实现参与者的效益增值的做法不同，传媒机构更重视创意、创新能力，更需要能吸引受众的技术和内容。随着新媒体的崛起，传统媒介市场的竞争方式发生了变化，原来参与竞争的单一方式、路径都不再适应形势的需要。只有通过融合形成资源共享，通过整合形成竞争合力，才能在竞争日益激烈的媒介市场中站稳脚跟。

此外，政策作为一种外在推力直接推动媒介融合。传统媒体的发展离不开顶层设计，政府通过顶层设计，精密谋划，引导媒介向着具有传

播力、影响力、引导力、公信力的方向发展。同时，政府通过政策宣传，在较长一段时间里营造了媒介融合的社会氛围，使媒体从业人员进一步认识到媒介融合的必要性和迫切性。政府积极鼓励内容创新，传媒内容产品也走向多样化、个性化。随着三网融合布局到位，融媒体建设水到渠成。

四、满足用户需求是融媒体建设的内在驱动力

随着媒介技术的发展，媒介形态发生了巨大的变化，而媒介市场竞争的焦点在对受众注意力的争夺上，受众是传媒市场活动的核心。而随着网络社会的崛起、社交媒体时代的精准传播，受众从模糊状态变成了具体化的个体状态，也就是说，受众变成了有名有姓的用户，用户需求成为一切平台服务的出发点。融媒体应改变对受众角色的认知，即传统媒体意义上的受众已经消亡，受众概念已被用户概念取代，满足用户需求才是一切传媒经济活动的归宿。

首先，用户的便捷性需求要求传统媒体的传播方式向融媒体转型。由于市场竞争的加剧和社会生活节奏的加快，用户消费信息的速度在加快，信息需求的多样性也在增加。与此同时，随着智能手机的普及，在社交媒体时代用户更看重信息获取的便捷性。用户的便捷性需求是移动终端的具身性带来的，实际上就是要求融媒体能够打破时间和空间的限制，随时随地传播信息。实现这一目标，必然要求媒体满足用户自由、方便的信息接收需求。

其次，用户的多样性需求要求融媒体生产全息化的内容。社会物质财富极大丰富后，人们开始追求更高层次的精神和文化享受。人们不仅要求信息消费省时、省力，而且追求品质、享受，希望获得文字、声音、图像等多种信息形式带来的全方位感官调动。用户需求的变化促使媒介进一步调动各种传播手段和途径，促进媒介融合，实现信息传播的全息化。这就要求原先各自独立的媒介内容实现媒体传播的多元化，使用户能够通过自己最容易接近的媒体获取信息。比如，老年人爱看电视，那么电视上要有适应老年人需求的内容；青少年喜欢看手机，那么很多信息就要适应移动

终端，从而方便他们随时获取信息。手机报、短视频、音频产品等满足了民众适应快速变化的社会生活及获取各类信息的需求。

最后，用户的个性化需求要求媒介产品细分。传统媒体大众化的生产和消费形态渐渐淡化，市场进入一个分众化时代，即传播"碎片化"的语境，传统"我播你听"的模式已经一去不复返。用户圈层的多元化趣味决定了传播模式的变革，当前算法技术作为新媒体传播技术已被广泛应用，这就要求融媒体传播也要借鉴新媒体平台的做法，重视每一个细分的个性化族群的特征，以及每一位消费者的个性和心理需求。这就要求不同媒介形式和传播平台的产品在融媒体上组合，从而避免内容过于"碎片化"而导致的注意力资源分散。

五、融媒体发展存在的问题

当前，我国融媒体发展的主要任务是县级融媒体中心建设。经过近几年的努力，媒介融合有了方向性的转变，融媒体建设不再局限于与传媒领域的媒体业务的"小融合"，而是将建设自有品牌、推动资源协同、提高政务商务服务水平、深化基层治理等作为促进融合发展的主要方向，拓展领域间的"大融合"。尽管如此，县级融媒体中心建设还存在诸多不足之处，具体表现为以下几个方面。

1. 缺少顶层设计，平台规划不完善

在县级融媒体中心建设中，很多机构对融媒体的未来走向并不清楚，因而对融媒体新闻应当怎样做也缺乏完整的认识和清晰的发展思路。出现的种种问题都来自平台管理系统的规划不完善。最重要的是对融媒体建设的意义缺乏深入的理解，导致在关键时刻不断出现问题，不仅不能从根本上解决问题，而且形成了一种反操作，让媒体经营退回到原来的形态。

2. 融合思维不足，内容存在同质化现象

当下媒介融合虽然形成了早期内容、业务范围的简单相加格局，但整合后的多平台、多部门的协同作战格局并未形成，内容同质化情况依然严重。例如，一些县级融媒体中心为了构建全媒体矩阵，同时运营多个微信

公众号和微博账号，内容涉及新闻、政务发布、生活服务、文化娱乐、交通等各个方面，在运营人员有限、信息来源不足的情况下，极容易出现不能及时更新的状况，无法和用户形成有规律的互动，微信公众号的用户活跃度持续低迷；在各应用终端发布的内容高度雷同，不能结合自身传播渠道、场景等的特点进行内容生产，难以产生用户黏性。

3. 创新性的管理机制难以推行

面对复杂的人事现状，人员消化将是一个长期过程，人浮于事将在相当长一段时间内存在。我国县级融媒体中心建设容易陷入"一管就死、一放就乱"的境地。很多地方缺乏对自身实际情况的考量，出现严重的跟风现象。随着互联网信息和社会舆论格局的变化，县级媒体发展的政策从严管转向鼓励创新发展。然而，由于人才、软硬件设施等的欠缺，特别是观念的落后，基层融媒体建设创新力不足，在内容生产、人才激励等方面都很难走出传统的窠臼，难以实现管理制度的创新。

4. 缺乏适应新媒体传播的年轻专业人才

我国61%的县级融媒体平台运营人员为在编兼职或者无编制人员，部分县甚至整个新媒体运营团队人员均为兼职。运营岗普遍缺乏编制，73.9%的县均没有制定相关的人才引进机制。63%的平台运营人员为30~49岁，"90后"较少。专业性低、精力分散、缺乏青年力量是当下县级融媒体中心建设的常见现象。[1] 这一现状决定了融媒体队伍的稳定性没有保障。很多基层融媒体工作人员的知识结构都是在传统媒体时代形成的，他们往往并不适应"全媒体"报道的工作频率和强度，也难以适应新媒体的文体风格。融媒体建设要求全媒体编辑、记者适应新媒体时代受众的接受习惯，能够自如地写作网文、制作短视频，成为"全能型人才"。但在一些地方基层融媒体平台中，不少工作人员在工作技能、岗位意识、职业操守、角色定位等方面都存在诸多困惑，甚至对未来感到迷茫。

5. 经营内卷化，缺少市场竞争力

从当下融媒体建设的案例来看，部分媒体仍然对政策过度依赖，依靠

---

[1] 刘鹏飞，周文慧. 跨界融合·协同共治·多维联动[J]. 新闻战线，2020（1）：32-34.

财政拨款维系企业运营，缺乏自我造血能力。各县级融媒体中心的主要经费来源为政府拨款。在实际工作中，这种一次性的财政支持很难满足县级融媒体中心长期的资金需求，县级融媒体中心长期盈利能力不足，经营理念落后，经营方法简单。在媒介融合过程中，原有的人员叠加之后，并没有产生经济叠加效应，媒体内部人员创作的积极性、主动性不高。人浮于事，大量来自传统媒体的工作人员相互推诿，很少钻研业务。靠人脉关系、靠组织订阅等造成融媒体平台的内卷化，融媒体平台运营日益艰难。

六、融媒体发展的方向与趋势

在我国，融媒体发展分为 3 个阶段，即 2013—2015 年的中央媒体融合阶段，2016—2018 年的省级媒体融合阶段，2018 年至今的县级媒体融合阶段。目前，融媒体正借助各地区、各行业融媒体中心发挥其作用并实现其价值。融媒体发展不仅存在很多困难和挑战，也存在很多机遇。融媒体建设的重心在基层，因此，县级融媒体中心建设成为重点。传统媒体在 5G 技术的支持下，依托内容资源优势，纷纷进军视频领域，特别是短视频领域，通过短视频的创作与传播，增强了内容生产能力，提升了影响力。短视频、视频直播将成为新闻资讯和数据信息获取的主流方式，是未来媒介融合的重要抓手和重点布局领域。

美国有线电视新闻网（Cable News Network，CNN）依托内容制作优势，率先探索了网络视频、手机移动视频等传播新形态，还与社交网站、视频网站等新媒体开展合作，抢占移动视频传播阵地。《华尔街日报》（*The Wall Street Journal*，WSJ）则成立了专门的视觉团队，制作专业视频新闻，同时还提倡全员动手拍摄并参与视频制作。在我国，人民日报社、新华社、中央电视台等国家级媒体纷纷借助市场力量布局短视频、直播领域，推动传统媒体和新兴媒体从相"加"迈向相"融"。未来融媒体将朝着以下方向发展。

1. 突破现有困境，注重多维度优化融媒体平台

融媒体建设要勇于突破现有困境，分析社交媒体时代县级融媒体中心的未来发展方向，制订完善的融媒体建设方案，进而优化现阶段融媒体发

展体系。尤其是基层的县级媒体，应通过扁平化、可放化的管理模式，不断增强媒体建设机构的整体协调性和灵活性，打破媒体与管理工作之间存在的界限，通过不同方式与县级管理部门进行沟通和互动，从而构建更加全面的融媒体发展体系，为县级管理部门的管理人员有效沟通创造条件，在提高县级融媒体中心建设效率的同时，为今后提高我国整体媒体传播质量奠定基础。要不断优化媒体采编流程，注重解决传统媒体新闻采编在信息时效性、新闻动机、新闻信息互动性等方面存在的问题，积极运用网络信息技术，提高新闻采编的时效性与传播效率，从而激发用户与其互动的积极性，为今后用户与媒体互动提供新型渠道。

2. 更具平台意识，更注重创新融媒体中心的经营方式

社交媒体时代，媒介融合的核心就是充分利用互联网思维，尤其是树立网络平台意识，建立多频道网络（multi-channel network，MCN）机构，顺应社会发展趋势，不断拓宽媒体发展渠道。自2020年以来，我国一批省级媒体纷纷打造优质主播与账号。县级融媒体中心建设过程中涌现出了许多典型案例。例如，浙江长兴县、安吉县等地的融媒体中心，突出创新意识，增强自身造血能力，建设成为融政务发布、新闻传播、社区服务、网格治理等为一体的综合平台。它们在社区服务平台上植入了网红直播带货功能，大大提高了媒体平台的创收能力，受到了地方用户的欢迎，均取得了良好的经济效益、社会效益。在创新改革背景下，县级融媒体中心建设人员要转变观念，强化服务意识，始终坚持"用户第一"的服务原则，拉近与用户之间的距离，进而为用户提供个性化的服务。

3. 更重视品牌建设

随着融媒体建设走向深入，"两微一端"成为媒介融合的主战场。融媒体根据不同渠道的内容形式、传播特点与受众需求，在微博号、微信公众号、抖音号、快手号、微信视频号等组成的融媒体矩阵中进行内容投放和运营，树立自己的品牌。建设融媒体应丰富运营与盈利模式，逐步提升市场竞争力。带有地方特色的融媒体内容，往往能够吸引其他地区的受众，因而特色化、品牌化是融媒体内容建设的一个重要方向。在此背景下，相关机构及人员应深度挖掘、建立和发扬自身的特点优势，做到"人

无我有""人有我优",实现对现有用户的稳定维持与对潜在用户的不断吸引。一方面,相关机构及人员可建立长效、高端的技术融合与人才吸引机制,将虚拟现实、全息投影、动态交互等技术领域的优质资源纳入产品生产体系,从而以"硬技术实力"夯实竞争基础;另一方面,相关机构及人员也应形成自身角色定位、节目受众等方面的独特性,以化解市场竞争风险。

4. 走向数字化的"四全"媒体

全程媒体、全息媒体、全员媒体和全效媒体这"四全"媒体是分别在四个维度上对全媒体进行阐释。全程媒体,指的是媒体在播报一个事件的过程中,从事件的开端到最终的结果全程跟进,即时对公众发布进展消息。全息媒体,指的是信息传播的形式不再拘泥于简单的图文,而是通过增强现实技术(augmented reality,AR)/虚拟现实技术(virtual reality,VR)、短视频等为用户带来全新的体验,能够对新闻进行立体的展现。全员媒体,即在信息传播渠道十分丰富的环境下,人人都可以成为信息的传播者和接收者。全效媒体,是指媒体功效的全面化。互联网技术的特点使得互联网媒体具有明显的平台化趋势。各种各样的应用,汇聚在同一互联网平台上,这样的媒体平台的功能空前丰富,远远突破传统媒体较为单一的信息传播功能,正在成为社会的数据总汇和运营枢纽,因而无人不用。基于此,平台的传播效果也将大大提升并可得到精确测量。受益于5G时代高速度、低延时的通信特点,数据更能反映受众的日常生活习惯和信息接收特点。此外,在5G时代实现既有技术结构、节目形式的迭代升级,也是满足当代受众需求的有效策略。例如,由于5G技术下信息通道的速度更快、容量更高,相关机构及人员有必要对视频节目的清晰度进行提升,实现高分辨率、高声画质量。

5G时代是一个系统革新的时代,在它影响下的融媒体发展也会具备多源性、多向性特点。在互联网、物联网的促进作用下,社会各个行业领域正处于日益紧密的融合状态中。因此,融媒体行业在未来的发展过程中,也会更加密切地与政务发布、新闻播报、体育娱乐、社区服务、直播电商等相结合,创设出用户互动类、VR演艺类、短视频娱乐类、直播电商类等节目类型和产品生态，以实现跨界供应、综合服务的效果。再如，随着5G技术在投影仪、音响等设备研发中的不断应用，融媒体节目将实现由单一屏幕呈现向场景模块呈现的发展转变，从而在多设备支持下为用户营造出沉浸式的新闻信息传播氛围，形成以空间为载体对象的新业态，从而建立起与市场、用户的双向反馈与趋优机制，实现自身整体实力的稳定、快速提升。

第一章
媒介融合是大势所趋

❖ **本章概要**

本章主要阐述了融媒体时代传统媒体的变化、传统媒体的困境与出路，系统介绍了媒介融合的基本内涵及媒介融合的逻辑、意义和博弈关系，描述了媒介融合的发展现状及未来趋势。

❖ **教学目标**

1. 知识与技能：初步了解新媒体冲击下传统媒体的困境和融媒体的转型，掌握媒介融合的基本内涵、诱因和形态，明晰媒介融合背后的运作逻辑、积极意义和博弈关系，认识融媒体改革的发展现状和未来趋势。

2. 过程与方法：学生可以先通读教材，了解相关知识点，再联系实际，对媒介融合的当前发展和实践进行思考。

3. 情感技能：了解当前媒介生态的变化和发展，理解融媒体改革的政治意义和社会意义。

❖ **教学重难点**

联系实际，了解边界消融下大众传媒的新图景和新生态，理解媒介融合作为大众传媒转型之路背后的六种底层逻辑和五种博弈关系，明晰媒介融合的未来发展趋势。

在融媒体时代，媒介融合发展方兴未艾。随着新兴媒体的快速发展和其影响力的增加，移动直播、短视频、算法推荐技术、5G 技术、无人机捕获、机器人写作、人工智能合成器等新事物应运而生。随着互联网的兴起和新媒体的崛起，国内外传统媒体从兴盛走向落寞，传媒业版图逐渐消融与重构，因此，媒介融合成为一种必然趋势。

国内媒介融合进入新阶段，从推动"融合"发展至加快推进"深度融合"。国外媒体也纷纷走上数字化、移动化、全球化、专业化的转型道路。

随着人工智能、5G 技术的发展，加上移动设备的普及和视频消费需求的激增，智能化、移动化、社交化、音视频化不仅是当前整个传媒生态呈现出来的特征，也是传统媒体转型的方向和路径，更是融媒体发展的未来趋势。

第一节 边界消融下传媒业版图的重构

新媒体和新技术的发展冲淡了传媒业的界限。未来，传媒业原有的边界将逐渐模糊，会在新的竞争中形成新疆域，在无边界的格局中重塑新的生态。边界的消融会给传统媒体带来何种冲击？传统媒体如何在多种力量凸显的时代定义自己的角色，又应该如何重构自己的版图？这些都是我们需要讨论的问题。

一、边界消融下大众传播的新图景

大众媒体时代，传统媒体不仅是官方且唯一的信息生产者，而且控制着分发渠道，其传播模式具有单向性、垄断性的特征，传播形态也较为单一、固定。而网络给传媒生态带来了大变革，用户开始扮演信息的生产者和加工者角色，越来越多的组织和机构也开始在互联网上建立自己的媒体平台，这时"万众皆媒"的态势出现。物联网、人工智能等技术兴起以后，"万物皆媒"的时代也即将到来。除此之外，新技术的发展改变了传统媒体"点对面"的传播模式，催生了多元的传播形态。边界消融下，传媒业展现出一幅新图景。

（一）传播主体：从传统媒体到"万众皆媒""万物皆媒"

大众传播时代，信息传播主体都为传统媒体所主导，而互联网时代的到来降低了传播门槛，提高了受众的地位，将受众从信息接收者转变为信息消费者，甚至是信息生产者，技术赋权带来了"万众皆媒"的景象。在"万众皆媒"环境中，每一个个体都成为信息节点，即信息内容的生产者和传播者，每个组织或者机构也能够拥有发布信息的渠道和平台，用户生产内容（user-generated content，UGC）、专业生产内容（professional-generated content，PGC）、职业生产内容（occupationally-generated content，OGC）都成了传播生产的多元内容。

这些内容的生产主体在新媒体环境中以空间消灭时间，以庞大的数量和广泛的分布成为新闻事件第一时间的曝光者。在某种程度上，碎片化信息有时也会成为传统媒体新闻生产素材的补充与延伸，构成完整的传播图景。但"万众皆媒"可能会带来一系列问题，如受众知识水平参差不齐可能会导致泛娱乐化内容的过度生产，众声喧哗不利于专业媒体的舆论引导。

此外，未来的新闻生产主体不仅仅是人，"万物皆媒"的新时代也将到来。"万物皆媒"，即各种智能化物体基于人工智能、物联网、云技术等新兴技术的使用，能够采集各种有效信息，既包括自然界信息、社会信息、人的行为信息，也包括人、物体、环境三者之间的互动信息。传统媒体时代只能依靠人采集信息，而"万物皆媒"时代到来后，智能家居设备、可穿戴设备、无人机等智能设备能够超越人的能力，触及人的感官所不能接触到的信息，成为新媒介，主动地发送或者接收信息。

但这些技术也可能带来新的风险，由于智能化物体能够收集各种信息和数据，在出现安全漏洞的情况下，各种信息和隐私，如个人的状态、个人所处的环境等，可能会被泄露。因此，在"万物皆媒"的时代，隐私保护问题也显得尤为突出。

当前，信息生产的主体由专业媒体拓展为"万众皆媒""万物皆媒"。一方面，专业媒体应该成为信息生产的标杆，用专业知识对海量级信息进行把关、解读和传播，积极引导舆论；另一方面，专业媒体也应该掌握智能化新技术，从而提高搜索、加工和传播信息的能力。

（二）传播模式：从"点对面"传播到"点对点"传播

在传统媒体时代，大众传媒通常以"点对面"和"一对多"的形式将信息传播给最广泛的受众。这种粗放且广泛的传播方式导致了单向传播的局面，虽然这种传播模式能够大范围覆盖受众，使人们获得具有相同价值观的信息，但也可能产生内容同质化、信息形态单一、传播不精准等问题。

随着数字通信技术的发展，传播模式从"点对面""一对多"变成了"点对点""多对一"，信息不再粗放式传播，而是以个性化、精准化的方式传播。大众传媒运用大数据、算法等新兴技术，根据受众的社会阶层、社会关系、年龄性别、兴趣爱好、生活习惯等个人属性进行用户画像，并根据时间、场景、位置、状态等数据为受众提供个性化信息服务，从而改变以往的单向性传播模式，实现传者和受者的双向信息互动。

以往大众传媒单向传播的局面逐渐被新技术瓦解。从积极的一面来看，"点对点"的传播模式能够增强信息到达个体的有效性，增强用户黏性；从消极的一面来看，"点对点"的传播模式也有可能使大众传媒设置的公共性议题被忽视。

（三）传播渠道：从单一通道到多元路径

传统媒体在过去独自掌控公共信息的传播渠道，信息通过自产自销的方式从传播者到达受众处。随着新技术、新应用的兴起，新闻分发平台的机制也随之发生变更，与此同时，传播渠道具有多样性，如图1-1所示。

对传统媒体首先构成挑战的是门户网站，门户网站的内容就是由编辑聚合不同来源的信息放置在互联网上再提供给用户。与大众媒体提供的单一渠道的信息相比，门户网站满足了用户的信息多样化、丰富性需求。在全球范围内，谷歌和雅虎是最知名的门户网站；而在国内，新浪、网易、搜狐、腾讯、百度等门户网站被大众广泛知晓。如今，门户网站多来源聚合的机制已经延展到新闻客户端。

图 1-1 传播渠道的多样性

搜索引擎的出现革新了新闻分发的机制,以往是通过人工进行信息的分发,而搜索引擎在算法技术的支持下,可以对内容进行调度和排序,从而决定各个网站的流量。

社会化媒体也变成了重要的新闻分发平台。社会化媒体使用户成为自己的信息把关人,每个人都可以通过自己的社交网络或人际网络来接收或传播信息,这已经成为个人筛选信息的一个渠道。

除了社会化媒体平台外,还出现了算法推荐平台、视频平台和专业化服务平台。以今日头条、一点资讯、天天快报为代表的算法推荐平台通过大数据分析技术和算法技术为用户画像,推荐个性化信息。以抖音、快手、微视为代表的视频平台发布以"短平快"为特点的短视频,满足了用户在移动状态和碎片化时间里接收信息的需求。一些专业化服务平台则根据用户的生活场景、身体状态等的各种数据提供个性化信息服务。

总的来说,相比传统媒体的传播渠道,这些平台不仅可以分发内容,还能够提供社交、服务等,满足用户的多种需求。但我们要留意的是,拥有平台的机构和组织可能会削弱传统媒体的信息分发与传播权力,它们掌控了新的话语权,甚至重新定义新闻生产、内容分发,以及受、传者之间的传统关系。

(四)传播形态:从单一到多样化

传统媒体的传播形态比较单一,无法满足受众的多样化需求,且其一旦形成,基本长期不变。例如,报纸、期刊、杂志等平面媒体的内容仅由文字和图片构成，较为枯燥；广播只能传播声音，听众虽然能够被感染力强的声音吸引，但他们看不到生动画面，感官体验较差；电视虽然能够进行多形式传播，但观众只能在有设备的场所和有限的频道观看节目，自主选择权较小。由此可以看出，传播形态的固定化、单一化和模式化，可能对于媒体生产的便利性而言是有利的，但对于需求多样的受众而言是不利的。

新技术的发展改变了传统媒体的传播形态，使传播形态具有了多样化、分向化、演进化的特征。随着媒介融合趋势不断加强，出现了多种新闻报道形态。

1. 在线直播新闻样态

直播原本属于广播电视的业务，如今新媒体采用直播技术并与社交平台结合，诞生了视频直播等新传播形态。在线直播新闻样态以伴随式、实时性为特征，赋予了受众更多的能动性，使受众能够在观看直播的同时进行分享、评论、发送实时"弹幕"等。

2. 趣味性新闻样态

大众媒体时代的新闻通常较为严肃、呆板，缺乏互动性和趣味性，而在新媒体时代，H5新闻、游戏新闻、短视频新闻、实时交互视频新闻开始涌现。例如，游戏新闻就体现了趣味性特征。游戏新闻，就是以游戏的形式传递新闻，这种寓教于乐的方式能够改变传统媒体枯燥的阅读方式，提高交互性和可视性。

3. 超真实新闻样态

超真实新闻样态，指的是运用虚拟现实技术，尽可能模拟还原新闻现场或提供给受众沉浸式新闻场景的新型报道形态，使受众身历其境，可以沉浸式、体验式地观察空间内的事物。超真实新闻样态主要包括虚拟现实VR报道、混合现实（mixed reality，MR）报道、AR报道、3D新闻报道等。新兴技术为受众提供了多维度的信息情景，使受众能够多方位、宽场域、全视角地观看新闻报道，极大满足了受众的感官视听需求。

4. 智能化新闻样态

随着智能化时代的到来，大数据、人工智能等新技术革新了传统媒体的生产方式，催生了数据新闻、传感器新闻、算法新闻、AI主播播报电视新闻等新型新闻报道形态。智能化新闻报道形态更加贴合受众的个性化需求，能够巧妙分析受众的个性化信息偏好，令受众打造专属自己的"个人日报"。

新型新闻报道形态是媒介融合的产物。从受众角度出发，它为受众提供了多样化、智能化、人性化的视听体验，但对传媒人来说，新型新闻报道形态对媒体记者提出了更多要求，如媒体人在融媒体时代需要具备互联网思维、数字化思维、创新性思维等。除此之外，新型新闻报道形态也使新问题涌现，包括受众隐私安全、新闻的真实性、算法的暗箱操作、新闻伦理的挑战等。

二、传统媒体的困境与突围

继文字发明、印刷术发明、电信革命之后，互联网的出现对传统媒体的生存和发展产生了巨大的冲击，带来了新一轮的传播革命。随后，在新兴媒体的快速发展中，纸质媒体的形势不容乐观，广播电视面临挑战，而广告市场也不再由传统媒体主导。面临严峻的形势，传统媒体每况愈下，甚至陷入生存困境。因此，融媒体改革成为传统媒体转型的必由之路。

（一）纸媒形势不容乐观

随着互联网的普及，中国网民数量与日俱增，智能手机已经成为公众获取信息的主要途径。过去受众只能从传统媒体获取信息，但是随着互联网的发展、社交媒体的兴起和移动终端的普及，抖音、今日头条、微信、微博等平台都成为受众获取信息的新渠道。新媒介的兴起改变了受众原有的阅读方式，也分流了大部分纸媒受众，如今，越来越多的受众选择通过新兴媒介接收信息。

在全球范围内，日本、美国、英国等许多国家的报业都在走下坡路。日本和美国的报纸发行量与日俱减；出于生存压力和为现实所迫，英国大量报纸休刊闭刊，或采用减少版面、降低薪资、大幅裁员、缩小办公区域等办法来减少开支。

国内纸媒的生存状况同样严峻。中国报业协会《关于 2020 年度全国报纸印刷量调查统计的报告》显示，2020 年度全国报纸印刷总印刷量为

600亿对开张，较2019年的689亿对开张减少了89亿对开张，下降幅度为12.92%。同比2019年降幅进一步扩大。

由此可见，全球报纸的发行量持续下滑，许多报纸入不敷出，陆续停刊、休刊。在国外各大报业的生存条件逐渐呈现出不容乐观的局面之后，中国报业的受众也呈现出明显减少的趋势，可以说在新媒体的冲击下，报业已经加入衰退产业的行列。因此，唯有转型与融合发展才能让报业起死回生，重新恢复往日的辉煌。

（二）广播电视面临挑战

随着数字媒介技术的兴起与发展，IPTV、网络广播、网络电视、数字电视等不断涌现，对广播电视的发展造成威胁和形成挑战，具体表现在两个方面。

一是受众分流。由于受播出时空的限制，传统的广播电视已经不是受众享受音视频内容的首选渠道，全球传统广电媒体视听人数的下降已经是不争的事实。与之相对的，是网络视听产业的发展。随着传播移动化的发展，网络视听用户与日俱增，网络音频、网络电视逐渐取代传统的广播电视，成为受众的信息接收渠道。因此，受众分流已经成为广播电视所面临的挑战之一。

二是资源分流。传统广播电视的资源被大量瓜分。一方面网络广播、网络电视、手机电视等新兴媒体借助技术优势，重新构建了"窄播""双向""受者中心"的受传方式，因此，原本被动接收信息的受众更加倾向于通过新兴媒体享受音视频内容，而受众的转移也使得传统广播电视大量的客户、广告商、传媒人才都纷纷投向了新兴媒体的怀抱。另一方面，由于我国版权保护方面的机制不够完善，加上互联网资源共享互通的特点，许多未经授权的广播电视节目都免费流向了网络媒体和社交平台。因此，资源分流是广播电视面临的另一大挑战。

（三）广告市场今非昔比

如今，消费者的阅读渠道和信息获取方式已经拓展到多元化的互联网平台。受众的多少决定着商家投放广告金额的多少，尤其对于传统媒体来说，广告是传统媒体的"衣食父母"。但从商家角度而言，近年来，由于新媒体平台擅于利用精准的营销策略，广告投放更加精准，广告成本更加低，商家越来越倾向于在新媒体市场中挖掘潜在客户。

在以微信、微博、短视频等为代表的新媒体平台的冲击下，传统媒体的广告收入持续下滑，广告市场逐渐萎缩。与之相反，互联网移动端广告收入持续稳步增长，在短视频成为主要的传播方式之后，短视频广告成为最受广告商欢迎的移动端广告形式。此外，户外媒体逐渐向数字化方向转型，数字影院、电梯海报广告的预算也开始多于其他户外媒体广告形式。

由此可以看出，传统媒体的传播局限性逐渐凸显，而互联网优势明显，广告资源流失和转移也在意料之中。因此，传统媒体只有转变广告投放的形式、渠道和策略，才能重新赢得更多的广告市场份额。

在这样的生存困境之下，以报业、广播电视、通讯社为代表的传统媒体纷纷走上媒介融合的转型道路，准备在融媒体时代把握住新的机会。

第二节 媒介融合——传媒业发展的必然趋势

回首传媒业的发展和变迁，媒介技术的每一次更新迭代都会给新闻传媒业带来质的飞跃和进步，新兴技术犹如画笔一般重新描绘着传媒业态的画卷。当下，新闻传媒行业已被卷入新媒体时代汹涌澎湃的滚滚浪潮中，纸质传播媒介和载体的功能被屏端迭代，靠行政手段违规摊派、依赖广告的运营模式注定没有出路、难以持续。唯有进行融媒体改革，传媒业才能重新绽放生机。

一、媒介融合的内涵与外延

西方众多学者关于媒介融合的思想为中国早期媒介融合的研究奠定了理论基础。由于媒介融合始终处于动态的发展过程中，并随着环境的发展而不断演变和更新，媒介融合的概念众说纷纭，未有统一的定义。

关于媒介融合的诱因，我们认为技术革新、市场变化和政治引导是媒介融合的驱动力。关于媒介融合的形态，不同学者对媒介融合的形态的分类的侧重点有所不同，但大致分为五种形态：政策融合、业务融合、技术融合、平台融合和文化融合。

（一）媒介融合概念的溯源

媒介融合的概念最早可以追溯到 20 世纪 90 年代末，那时西方学者对什么是媒介融合做出了思考，并撰写了一些关于媒介融合的基本概念的著作。托马斯·鲍德温（Thomas Baldwin）等明确指出，之前各自为政的电信、有线电视广播和计算机工业将汇流到一起，产生整合宽带系统（broadband communication system）。① 罗杰·菲德勒（Roger Fidler）提出广播和动画业、电脑业、印刷和出版业三个领域将会逐步趋于融合。② 凯文·曼尼（Kevin Maney）提出"大媒体"（megamedia）的概念，认为传媒业、电信业、信息业都将统合到一种新的产业之下，即"大媒体业"。③ 约瑟夫·斯特劳巴哈（Joseph Straubhaar）等探讨了媒介融合及其对人们生活产生的影响。④ 由此可以看出，西方学者最先将媒介融合看作与传媒业相关的领域，认为行业或者产业最终会融合为一体。

在这之后，中国传媒领域的学者也开始思考相关议题。早在 1999 年，崔保国就引用了西方"媒介融合"的概念，他认为媒介变革的显著特征是媒介的融合与裂变。⑤ 但"媒介融合"最早作为一种学术概念，是由蔡雯于 2004 年在美国进行富布莱特项目研究时引入国内的。蔡雯重点介绍了西方学者提出的两个新概念："融合媒介"（convergence media）和"融合新闻"（convergence journalism）。⑥

---

① 托马斯·鲍德温，史蒂文森·麦克沃依，查尔斯·斯坦菲尔德. 大汇流：整合媒介、信息与传播 [M]. 龙耘，官希明，译. 北京：华夏出版社，2000.
② 罗杰·菲德勒. 媒介形态变化：认识新媒介 [M]. 明安香，译. 北京：华夏出版社，2000.
③ 凯文·曼尼. 大媒体潮 [M]. 苏采禾，李巧云，译. 台北：时报文化出版企业股份有限公司，1996.
④ 约瑟夫·斯特劳巴哈，罗伯特·拉罗斯. 今日媒介：信息时代的传播媒介 [M]. 熊澄宇，等译. 北京：清华大学出版社，2002.
⑤ 崔保国. 技术创新与媒介变革 [J]. 当代传播，1999（6）：23-25，33.
⑥ 蔡雯. 媒体融合与融合新闻 [M]. 北京：人民出版社，2012.

(二)媒介融合概念的界定

关于媒介融合的概念众说纷纭,目前尚没有统一的定义。1988 年出版的《媒体实验室:在麻省理工学院创造未来》(The Media Lab: Inventing the Future at MIT)中描绘了"传媒融合"的蓝图,并将媒介融合笼统地理解为各种各样的技术和媒介形式都汇集到一起。① 1983 年,美国传播学者、麻省理工学院教授伊契尔·德·索拉·普尔提出"模式的融合"(the convergence of modes)概念,他认为媒介融合就是各种媒介呈现出多功能一体化的发展趋势。② 国内学者蔡雯、王学文认为,"媒介融合是指在以数字技术、网络技术和电子通信技术为核心的科学技术的推动下,组成大媒体业的各产业组织在经济利益和社会需求的驱动下通过合作、并购和整合等手段,实现不同媒介形态的内容融合、传播渠道融合和媒介终端融合的过程"③。党东耀认为,"从本质上讲,媒介融合不是多种媒介形式的简单相加和组合,而是一种媒介再造过程,通过新媒介对传统媒介的补充、整治、调和直至两者融合形成一种新的复合媒介,从而实现再媒介化"④。

媒介融合的概念之所以难以有统一的界定,是因为媒介融合是历时性的概念,对这一概念的把握主要基于媒介融合自身实践和发展情况。但总体来看,媒介融合包括基本含义和广泛意义。媒介融合的基本含义指的是不同的媒介相加,从而催生出新的媒介形态,如电子版报纸就是报纸内容与网站的结合,移动广播就是广播内容与移动音频设备的结合,手机电视就是电视内容与手机终端的结合。而媒介融合的广泛含义指的是与媒介相关的一切要素的整合与相融,包括所有权、传输渠道、文本内容、传播形式、经营模式、管理方式等。

此外,媒介融合不仅是一个概念,更是一个不断向前发展的动态过

---

① Stewart B. The Media Lab: Inventing the future at MIT [M]. London: Penguin Books Ltd., 1987.
② Pool, I. D. S. Technologies of freedom [M]. Cambridge MA: Harvard University Press, 1983.
③ 蔡雯,王学文. 角度·视野·轨迹:试析有关"媒介融合"的研究 [J]. 国际新闻界,2009 (11):87-91.
④ 党东耀. 媒介再造:媒介融合的本质探析 [J]. 新闻大学,2015 (4):100-108.

程，因此，媒介融合的内涵和外延也将随着技术、环境、社会、文化的不断发展而进一步得到丰富。

在了解了媒介融合的概念后，我们需要知道什么是融媒体，以及融媒体和媒介融合之间是什么关系。简单来说，融媒体就是在互联网逻辑思维主导下聚合渠道、生产、用户等各种资源，以科技平台和先进技术为支撑，在新的传播环境下重塑传播者和接收者关系的一种生态体系，也是媒介融合的平台架构。

（三）媒介融合的诱因

1. 技术诱因

融媒体改革不仅是技术进化的必然产物，而且是技术进化的必然路径。从媒介变革发展历程来看，科技创新是媒介变革的根本动力。机械印刷技术推动了印刷媒介的出现与发展，无线电技术的诞生为广播的问世奠定了坚实基础，光电转换技术为电视的出现提供了可能，在今天的信息化浪潮时代，数字传播技术催生了网络媒体。由此可见，每一次技术革新都将媒介发展推进到一个新阶段，媒介的变革发展与技术的兴起创新有着密不可分的联系。

融媒体变革有两个显著特征：一是不同媒介之间相互融合渗透；二是新的媒介不断涌现。在数字传播技术出现之前，由于不同媒介之间的技术差异明显，前数字传播技术阶段的媒介都是条块运作的，而数字传播技术应用使不同媒介之间的技术差异降低甚至消失，从而打破了媒介与媒介之间的边界，使得各种媒介在渠道、内容、终端等方面呈现出交叉现象。从电视、电脑再到手机、iPad、iWatch，传播终端的屏幕越来越小，传播的功能却越来越齐全。

数字技术使更多信息得以储存，可以将文字、图像、音视频等数据信息编码成"0"和"1"进行储存；光纤通信技术和卫星通信技术提高了信息传播的速度和效率；多媒体技术整合了传播渠道和传播方式，使单一的图文变成集文字、图像、音视频为一体的多样态内容。由此可见，技术创新不断推动融媒体变革，促进了各种媒介之间的融合与渗透。

2. 市场诱因

随着社会经济文化的发展，在物质生活水平提升的同时，人们的精神消费能力也在不断地提高，大众传播的单一性、同质化内容越来越无法满足人们的信息消费需求。受众的信息消费方式和信息接收需求的变化是媒介融合的重要因素。这些变化体现在以下两个方面。

一是受众的信息消费形式由单一式消费向融合式消费转变。过去的媒介只有单一功能，人们的阅读、收听和观看只能通过单一媒介完成。但随着媒介开始相互交融，功能和形态也逐渐趋为一体，受众的消费形式也逐渐从单一式消费转为融合式消费。人们已经不再满足于报纸、广播、电视等媒介带来的单一视听体验，他们更希望在手机上看新闻的同时还能随意切换到各种软件中听音乐、看电影、玩游戏。

二是受众的信息接收需求由大众化向多样化、分众化转变。1995年，尼古拉斯·尼葛洛庞蒂在《数字化生存》（Being Digital）一书中描绘了这样一个愿景：每个人都可以拥有一份按个人口味定制的虚拟日报，即"我的日报"（"The Daily Me"）。现代社会的特征之一是人们的需求多样化和分众化，而媒介融合可以通过新形式扩展和满足受众的新需求，根据受众个人口味定制"信息食材"，更细致地适应社会的个性化需求。

3. 政治诱因

政策也是推动媒介融合的一个重要动力。2014年，中央全面深化改革小组第四次会议审议通过了《关于推动传统媒体和新兴媒体融合发展的指导意见》，这意味着媒介融合开始上升为国家意志和国家战略。

国家推出媒介融合的一系列政策，主要是为了推动构建全媒体传播体系，做大做强主流舆论，以媒介融合发展助力社会治理，如图1-2所示。随着网络技术的进步，世界变成了"地球村"，互联网、社交媒体的发展降低了传播门槛，打破了专业新闻媒体对于话语权的垄断，使每个社会成员都可以参与新闻生产流程，传统媒体与新媒体、国内与国外、现实与网络共同构成了一个日益复杂的大舆论场。

传统媒体在互联网信息传播的过程中逐渐失去话语的主导权,其影响力式微。因此,传统媒体如果无法占领融媒体时代信息传播的最高点,就无法在新闻舆论工作的新高地立足,也就无法掌握舆论的主动权和话语的主导权,从而很难有效地净化网络风气和提高社会治理能力。

近几年,国家层面不断推出媒介融合的新政策和新指示,三网融合的实践、"中央厨房"的建造、县级融媒体中心的建设无一不体现了政府对媒介融合的重视。

(四) 媒介融合的形态

1. 政策融合

政策融合,是融媒体改革的前提,指的是在媒体机构进行信息采集、制作、生产、传播等经营管理活动过程中,国家或地方整合与协同运作对其运作行为进行管制和干预所出台的相关政策、法律、法规、条例等资源的过程。媒介融合首先需要政策层面的融合,政策的支持既可以提供制度环境的保

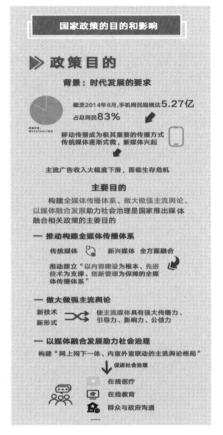

图1-2 国家推出媒体融合相关政策的主要目的

证,也可以为既有传媒资源的整合优化和监管效率提高提供保障。在中国,媒介融合在2014年成为国家战略层面的顶层设计,国家颁布一系列的法律法规以促进新老媒介的融合,消除了媒介融合进程的许多阻碍。在西方国家,许多法制体系较为成熟和健全的国家对已有的法律进行再次解读,或者颁布一系列政策裁决来废除不合理的规制。

2. 业务融合

业务融合,就是新闻传媒行业操作层面上的融合,主要分为两个部分的融合。在传播业务上,融媒体改革要求新闻从业者不仅仅会采、写、编、发、评,还要掌握多样化技能,成为能拍摄、懂直播、可出镜、会数

据分析、通人工智能的融媒型记者编辑,多方位甚至全方位发展。在经营业务上,整个传媒业的经营都在朝着跨媒体、跨行业、跨区域的方向发展。跨媒体,即加强不同媒体之间的共生与合作;跨区域,即在其他区域开展新闻生产和经营活动;跨行业,即利用行业外的人才、资金与其他行业开展合作。例如,"第一财经"便是中国第一个"三跨"的专业财经资讯平台。业务层面的融合不仅能够提高人员的利用效率,还能够整合现有资源,减少经营成本。

3. 技术融合

技术融合为传媒业的发展奠定了基础,技术的发展不仅催生了新型媒介形态,还使各种独立发展的媒体形态实现融合。具体而言,传媒领域的技术融合包括三个方面:一是信息内容融合,指的是通过应用数字技术,不同形态的内容逐渐形成多层次、多样态的融合产品。二是传输渠道融合,指的是通过网络技术的应用,突破媒体传输信息内容的时间和空间限制,使得信息可以随时随地传播。三是接收终端融合,指的是通过数字技术和网络技术的应用,实现信息接收设备融合,以及设备融合后带来的信息、内容和服务的融合。只有实现技术融合,才能够塑造融媒体转型的底层架构和造血机器,促进传统媒体的革新和发展。

4. 平台融合

平台融合,就是传统媒体固有的传输渠道与互联网平台相互交融的过程。如果说平台是注意力的入口,那么传统媒体相当于固态入口,而依托平台发展起来的社交媒体相当于液态入口。随着社交媒体的不断发展,液态入口逐渐取代固态入口,并成为公众注意力的全部入口。因此,融媒体作为一种媒介融合的依托平台,能否将固态入口转变为液态入口,从而吸引大众的注意力,是我们需要思考的问题。未来,主流媒体可以通过两种途径实现平台融合。一是跨界搭建内容平台,即传统主流媒体与互联网企业、技术公司跨界搭建平台,如人民日报社和新浪微博、一直播合作共建的"人民直播"便是一个典型案例。该平台将内容优势与技术优势相结合,共同打造高质量的直播内容生态体系。二是自建内容平台,即主流媒体运用已有的用户资源、技术条件,构建自我管控、自建规则的开放式平台。例如，全国党媒信息公共平台就是人民日报社构建的一个全国党媒资源共享、协同互助、相连相通的平台。

5. 文化融合

当前对于媒介融合的讨论局限于技术层面，很少有人谈及媒介融合对文化的影响。文化融合就是新媒体与传统媒体、专业媒体与公民媒体、媒体生产者与信息消费者之间的权力碰撞、交织和融合的一个互动性场域。事实上，每一种媒体都在特定环境中逐渐形成了自己独特的"文化"。在大众传媒时代，"内容为王"是传统文化，而在媒介融合趋势下，"以人为本"的大众文化兴起，于是庙堂式的传统文化和竞争式的大众文化在媒介融合过程中不断地碰撞和交融。比如，主流文化和亚文化之间的融合就是一个典型案例，主流文化是一个时代发挥主要影响力的文化，亚文化就是相对于主流文化而言的一种边缘性、小众性、反叛性的文化。例如，含有"二次元""鬼畜"等亚文化元素的哔哩哔哩在 2021 年举办跨年晚会，积极与传统文化相融合，加入了爱国歌曲、交响乐等被认为是传统文化的元素。

二、媒介融合的逻辑考察

在我国，作为党和政府着力推进的国家战略，媒介融合担任着"引领"的职责，这是媒介融合的政治逻辑；每一种技术的兴起必然会促使媒介的形态、业态、生态发生变革，这是媒介融合的技术逻辑；媒体只有进行市场化改革才能持续良好地发展，这是媒介融合的市场逻辑；而媒体能够蹚过融媒体改革深水区离不开充裕的资金投入，这是媒介融合的资本逻辑；媒介融合必然会导致生产观念、生产方式的变革，因此，我们需要考究媒介融合的生产逻辑；平台逐渐成为公众注意力入口，传统媒体转型为平台型媒体才能把握话语权和舆论引导权，这是媒介融合的平台逻辑。因此，我们将从政治、技术、市场、生产、平台五个方面揭示媒介融合的深层逻辑。

（一）政治逻辑

政治逻辑一直是我国大众传媒的主导逻辑，主要体现在四个方面：在价值上，传统媒体肩负着正向引导舆论和确保意识形态安全的职责；在组织上，大众媒体坚持党管媒体的原则；在职能上，大众媒体并非以获取经济利益为目的，因此，国家通过资金拨款和政策维护对大众媒体进行扶持；在管理上，大众媒体是以条块分割为管理模式的行政机构，在垂直层面上，大众媒体受到不同媒体管理部门的直接领导，在横向层面上，大众媒体接受地区党委和政府的领导。

融媒体改革的任务和使命是处理好媒体的政治逻辑。推进融媒体改革发展，是壮大主流思想舆论的现实需要，也是加强党和人民群众联系的桥梁，更是巩固党的执政地位的有效抓手。自从2014年媒介融合成为国家战略以来，我国为了推进融媒体改革发展，出台了一系列与媒介融合相关的政策条例，为媒体转型提供了良好的政策环境。总的来说，中国媒介融合的实践离不开政府主导下的技术、产业的共同塑造和影响。

（二）技术逻辑

技术的创新会促使媒介形态、业态、生态发生巨大变革。智能化技术将媒体带入新一轮的信息技术革命（图1-3）。新兴技术一方面催生了新型媒介形态，另一方面则促进新旧媒介融合发展。可以说，媒介的深度融合本质上是以先进媒介技术为支撑的内容产业链重构。

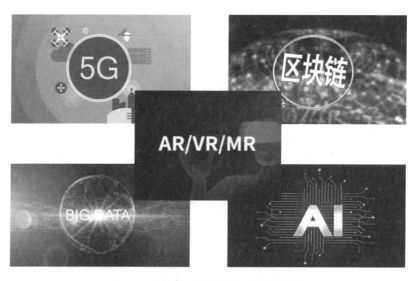

图1-3　新兴技术在媒介融合中的应用

从实践探索来看，媒介融合转型离不开底层技术革新。传统媒体要想更好地构建融媒体传播体系，前提是要为媒介的融合升级提供强大的技术支撑。例如，以高速率、低延时、大容量为特征的 5G 技术提升了新闻生产的效率，并使场景传播常态化成为可能；VR、AR、MR 技术的应用产生了沉浸式、交互性、想象性的传播效果；人工心智（artificial mind，AM）技术则可以通过对用户喜好和特征的深度学习，精准捕捉到用户的隐性需求；区块链技术的应用则能够实现媒体信源认证、打造去中心化新闻平台、保护新闻作品版权利益；大数据时代，数据成为新闻内容生产的资源和宝库，"数据就是生产力"的思维和理念被植入传媒业，大数据技术已全面介入新闻生产流程，加速了媒介融合进程。

总的来说，推进我国媒介融合发展，技术是"硬件"，如果没有"硬件"设备，媒介融合就没有驱动力和支撑力。因此，媒体只有不断采用最新科技和技术，才能为融媒体改革注入新鲜活力。

（三）市场逻辑

融媒体改革既要遵循媒体发展规律，也要遵循市场规律。当前的市场是被互联网打开、激活、搅乱的市场，从狭义市场转向广义市场，从政治主导型市场转向市场主导型市场再转向混合型市场，从国内市场走向全球市场，从无序市场走向有序市场。其中，商业利益最大化是市场逻辑的根本原则。

改革开放以来，中国由计划经济向市场经济转变，在大环境的变动下，传统媒体也逐渐拉开市场化改革的序幕，转向以市场为主导的产业化运作模式。"事业性质、企业管理"成为中国新闻媒体改革的生存发展新思路。该新思路的含义就是在市场经济时代，新闻媒体作为党、政府和人民的"耳目喉舌"，具有事业性质，在思想、政治和行动上与党中央保持高度一致，但是在经营管理上参与市场竞争，用企业化方式运营。传统媒体只有以市场化为方向，产生市场影响力，才能抢占互联网市场份额，增强盈利和创收能力，最终推动媒体在现代社会市场竞争中实现可持续发展。

可以说，媒体走向融合转型的道路离不开市场逻辑发挥的作用。在过去很长一段时间，融媒体改革的痛点和难点在于传媒产业的体制机制较为僵硬，行政力量主导的思维依然存在，传统计划经济的痕迹较为严重。因此，加快市场化改革已经成为传统媒体实现融合转型的关键。

（四）资本逻辑

媒介融合属于资本密集型活动，是一项耗时长、投入大的系统性工程，尤其是在传统媒体长期收支不平衡时，可以说，资本就是媒介融合的"油箱"，充裕的资金投入是成功实现媒介融合的前提。近些年来，在国家政策的支持、政府的引导下，一些媒体通过财政补贴、上市融资、组建基金等方式，在一定程度上满足了融合转型的资金需求。

在政府补贴方面，财政补贴是媒介融合的前提条件，多地媒体获得了政府"真金白银"的资助和补贴。例如，2016年12月，广州市财政局给予广州日报社一笔3.5亿元的资金拨款，用于该报社的印刷和发行支出，弥补了该报社的资金短缺。

在上市融资方面，除了依靠政府补贴外，传媒产业还可以通过上市打破直接融资渠道。目前，传媒产业主要通过国内市场直接上市、国内市场借壳上市、海外上市等方式进行融资扩张。一些传媒企业纷纷试水资本市场，资本市场也给予了传媒企业高度关注。

在组建基金方面，2021年9月26日，中央广播电视总台所属中国国际电视总公司，以及中国电信、中国文化产业投资母基金等26家企业共同成立了国内首个以媒介融合为主题的国家级产业投资基金——央视融媒体产业投资基金。据了解，该基金主要投向文化及互联网经济，包括前沿技术应用、文娱产业、体育产业等。

（五）生产逻辑

由于引入了新兴技术、充足资金、具备不同专业知识的人才及创新的生产理念，媒介融合必然会推动新闻生产发生巨大的变革。具体来说，媒介融合带来了新闻生产观念和新闻生产方式的转变。

一是生产观念的变革。只有变革思维，与时俱进，传统媒体才能适应融媒体时代的发展。首先，要树立用户思维，即想用户之所想，根据用户的需求生产新闻，为用户提供更好的信息、服务和体验。其次，要树立移动思维，即生产可以在移动状态下消费的新媒体产品，让用户在移动状态下利用碎片化时间接收信息。再次，要树立数据思维，即利用数据把握用户的行为特征，实现精准化传播。最后，要树立互动思维，即注重用户的互动参与，包括了解用户喜好、提升用户参与度、采纳用户反馈意见等。

二是生产方式的变革。首先，要以用户为中心，生产个性化的新闻产品。用户的使用、体验、口碑、评价等决定了新闻机构的生存状况，因此，媒体应当精准把握用户喜好，为用户定制个性化内容。其次，要以内容为王，提升媒体的核心竞争力。媒介融合虽然带来了丰富多样的传播形态，但最终赢得受众的依然是传统媒体的核心竞争力——优质内容。因此，传统媒体应当持续增强优质内容的供给能力，注重原创，打造精品。再次，要以技术为基础，利用技术赋予媒体强大生产力。智能化技术提升了传统媒体的新闻生产效率，丰富了新闻产品的形态，所以要充分利用前沿技术加快媒介融合的进程。最后，要以市场为导向，观察新闻市场变化。要想在日益激烈的市场竞争中不被各种威胁和挑战击败，媒体在保证社会效益的前提下，要遵循市场规律，生产适销对路的新闻产品。

（六）平台逻辑

平台逻辑就是平台型媒体背后的运作逻辑。那么，什么是平台型媒体呢？平台型媒体是融媒体的类型之一，是一种具有开放性、共享性的内容生态实体，它既拥有生产专业性内容的供给者，又拥有提供多元化服务的技术工具，满足了生产者和消费者的多样化需求。

从全球范围来看，平台型媒体以用户的社交关系为连接点，以先进的科学技术为驱动力，以变动的市场需求为主导方向，日益成为主流的信息传输和分发渠道。在欧美国家，Facebook、Twitter、Instagram、YouTube在年轻网络群体中占据市场垄断地位。在中国，社交型平台、短视频平台、音频平台、资讯平台、服务型平台、社区型平台等逐渐成为人们获取信息的入口。

平台型媒体与传统媒体的运作逻辑有所不同。传统主流媒体的媒介逻辑以内容生产为主，其特征是中心化和窄口传播，主要功能是提供信息。而平台型媒体并不生产内容，其媒介逻辑是以聚合信息，提供社交、服务为主，其特征是去中心化和开放连接。由此可以看出，以技术为底层架构的平台型媒体体现的不仅仅是体制机制的革新，更是思维理念、实践方式的迭代。

当前，媒体向平台化发展成为融媒体转型的重要途径，传统媒体在入驻商业平台后增加了流量，提升了影响力，扩大了传播效果。但我们也要注意到媒体平台化的负面影响：商业媒体平台依托前沿技术优势和海量级的用户资源掌握着传播话语权，传统媒体逐渐沦为商业平台媒体的内容供应商，互联网舆论生态、文化意识形态安全、话语权和主导权方面的隐忧也引起了传媒界的关注。

三、媒介融合的积极意义

推动融媒体改革发展，具有十分重要的现实意义。从国家层面来看，媒介融合能够壮大主流舆论思想，更好地向人民群众传播政策方针和主流价值观。从媒体层面来看，媒介融合能够充分融合媒介资源，减少生产运营成本，实现利益和效益的最大化。从受众层面来看，媒介融合能够满足人民群众日益增长的精神文化需求和不断变化的消费需求，为人民群众提供喜闻乐见的内容。

（一）优势互补，形成舆论合力

媒介融合的目标之一就是融合各个媒介的优势，取长补短，优势互补。例如，报纸最大的优势是深度报道，线性的阅读方式能够引发读者的深入思考，报纸还具有便携性的特点，克服了广播和电视转瞬即逝的弊端；广播的优势在于感染力强、传播速度快、传播面广，能够跨越时空随时随地进行传播；电视不仅传播范围广，还能够通过形象生动的图像使观众得到直观鲜明的感官认识，克服了报纸较为枯燥乏味的缺陷；而新兴媒体，如智能手机、网络电视、电子媒介等具有交互性强、信息传播范围广的特点，能够打破时空界限，满足受众随时随地接收信息的需求。因此，将各种媒介进行融合，能够取长补短，更好地引导舆论。

如今，为了扬长避短，传统媒介之间已经进行充分融合。在电视读报节目中，主持人可以用深刻而幽默的话语对报纸内容进行点评。一方面，报纸内容能使受众进行深度思考；另一方面，电视能使受众看到个性化的主持人灵活生动的一面。

不仅传统媒介之间需要融合，传统媒介与新兴媒介之间也需要融合。当今的报纸十分注重借鉴新兴媒介的表现方式。例如，在2020年"两会"报道期间，《解放军报》充分利用先进技术，推出富含科技元素的"全息报纸"（图1-4），将报纸有限静态的平面空间拓展为广阔动态的全息空间，创新了传统媒体对于重大报道的传播形式。

图1-4 《解放军报》推出的"两会全息报道"

（二）整合资源，提高整体效益

在传统时代条块分割的管理体制下，媒介之间的某些无序化竞争，不仅浪费大量的人、财、物，而且造成内容同质化和单一化，再加上广告市场的相互倾轧和资源争夺，不仅不能提高内容质量，还浪费了媒介资源。

而媒介融合将会带来媒介资源的整合和有效利用，从而用最小的成本获得最大的效益。通过资源的整合，媒体不仅能够节约新闻生产、制作、传播的成本，还能促进新闻的再生产，实现更大的经济效益和社会效益。

例如，人民日报社"中央厨房"的打造便是一个典型案例。媒体领域

图 1-5 人民日报社的"中央厨房"

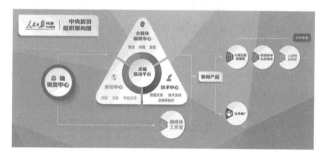

图 1-6 人民日报社的"中央厨房"组织架构

中的"中央厨房",指的就是记者将数据库中的原始新闻素材进行二次加工和编辑,使之成为具有统一价值观的新闻半成品,然后根据各传播平台的特点将半成品再次加工成不同类型的产品,最后输送到各个分发平台进行传播的运行机制。人民日报社"中央厨房"的新闻生产运作模式,真正实现了报社采编中心资源的共享共济、互融互通,如图 1-5、图 1-6、图 1-7 所示。这样的内容生产模式,不仅能够最大限度地节约运营成本,同时还实现了传播效果的最大化。

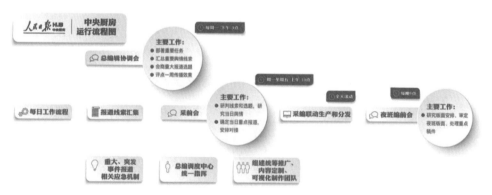

图 1-7 人民日报社的"中央厨房"运行流程

（三）细分市场，满足受众需求

在传统媒体时代，大众媒体"一对多"的线性传播模式忽略了受众的差异化和个性化需求。随着经济的发展、生活水平的提高，社会结构趋向多元化，受众的阅读偏好和方式逐渐显现出个性化特征，受众不再满足于大众传播时代单一和同质化的内容，而会根据自身喜好，寻求多元化的信息服务。

媒介融合的深层逻辑就是为了集合更多的"分众"，媒介融合的结果是产品的多元化和个性化。在媒介融合发展的过程中，要根据用户的不同喜好和需求，制成不同形式的信息产品，精确化地为用户生产和推送信息。

媒介融合的意义之一在于媒体可以将同样的新闻素材做成不同的"口味"传给不同的受众，满足受众不同的需求。例如，人民日报社"中央厨房"能够针对不同受众需求，对同一个新闻素材，提供三个波次的产品推送。第一波求快，即在互联网以最快速度发送简讯，满足那些利用碎片化时间了解事件梗概的受众；第二波求全，即全面呈现新闻事件的历史资料和背景，满足那些时间充裕且想进一步了解事件经过的受众；第三波求深，即对新闻事件的来龙去脉做深度解读，满足那些想挖掘故事背后深层次信息的受众。此外，人民日报社"中央厨房"旗下的"数据与可视化实验室"，还能够把新闻素材二次加工成 AR 新闻、游戏新闻、短视频新闻等融媒体产品，提升用户的阅读体验感。

四、媒介融合的博弈关系

博弈，指的是个体、群体、组织或国家为了获取一定的利益而实施一系列策略和措施的过程。在融媒体改革的过程中，势必存在多种力量的博弈，具体来说，包括流量与导向、大众与分众、内容与平台、优势与短板、专业与业余等。在这样的形势下，媒体如何平衡这五种博弈关系，从而更好地完成融媒体改革以获得最大化利益这个现实问题值得我们思考。

（一）流量与导向

当下，流量就像金钱的代名词，互联网盈利的本质似乎就是追逐流量。随着互联网逐渐渗透传统媒体，获取流量成为许多媒体追逐的目标。一般来说，"流量至上"的思维存在于商业媒体和自媒体中，但在媒体竞争激烈的今天，越来越多主流媒体陷入这种思维中，忽视了自身的社会效益目标，片面追求经济利益。"流量至上"的表现主要包括四个方面：一是盲目蹭热点、蹭热度；二是"标题党"盛行，内容表达不客观；三是不注重原创内容生产，"洗稿文"数量增加；四是盲目追求点击量，缺乏对用户的垂直深耕。

"流量思维"是互联网行业发展到一定阶段的规律体现，它的存在具有合理性。但是，传统主流媒体要防止"唯流量至上"，要学会平衡价值理性和工具理性，谨防被"流量思维"裹挟。

对于主流媒体来说，为防止"流量思维极端化"，在媒介融合的过程中要注意以下几点。一是要理性地看待"流量思维"。传统主流媒体一方面要旗帜鲜明地坚持正确的政治方向、舆论导向和价值取向，另一方面还要生产有观点、有深度、有温度的内容从而获取价值流量和有效流量。二是要建立科学的评估标准。虽然当前有许多现象级融媒体产品，但是它们无法真正将受众转化为忠实用户，这暴露出了内容产品出现"假流量"的问题。当前，如果传统主流媒体的传播效果仅仅以流量的多少为衡量标准，便不能真实反映传播的影响力，因此应该建立科学的评估标准。三是要以内容的质量为根本。传统主流媒体的核心竞争力是优质的内容，内容才是制胜的法宝。落实在新闻生产中，就是要做好新闻策划，对于社会热点和人民群众关心的问题迅速做出分析和报道，生产有价值、有观点、有深度的内容。

总的来说，在媒介融合的过程中，要处理好流量和导向之间的关系，要通过流量获得经济利益，更要重视社会效益。也就是说，传统主流媒体要一分为二地看待"流量思维"，要用优质内容获取价值流量和真实流量。

（二）大众与分众

随着受众地位和需求的变化，媒体的发展由广播式的大众传播转向窄播式的分众化传播。在互联网、各种新兴技术的冲击下，传统媒体借鉴新媒体的分众传播优势是成功进行融媒体改革的关键。具体来说，大众传播与分众传播之间的差异主要体现在传播对象、话语体系、盈利模式三个方面。

一是传播对象的差异。大众传播的传播对象是社会上的一般大众。分众传播强调社会成员的个体性，传播对象是具有个性化特征的用户。在分众传播时代，媒体利用算法技术和大数据技术，基于用户的兴趣爱好、阅读偏好、浏览记录乃至教育背景、社会阶层等信息，定制属于用户的"个人日报"。

二是话语体系的差异。传统媒体长期以说教式、灌输式的方式传播内容，其话语体系大部分采用以"端庄、权威、稳重、严肃"为语言特点的官方话语，令受众常常感觉到传统媒体有距离感，缺乏亲和力。而在分众传播中，新媒体提供了各种平台和渠道，各种话语都得以表达，因此，分众传播的话语体系具有去中心化、风趣活泼的特点。

三是盈利模式的差异。在大众传播时代，传统媒体主要通过二次售卖的方式获取收益，这种方式使广告商更加注重受众群体的覆盖面。而分众化传播的盈利方式追求精准营销，即通过分析用户需求为用户定制个性化广告，从而在减少广告投入成本的同时提升触达率和转化率。

在融媒体时代，一方面，传统媒体要继续宣传社会主义核心价值观，传输党和政府的方针政策与理念；另一方面，传统媒体也要应对分众传播带来的挑战，从"大众"和"分众"的差异中找到优缺互补、共同发展的可能性。

首先，在提高公益性的同时，注重个性化传播。一方面，传统媒体应为社会提供公益服务，关注社会公共议题和事件，传达主流价值观；另一方面，传统媒体也要注重分众传播，适应个性化、小众化、差异化的传播趋势。

其次，要寻找个性和共性的平衡点。一方面，传统媒体要提高对社会共识表达的敏感度，关注当前社会的痛点和诉求；另一方面，传统媒体也要注重分众传播的个性化表达，以人们喜闻乐见的方式和生动有趣的形式传达信息。

最后，利用新技术进行营销创新。过去由于技术受限，传统媒体的营销广告难以精准抵达用户，现在大数据技术的应用使媒体精准营销成为可能。

无论是大众传播还是分众传播，毋庸置疑的是，提供信息服务是所有媒体的基本职能，也是媒体生存的基础。因此，传统媒体应该抓住融媒体改革的机会，改革陈旧的生产方式、话语体系和盈利模式，适应新时代的发展，打造特色化的融媒体传播新格局。

（三）内容与平台

"内容为王"一直以来被视为媒体发展的重要理念，但是随着融媒体改革的逐渐深入，"内容为王"的观点不断受到冲击和挑战。近年来，平台新闻业崛起，原来的传播权力格局正在被消解和重塑。曾经以"内容为王"的传统媒体逐步沦为平台的内容供应商，面对这样的变化，传统媒体在融合转型过程中应该如何平衡平台与内容的关系，引发了媒体人的思考。

平台型媒体成功运行的要素是技术助力、资本驱动和海量用户。按照媒体属性，平台型媒体可以分为两类：第一类是信息定制和聚合类的平台型媒体，如今日头条、一点资讯、天天快报等，其特征是能够为用户打造属于他们自己的"个人日报"，其主要功能就是提供高度小众化、差异化、定制化的信息服务。例如，头条号是今日头条旗下的媒体平台，帮助新闻媒体推送社会要闻，提供多样化的技术服务，助力传统媒体实现品牌传播和内容变现。第二类是社交网络类的平台型媒体，如微信和微博等。这类平台型媒体先建立和维护用户的社交关系，再利用社交关系进行信息分发，产生巨大的裂变效应和传播效果。

平台型媒体正在重新构建传媒生态和传媒产业，从聚合与分发平台发展到采编播平台，再进化为智慧型服务平台，最后朝着全新型融媒体生态方向发展。未来，平台型媒体将凭借自身的用户和技术优势，将传统媒体、内容制作者和用户纷纷"虹吸"进去。

面对此景，我们不禁思考：在媒介融合进程中，传统媒体在其中扮演的角色究竟是平台还是内容供应商？

传统媒体的盈利模式为二次销售，即传统媒体先将信息、内容、产品以低廉的价格，甚至免费的形式兜售给受众，再将受众售卖给广告商，通过广告费赚取利润，但是在这种模式下，媒体付出的成本很大，回报却很小。因此，当平台型媒体抢占了分发端口后，失去平台控制的传统媒体不能只做内容生产，还应同时做好内容服务和平台服务，因为内容服务与平台服务是连接用户的关键。平台服务侧重于将内容分发给适合的用户，而内容服务侧重于产品定位、反馈采纳、互动设计等。

传统媒体可以搭建属于自己的平台，以主流算法为价值导向进行内容分发引导舆论；同时传统媒体还要继续发挥内容优势，革新内容连接与服务模式，努力探索社群运营，提供多样化服务。

（四）优势与短板

传统媒体与新兴媒体都有各自的优点与缺点，因此，两者都应该充分借鉴彼此的优点，取长补短，推动媒介融合向更好的方向发展。

具体来说，传统媒体的优势包括以下几点。一是内容优势。可以说，内容生产能力是传统媒体的核心竞争力。传统媒体的背后是优秀的内容制作团队，他们对新闻事件具有深刻的分析和独到的见解，在新闻报道的深度、高度、广度等方面颇具优势，能够为受众提供有价值、有观点、有深度、有温度的新闻作品，譬如在现场直播、突发事件、大型节目、重要赛事中的报道优势明显。二是人才优势。媒体要想在竞争中取胜，关键要看是否有优秀的新闻人才。长期以来，传统媒体聚集了一大批优秀新闻人才，他们有着扎实的业务能力和较高的政治觉悟，正是这样具备专业性和权威性的队伍，才能提供真实可靠的信息，正向引导舆论。

当然，传统媒体也有一些短板。一方面，传统媒体存在互动性差、时效性差、说教式的宣传过多等自身缺陷；另一方面，传统媒体在技术、平台等方面与互联网企业和技术公司相比差距悬殊，且缺乏跨界复合型人才。

新兴媒体自兴起以来就对传统媒体造成了冲击，以其互动性强、传播速度快、覆盖范围广、检索便利等优势分流了传统媒体的受众和广告。具体来说，新兴媒体具有三大优势：一是时效性强。互联网突破了时空限制,实现了传播的实时性,保证了信息传播的有效性,让受众在第一时间了解信息。二是互动性强。借助数字化技术,新兴媒体打破单向传播模式,可以及时有效地与受众进行交流互动,大大增强了受众的黏性。三是融合性强。多媒体技术将文字、图片、动画、音视频等传播形式融合起来,从而对单一、枯燥的信息进行趣味化、视觉化表达,从而满足受众日益提高的视听需求。

当然,新兴媒体也不是十全十美的,新兴媒体存在虚假报道多、原创内容缺乏、"标题党"现象频发、舆论导向混乱等问题。

由此看来,新兴媒体、传统媒体各有优势和劣势,双向融合的需求是必然的,只有扬长避短、相互融合才能促进传媒业持续繁荣与发展。

(五)专业与业余

过去的传媒行业,专业与业余之间有泾渭分明的界限,但在融媒体时代,这种界限在逐渐消失,业余也可能变成专业。在媒介融合过程中,专业和业余之间有三种博弈关系。

1. 专业媒体与业余个体

在大部分情况下,专业与业余的博弈,指的是专业媒体与业余个体之间的抗衡。互联网技术打破了传统媒体对传播渠道的垄断,催生了公民新闻,使越来越多的业余个体成为信息的生产者和发布者。所谓公民新闻,就是个体或者群体采集线索、生产内容,并通过一定的终端或平台向社会传播信息的一种行为。

例如,2006年,美国CNN在其网站上推出了"iReport"栏目,大众可以在该栏目中发布自己生产的新闻;越来越多人成为新闻生产者,将个人的知识、见闻、观点作为专业新闻的补充和参照展现在公共平台上。

所谓的公民记者越来越多,他们在新闻传播活动中承担着一定的角色。但大多数公民提供的内容都被认为是"业余"的,事实上,这些业余的内容可以作为专业新闻报道的补充,因为再专业的新闻记者也可能出现"视角盲点"或"知识盲点",专业报道和业余内容的补充和互动才能构成更加完整的新闻图景。但对于专业媒体来说,如何挖掘业余内容的价值,成为媒介融合过程中的一个重要课题。

2. 专业媒体与专业个体

所谓专业媒体，指的是具有专业主义的媒体。传媒领域语境下的专业主义大致包括五个标准：遵循新闻伦理和道德实践标准；提供权威和真实的信息；拥有独立自主的判断力；遵守组织和内部的规章制度；具备扎实可靠的专业技能。这些专业媒体可能在新闻的生产与制作中具有专业性，但在其他领域中未必具有专业性。

相反，有许多个体未必是业余的，比如有些人可能是某一领域的专家或行家，他们拥有更多的专业知识、信息和技能，在特定的领域可能比媒体的洞察更加深入，判断更加准确，分析更加透彻。例如，新浪微博的认证"大 V"（图 1-8 至图 1-10）就属于 PGC 的生产主体，他们往往是在某一领域或行业有所建树与深耕的知名人士，他们依靠自身的专业知识、独特的观点和见解，在互联网中持续输出高质量内容，成为某一领域或行业的意见领袖。

图 1-8　知名数码博主"老师好我叫何同学"

图 1-9　上海复旦大学附属华山医院感染科主任"张文宏医生"

图 1-10　知名美食博主"绵羊料理"

在媒介融合的今天，信息生产的主体呈现多元化，这些专业的个体能够通过自己的媒介或平台进行信息的发布与传播，他们凭借自己的专业知识垂直深耕优质的内容，也能够获得一定的影响力、知名度和声誉度。他们不再需要借助专业媒体来传达自己的观点，更不愿意看到自己的观点经过专业媒体的解释和分析后变得"面目全非"。面对网络中崛起的专业个体，专业媒体的影响力、传播力和引导力都受到挑战，未来，专业媒体如何与专业个体进行博弈是一个值得探讨的话题。

3. 专业媒体与专业机构

在移动互联网时代，各种类型的社会化媒体逐渐成为人们获取信息、表达观点、参与政治的平台，传统媒体的话语权被削弱。因此，各级政府部门为了在互联网中把握话语权和舆论主导权，构建风清气正的网络环境，积极建设政务新媒体矩阵。所谓政务新媒体，就是各级行政机关和事业单位在新媒体平台开设的政务账号或开发的应用程序，它们可以被看作政府职能部门的延伸。

为了占领宣传要地，更好地发挥政府职能，我国政务机关开始不断向互联网延伸。经过这些年的布局和发展，政务新媒体已经形成了一定的规模。政务微博、政务头条号、政务抖音号、政务客户端等政务新媒体与日俱增，这些政务新媒体集信息发布、资料查询、政务服务等功能于一身，成为加强政民互动、建设服务型政府、提升舆论引导能力的一个重要抓手。

这些政府部门是公共数据最大的拥有者，在信息传播方面具有一定的专业性，当它们在社交网络上拥有属于自己的信息传播平台时，和专业媒体共享自己的资源、信息和数据的意愿会弱化，甚至成为专业媒体的竞争对手。

总的来说，业余个体、专业个体和专业机构的存在打破了专业媒体在生产和制作新闻方面拥有特权的状况。面对新的传播格局，包括新闻网站在内的专业媒体需要做出调整与改变，从工作机制、思维方式、生产方式等多方面进行变革。此外，专业媒体也可以与业余个体、专业个体及专业机构进行合作，使它们释放的养分为己所用。

第三节 媒介融合的发展现状及未来趋势

随着传媒业版图的消融,传统媒体正在重塑全新的传媒生态版图,更完整的全媒体传播体系,更健全的制度机制体系,更富有想象力的智能化媒体,更高效的融合跨界合作……这些都是媒体在深度融合后产生的一系列奇妙的"化学反应"。

在新兴媒体的催化下,传统媒体褪去了往日的辉煌,国内外纷纷意识到传统媒体已然无法满足当代人对信息的需求,开始推动传统媒体向智能化、移动化、社交化和音视频化方向发展。

一、媒介融合的发展现状

从2014年开始,随着一系列政策的发布,我国媒体向媒介融合转型持续迈进,从"相加"走向"相融"。当前,我国媒体已经进入深度融合的关键阶段。从纵向层面来看,中央级媒体作为传媒业的排头兵,继续带领着传媒行业向前发展,在内容、技术和平台三大领域持续深化改革。省市级媒体则成为融媒体改革的主导力量,在多个领域进行尝试,进入加速跑阶段。县级融媒体中心作为连接党和人民群众最密切的一根牵引绳,依然是当前基层媒介融合工作的重点。目前县级融媒体中心虽然基本实现了全国的覆盖,但还有融合资金不足、优质人才紧缺、内容生产力不强、经营模式不清等问题。

面临日渐明显的未来趋势和捉襟见肘的现实困境,国外媒体也一直在寻求突破和革新,纷纷走向数字化、移动化、全球化、专业化的转型道路。《华尔街日报》是实施数字化转型最成功的财经报纸。世界上第一个进行数字音频改革的广播公司——英国广播公司,其关于"移动优先""内容为王"的理念颇有启示意义。美国联合通讯社(The Associated Press, AP)则从新闻管理、新闻采编、新闻分发、新闻传播等方面进行全面革新,使自身在新媒体环境中保持竞争力。这些传统媒体的融合转型，可以为其他媒体提供借鉴。

二、媒介融合的未来趋势

在各种力量不断角逐的今天，传媒业的原有版图在消融。未来，传媒行业将朝着智能化、移动化、社交化、音视频化的方向发展。智能化技术成为一种底层驱动力，改变着媒体的生产方式，从选题、生产，再到分发、核查，智能化技术在扮演着重要角色。随着移动传播体系逐渐形成，移动化正大步进军当今的传媒业。当前社交平台也成为最重要的新闻内容发布平台，社交化发展将成为未来传统媒体获取流量密码的路径。此外，传统媒体也积极布局音频领域，而内容视频化也将成为传统媒体分发新闻的主要形式。

（一）智能化

以人工智能、大数据、物联网为代表的新传播技术构建了新的传播生态，正在把媒体带到一个智能化时代。智能化传播技术正在驱动着一场新的革命，重塑着新闻的生产和分发，传统媒体的转型正在朝着智能化方向发展。当前媒体智能化的特征主要包括三个方面：一是大数据正在成为媒体智能化生产的核心资源；二是算法技术是实现媒体智能化分发的驱动力；三是精准化的场景传播是实现媒体智能化价值的主要方式。

1. 选题确立的精准化

传统的新闻选题主要是由上级分配的，这样的选题确立较为主观。此外，过去的受众反馈渠道有限，反馈样本有限，速度较为滞后，很难全面精准地反映受众市场，这样的受众反馈不利于新闻选题的策划。

而大数据分析技术的应用使选题的决策环节更加客观、高效和精准。大数据技术可以对互联网上的热点数据进行抓取、清洗、分析，从而使编辑快速挖掘新闻线索，针对社会热点和用户口味确立选题。以腾讯新闻频道打造的一档高端辩论类新闻节目《事实说》为例，该节目与搜狗搜索展开合作，通过大数据分析社会热点，按照受众需求选择议题、策划选题。再如，《纽约时报》（The New York Times）在过去每天推送的文章数量在 300 篇左右，编辑经过筛选后才能发布小部分文章在社交媒体上，这样的筛选过程耗时长、工作量大，而基于大数据和机器学习的工具 Blossom 能够帮助编辑处理数据和预测热点，从而确定选题，这样的决策往往比有经验的编辑的决策更为有效和精准。

2. 内容生产的程序化

新闻生产过程中的智能化主要体现在新闻业运用计算机程序自动化生成内容文本。从一开始的计算机协助报道、机器人撰写新闻、算法推送新闻再到数据驱动新闻，这一演变过程的实质就是计算机不断进化后提升内容生产质量和生产效率的过程。

内容生产的程序化提升了发稿速度，最大限度地简化了新闻生产与制作的流程，在一定程度上释放了新闻工作人员的劳动生产力，使其有更多精力从事富有创造力和想象力的工作。但我们也要注意到机器人新闻写作可能存在缺乏人文关怀和温度、报道深度不足、报道领域有限等问题。

3. 内容分发的算法化

内容分发的算法化就是利用算法推荐技术，对海量的内容与用户的喜好进行精准匹配，满足用户的个性化和多元化的信息需求，实现内容的智能化分发，解决互联网带来的信息冗余、信息超载等问题，降低获取信息的成本。

尽管智能化分发降低了用户在信息过载时代中的有效信息获取成本，但依然给传统媒体带来了一些挑战。一方面，传统媒体的分发权力被算法推荐技术削弱，使传统媒体从渠道的控制者沦为内容的供应商，在一定程度上成为分发平台中的"弱势群体"；另一方面，算法分发技术也可能会带来信息茧房、算法歧视、数字鸿沟扩大、隐私泄露等问题。

4. 内容监管的自动化

由于利益驱使、监管滞后、把关不到位等多种因素，互联网上虚假新闻、不实信息、不良信息滋生泛滥，已成为全球性"毒瘤"。在中国，社交媒体的虚假信息导致网络乌烟瘴气，影响网络生态现象时有发生；在西方国家，虚假信息甚至影响到政治选举、民主决策和政策制定。

为营造风清气正的网络空间，我国已出台多项政策法规管制互联网信息的传播者。但由于政策的制定较为滞后，可操作的追究、问责、监管、惩罚机制尚未健全，虚假信息和不良信息的治理成效往往不显著。

当前，如何利用先进技术加强信息把关和事实核查，智能化地治理网络空间，是平台和内容监管部门迫切需要解决的难题，也是传统主流媒体在融合发展过程中面临的挑战。

（二）移动化

SoLoMo（缩写自 social、local、mobile）是互联网领域中的新概念，它认为社交化（social）、本地化（local）和移动化（mobile）是未来互联网发展的新趋势。其中，移动化在媒介融合进程中的力量尤为凸显。人类正在进入"移动社会"，人们对新闻时效性的追求永无止境，移动技术突破了信息传输的时空限制，使人们获取信息的时间更加自由。当前，移动化正在以大踏步的姿态跨入传媒业。

在智媒体技术兴起的时代，移动化传播使媒介信息生产与传播方式出现了新的特征。一是传播边界逐渐消弭。随着移动技术的发展，移动化传播的内容边界日渐模糊，未来，各种日常生产生活场景将会成为移动化传播的发力点，使受众在各种场景中接收有效、有用和有价值的信息成为可能。二是传播主体日益多元。移动化传播使得空间消灭时间，只要拥有移动终端，每个社会成员都可以成为信息的生产者，这些碎片化的内容生产一方面能够为新闻图景提供幕后和全新视角，另一方面也对专业媒体人才提出了更高的新闻生产和业务能力要求。三是传播内容愈加真实。智能移动终端使传播内容具有高融合的特点。在移动互联网技术的支持下，媒体人在进行图文报道的同时，可以提供动图、视频、直播、AR/VR 新闻等具有高卷入度和参与性的视听产品，从而使新闻内容具有沉浸感、真实感和在场感。四是传播目标精准可控。通过运用大数据技术，平台可以掌握用户的喜好和习性。未来的移动化传播是以用户画像为数据基础的精确化和个性化传播，再加上人工智能、可穿戴设备、算法技术的运用，用户的行为、状态都成为可预测的数据，可以为每个用户提供个性化定制产品。

移动化传播的信息生产也需要移动化思维的支撑，传统媒体只有革新思维模式，摒弃传统媒体时代的陈旧理念，才能更好地在移动互联网背景下进行融合转型。具体来说，移动化思维主要包括五个方面。

1. 垂直化产品思维

垂直化意味着内容的"专、精、深"，尤其是原创性的内容，更能够满足用户需求。例如，澎湃新闻以垂直化的内容在同行中领跑，以时政类型新闻见长，仅"时事"栏目就细分为"中国政库""中南海""打虎记"等25个标签。澎湃新闻垂直深耕专业领域的内容，为受众提供具有深度的新闻报道。

2. 精准分发思维

互联网使信息爆炸式生产，在信息冗余和信息过载的环境下，用户更在意获取信息的成本，而智能化精准分发能够降本增效，如算法推荐平台今日头条深受大众喜爱就是因为它的算法推荐技术能够为用户分发个性化的信息。

3. 内容与社交的融合思维

当前，社会化阅读成为获取信息的主要手段，社交关系成为分发信息的主要方式，因此，很多爆款产品都带有社交属性。这要求新闻媒体生产互动性内容产品，让用户自发将其分享到社交平台，从而实现内容与社交的深层次融合。

4. 场景化传播思维

场景化传播思维即媒体基于智能技术获取用户的地理位置、空间信息，从而满足用户在不同情境中的社交、服务、购物等需求。物联网、传感器、人工智能的应用给移动内容传播带来了新的可能，传播空间不再仅仅是媒介，还可以是出行、家居、工作等具体场景。未来，场景将成为传媒生态中的又一核心要素。

5. 产品的多样化思维

传统媒体提供新闻的功能已经无法满足用户在移动状态下多样化的需求，因此，媒体业应该建设综合性服务平台，向便民服务、电子政务、智慧城市等领域的服务延伸。例如，青岛报业集团依托当地资源，推出本地新闻客户端——"智慧青岛"（图1-11），可提供网上借书、智慧城管、社保查询、医院挂号、天气预报等几十种便民服务，方便了当地群众的生活。

（三）社交化

随着社交平台的崛起，用户阅读新闻的方式正在悄然发生变化，社交平台逐渐成为大众获取信息、交流互动、传播观点的重要渠道，社会热点话题和公共议题的形成也越来越依赖大众在社交平台的发布和传播。在这种情形下，为了在社交平台抢占一席之地，维护话语权，媒体进行社交化发展成为未来趋势。

1. 社交化传播的模式

社交化传播的模式包括三类。一是广播式传播。这种模式以传统媒体为主要传播者，如政务新媒体。这种传播模式是将新闻按照互联网信息传播形态进行改造后投放到社交网络中进行传播，一般来说，传播的话题是具有社会价值的公共议题。二是爆料式传播。这种模式以自媒体为主要传

图1-11 青岛报业集团旗下的"智慧青岛"客户端界面

播者，如营销号发布的爆料新闻。该传播模式以流量为导向，以盈利为目的，利用社交媒体传播技巧生产夺人眼球的信息内容。三是讨论式传播。这种模式以大众为主要传播者，如社区群、微信群、微博群等。这种传播模式虽然是以个体的名义发布原始消息，但真正的传播通过讨论和转发来完成，经过广泛传播后，个体议题变成有价值的公共议题。

2. 社交化传播的主要特征

社交化传播主要有三个特征。一是传播主体的全民化。社交化传播下，发布新闻不再是传统媒体特有的权力，每一个个体都可以成为内容的生产者和发布者，越来越多的人参与到内容生产中，新闻生产者的多元化使新闻业的边界逐渐消失。二是生产内容的个性化。利用大数据技术能够极大促进新闻的社交化传播，新闻媒体可以通过社交媒体中个体用户的信息进行画像分析，从而向用户推送个性化信息。此外，社交媒体也成为一种自动为用户筛选信息的渠道，用户可以通过自己的社交网络获取个性化信息。三是信息传播的自发性。由于社交网络具有扁平化的特性，用户发布信息突破了时空的限制，这种自发分享的传播模式使信息的传递变得更加快捷、精准，大大提高了信息的有效性和传播效果。

3. 社交化传播的新型势能

人际关系网络逐渐成为社交媒体中人们传播信息的渠道，因此，信息传播的社交化发展显得愈发重要。在传媒社交化的过程中，用户成为传媒业的新型动力。总的来看，传统媒体的社交化主要包括三个方面。

一是用户成为社交化传播的传输通道。通过用户的社交关系进行多次传播才能扩大传统媒体的影响力和传播力。为了实现这点，一方面，传统媒体需要以用户为导向生产具有社交属性的内容产品，增强用户黏性，让用户一键转发分享至社交平台实现广泛传播；另一方面，传统媒体还应该帮助用户建立良好的"网络人设"，为用户提供社交货币。

二是用户成为社交化生产的驱动力。用户不仅仅是消费者，还是社交化传播中的另一内容生产源泉，用户生产的一些内容可以被视为有价值的新闻线索，媒体通过对社交平台上用户生产内容的挖掘可以拓宽新闻价值点来源。但如何使用户生产内容变得更加规范化、制度化和秩序化还需要我们的进一步思考。

三是用户成为社交化运营的活力资源。用户在社交平台中除了能够促进内容的传播外，还可以变成一种社交化资源。媒体在社交平台聚合、维系和沉淀这些用户资源，促进个体之间的传播、交流和互动，就能够实现社群运营。

4. 社交化媒体的发展趋势

目前，媒体的社交化发展趋势大致表现在以下三个方面。

一是构建基于社交平台的新媒体矩阵。随着社交媒体的兴起和快速发展，公众越来越倾向于利用社交平台获取信息，因此，传统媒体应针对受众信息获取习惯的改变，积极在社交平台开设账号，利用社交媒体这一渠道进行内容的生产。例如，央视新闻自开始建设全媒体传播体系以来，就在社交平台上积极布局新媒体矩阵，抢占流量入口和注意力入口，早在 2013 年就形成了"三微一端"的新媒体传播矩阵。

二是转变移动客户端的运作模式。2016 年以后，手机客户端的用户规模从快速增长发展到现在趋于平缓，市场格局变得相对稳定，从增量阶段走向存量阶段。因此，移动客户端应该转变运作模式，从前期的扩大用户规模转变为优化用户体验和沉淀忠实用户。

三是大力发展直播新闻和视频新闻。移动互联网的发展和移动设备的普及为视频时代的到来建立了良好的设施基础。相较于单一的图文形式，用户更倾向于接收视听效果更强、具有社交属性的视频新闻，这样用户不仅可以观看，还能够评论和转发。因此，直播新闻和视频新闻将成为新闻传播行业的一个新的增长点。

新闻媒体的社交化发展趋势已成为必然，但不论是升级渠道还是完善平台，抑或是构建用户社交生态，媒介融合变革的最终目的还是生产更好的新闻产品。

（四）音视频化

1. 视频化已是大势所趋

随着移动互联网高速发展，视频化尤其是短视频化为传统媒体的融合转型提供了新出路。视频化时代，抖音、快手、微视、哔哩哔哩势头正好，中央级媒体也纷纷进入短视频领域，如新华社发布网络新媒体"新华网络电视"，人民日报社重磅推出智能化平台"人民视频"，中央广播电视总台上线 5G 新媒体平台"央视频"。由此可以看出，视频化已经成为大势所趋，而媒体视频化发展的驱动力主要体现在以下两个方面。

(1) 互联网的飞速发展奠定视频用户基础

自1994年我国正式接入国际互联网以来，我国互联网经历了终端互联网时代（PC互联网时代）、移动互联网时代（手机互联网时代）和万物互联网时代（智能互联网时代）三个阶段。在终端互联网时代，互联网能够储存海量内容与信息，这些内容主要以文字和图片呈现，由于技术受限和宽带成本高，更加耗费流量的视频化内容难以快速成长。在移动互联网时代，4G技术的普及催生了短视频时代，图文沟通开始向视频化演变。在万物互联网时代，5G网络的商用更是打开了"视频化社会"洪流的最后一道闸门，中国网民、网络视频用户（含短视频）和网络直播用户规模与日俱增。中国互联网络信息中心发布的第47次《中国互联网络发展状况统计报告》显示（图1-12），截至2020年12月，中国网民规模达9.89亿，互联网普及率达70.4%，中国网络视频（含短视频）用户规模达9.27亿，占网民整体的93.7%；中国网络直播用户规模达6.17亿，占网民整体的62.4%。①

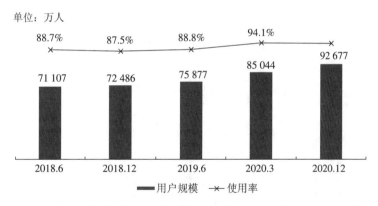

图1-12　网络视频（含短视频）用户规模及使用率（2018年6月—2020年12月）

(2) 用户内容消费形式向视频化转变

随着移动终端的普及、4G技术的成熟和上网资费的降低，视频消费的成本变得越来越低，加之2019年5G技术的商用，"无视频、不传播"

---

① 中国互联网络信息中心. 中国互联网络发展状况统计报告［EB/OL］.（2021-02-03）［2021-03-15］.http://www.cac.gov.cn/2021-02/03/c_1613923422728645.htm.

越来越成为共识。尤其是 5G 技术高速度、低时延、大容量的特点真正使图文传播时代转变为视频传播时代。首先,在移动互联网时代,用户拥有的时间和所处的空间被切割成碎片,而视频可以更好地满足用户在移动状态下的视听需求。一方面,视频具有碎片化、移动化的特征,视频传播符合用户当前快节奏的生活方式和碎片化的阅读方式;另一方面,视频具有现场感和在场感,能够用摄像机捕捉现场、人物和环境的画面与细节,弥补了图文的场景缺少、情感不足、细节不够等缺陷。其次,视频尤其是短视频的应用使"话语平权"成为可能,在一定程度上弥合了数字鸿沟。因此,用户的内容消费形式逐步向视频化转变。

2. 音频化探索悄然起步

除了视频化以外,媒介融合也在朝着音频化方向探索。近些年来,网络音频也开始搭乘智能技术的快车,悄然成为传媒业升起的新星。未来,"耳朵经济"开始兴起,主流媒体将积极布局音频领域,从而更好地完成融合转型。

从国外实践来看,2020 年,普利策专门设立"音频报道奖"(Audio Reporting)(图 1-13),播客作品《外面的人群》(The Out Crowd)荣获普利策的首个"音频报道奖",这代表着音频新闻开始在新闻业中占有一席地位。

图 1-13 2020 年普利策"音频报道奖"获奖播客作品《外面的人群》(The Out Crowd)

随着移动传播的到来,人们的时间和空间被切割,音频内容更加适用于碎片化场景,越来越多的人选择"听"新闻,媒体的目标用户也逐渐从"读者"变成"听众"。国外的老牌媒体看到了辽阔的音频蓝海,开始逐步进军音频新闻领域。2017 年 2 月,《纽约时报》推出了日更新闻类播客

The Daily（图 1-14）。其主持人每天会对重要新闻进行解释分析，此外，该节目还会制作音频小故事播放给大众。2018 年 2 月，《卫报》（*The Guardian*）推出全新的音频节目 *Strange Bird*（图 1-15）。与一般音频节目不同的是，听众在收听该节目时，根据故事情节的发展能收到图像、图表、动图、网页链接等内容作为音频内容的补充。2018 年 9 月，《卫报》

图 1-14　《纽约时报》新闻播客 *The Daily*

图 1-15　《卫报》推出的音频节目 *Strange Bird*

和其他媒体合作,推出以时政新闻和日常新闻播报为主的播客,主要面向年轻用户群体。

国外的媒体不仅积极拓展音频内容,而且将智能音频设备作为连接全场景生态的接入口。可以说,智能音频为传统媒体的转型发展带来了一线生机和希望。爱迪生研究所发布的《智能音频报告(2018年春季)》(*The Smart Audio Report*, *Spring* 2018)显示,在使用智能音箱时,73%的人最感兴趣的是"新闻时事"(news and current affairs)(图1-16)。① 传统媒体《纽约时报》与亚马逊智能助手 Alexa 合作,推出全新音频产品,每天制作3分钟"工作日闪电简讯"在智能音箱上播报。为了提升用户参与度,《纽约时报》还创建新闻竞猜小游戏,使听众能够与智能音箱进行互动竞猜。

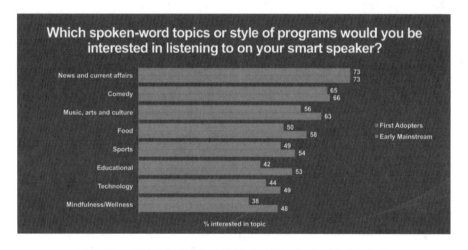

图1-16 《智能音频报告(2018年春季)》中听众兴趣调查

从国内实践来看,2014年,《钱江晚报》入驻音频平台蜻蜓FM,每天用语音的形式为听众播报新闻,内容涵盖新闻、教育、美食、理财等领域,广受大众喜爱。2018年,人民网推出的音频党课"给90后讲讲马克思"(图1-17),成为新时代的网红音频,每期音频时长短短几分钟,将一个个小

---

① Edison Research. The Smart Audio Report, Spring 2018[R/OL].(2018-08-16)[2021-03-16]. https://www.nationalpublicmedia.com/uploads/2020/04/The-Smart-Audio-Report-Spring-2018.pdf.

故事娓娓道来，吸引了众多年轻听众。2018年7月，国家卫生健康委员会入驻了音频平台喜马拉雅FM，开通了一个名为"健康中国"的音频账号，向大众普及健康知识。截至2021年9月，"健康中国"已经推出了"新冠肺炎疫情最新情况""《暖医》系列有声读物""健康夜话""健康大家谈""趣味健康百科"等8个音频专辑（图1-18）。2020年3月，中央广播电视总台推出了声音新媒体平台——"云听"，为公众提供主流媒体的优质声音，满足公众日益增长的精神文化需求。由此可以看出，为了适应传统广播听众向音频用户转变的发展趋势，传统主流媒体开始转战移动音频领域，用音频化方式呈现主流媒体的内容，推进传统广播电视升级。

图 1-17 "给90后讲讲马克思"音频

图 1-18 "健康中国"音频账号

随着智能语音技术的兴起和播客行业的成长，一些传统主流媒体也纷纷布局智能音频领域，与智能音频技术企业、音频流量平台跨界合作，助力媒体融合转型。2018年，喜马拉雅和《半月谈》杂志合作推出了一款智能化时政音箱，用户通过语音交互就能够操作音响，彻底解放了双手，可以说这是党建信息化建设的一次重要突破。2019年2月，新华社在其客户端发布了智能语音交互助手"小新"，当用户对着手机说出指令和问题时，"小新"可以与用户实时对话回答问题，更加贴合用户的人性化需求。2019年5月，央视网与科大讯飞建立战略合作关系，计划为用户提供集看、听、说、读、写为一体的全新交互体验。

随着移动互联网和智能语音交互技术的发展，音频用户规模不断增长，"耳朵经济"逐渐兴起。传媒业向来对外界环境的变动有着敏锐的嗅觉，虽然智能音频仍在摸索的起步阶段，但国内外主流媒体早已开始拓宽智能音频传播渠道、增加音频内容制作并开始运用智能语音交互技术。融媒体环境下，传统主流媒体应当把握音频新闻传播的机遇，重视音频传播团队的打造，探索音频传播的盈利模式，利用智能语音交互等先进技术，加大跨界合作的力度，加快构建舆论引导新格局。

第二章
融媒体时代的新闻报道

❖ **本章概要**

本章主要阐述了我国报业媒介融合发展的背景与现状，描述了融合新闻和建设性新闻的理念的基本内涵，系统介绍了融媒体时代新闻报道的基本内涵、主要形式和基本要求。

❖ **教学目标**

1. 了解我国报业媒介融合发展的背景与现状；
2. 了解融媒体时代新闻报道的含义；
3. 掌握融媒体时代新闻报道的特点。

❖ **教学重难点**

1. 融合新闻和建设性新闻理念的基本内涵；
2. 融媒体时代新闻报道的主要形态与基本要求；
3. 融媒体时代新闻报道的创新路径。

第一节 融媒体时代的新闻报道概况

随着媒介深度融合成为趋势，我国报业、电视、广播融合发展之势不断加快，但仍存在"发展不平衡、思维观念陈旧、竞争力不强"[1]等问题。由此，新闻业需要一种适应融媒体时代的新闻报道理念，而融合新闻和建设性新闻理念为破解新闻业态困境提供了可能的路径。与传统新闻业务相比，融合新闻形成和发展于技术驱动的传播变革中，它的实践特征和理论研究脉络更为清晰，发展前景更为可观。

一、我国报业媒介融合发展的背景与现状

近年来，很多传统媒体机构收入断崖式下滑，报刊关停歇业，传媒大佬接连转行。而另一面则是新兴网络媒体吸金能力暴增、移动终端男女老少通吃、自媒体快速生长……传媒领域的新闻事件不断冲击着人们对媒体和媒体从业者的认知。这预示着传统媒体模式难以为继，新模式正在扩张，媒介融合发展势在必行。引发这种变化的重要原因在于5G、人工智能、大数据、云计算等与移动互联网密切相关的新技术的迅猛发展。

（一）我国媒介融合的发展背景

1. 新闻业态变革的现实

传统媒体发展式微、经营困难等问题已出现多年，陆晔、周睿鸣指出，"液态"的新闻业（liquid journalism）首先表现在记者身份的"液化"，其次是新闻职业共同体的"液化"。[2] 处在传播变局中的新闻业亟待改变，在去中心化的趋势下努力"再中心化"，在去中心化的生态中重构关系链，提升新闻机构的影响力、公信力、引导力。

---

[1] 黄楚新，曹曦予. 2020年报业媒体融合发展状况、问题及趋势[J]. 中国报业，2021（1）：22-24.

[2] 陆晔，周睿鸣."液态"的新闻业：新传播形态与新闻专业主义再思考：以澎湃新闻"东方之星"长江沉船事故报道为个案[J]. 新闻与传播研究，2016，23（7）：24-46，126-127.

2. 国家战略层面的推进

2014年8月，中央全面深化改革领导小组第四次会议审议通过了《关于推动传统媒体和新兴媒体融合发展的指导意见》，首次将融媒体建设上升到国家战略高度。2018年8月，习近平总书记在全国宣传思想工作会议上发表重要讲话，指出要扎实抓好县级融媒体中心建设，更好引导群众、服务群众，从国家战略层面提出了县级融媒体建设的发展方向。2019年1月，习近平总书记在主持中共中央政治局第十二次集体学习时，发表了《加快推动媒体融合发展 构建全媒体传播格局》重要讲话，提出了"全媒体"的发展理念和"全程媒体、全息媒体、全员媒体、全效媒体"的重要概念。2020年6月，中央全面深化改革委员会第十四次会议审议通过了《关于加快推进媒体深度融合发展的指导意见》。2020年11月，《中共中央关于制定国民经济和社会发展第十四个五年规划和二〇三五年远景目标的建议》发布，明确提出"推进媒体深度融合，实施全媒体传播工程，做强新型主流媒体，建强用好县级融媒体中心"。7年来，国家关于媒介融合战略的布局越来越完善，指导媒介融合发展的方针越来越明晰。

（二）我国报业媒介融合发展的现状

"报业融合是当前媒体融合的重点关切之一，媒体融合的整体发展态势与报业融合密切相关。2020年是报业媒体融合的重要节点，在媒体深度融合发展大势和全媒体传播体系之下，各报业单位把握转型机遇，积极发展新媒体，涉足客户端、短视频、音频、直播等各个新媒体领域，在原有融合基础上，着力挖掘内容价值，发挥专业优势，开拓经营模式，'广电+报业'成为重要融合趋势。"[①]

具体来看，我国报业媒体融合发展呈现出以下特点。

1. 传播渠道布局渐趋完善

人民网研究院发布的《2019报纸融合传播指数报告》显示，报纸自建客户端和微博账号覆盖用户广，自建安卓客户端下载量均值超过625

---

① 黄楚新，曹曦予. 2020年报业媒体融合发展状况、问题及趋势［J］. 中国报业，2021（1）：22-24.

万，平均每个报纸微博账号拥有粉丝数超过 454 万，较 2018 年有明显增长，2019 年下载量在百万级以上的报纸客户端占比超过 25%。① 2021 年发布的《2020 报纸融合传播指数报告》显示，275 份报纸自建网站、客户端的比例分别为 97.8%和 69.5%，较 2019 年均有小幅下降；微博、微信入驻率均为 98.9%，已经成为报纸普遍覆盖的传播渠道；报纸入驻聚合新闻客户端和入驻聚合视频客户端的比例分别为 97.1%和 89.1%，较 2019 年均有所增长，其中报纸入驻抖音的比例增长了 23 个百分点。②

2. 触达用户数量更加广泛

人民网研究院发布的《2020 年媒体融合传播指数总报告》数据显示，2020 年媒体融合传播矩阵覆盖的用户总数比 2019 年整体增长 123%，触达人群更加广泛，除网站、微信外，平均每份报纸融合传播覆盖用户数总和为 1 619.7 万，平均每个广播频率融合传播覆盖用户数总和为 327.2 万，平均每家电视台融合传播覆盖用户数总和为 2.48 亿。③ 其中，报纸自建客户端和微博账号的用户量较大，报纸自建安卓客户端下载量均值为 1 130.8 万，比 2019 年增长 80.7%；平均每个报纸的微博账号拥有 512.9 万粉丝，同比增长 12.8%；平均每个入驻聚合视频客户端的报纸账号拥有粉丝 170.4 万，位居第三。在第三方平台中，报纸入驻聚合视频客户端账号的单条播放量最高，达到 111.6 万次。④

3. 党报原创报道明显提高

《2020 全国党报融合传播指数报告》数据显示，2020 年监测期（1 月 1 日—8 月 15 日）内各级党报（中央级 12 家，共 377 家）在各传播渠道

---

① 人民网.《2019 报纸融合传播指数报告》发布 报纸传播渠道较完善[EB/OL].（2020-04-30）[2021-10-11].http://media.people.com.cn/n1/2020/0430/c120837-31693823.html.

② 人民网.《2020 报纸融合传播指数报告》发布：报纸入驻视频聚合客户端比率明显上升[EB/OL].（2021-04-27）[2021-9-11].http://ent.people.com.cn/n1/2021/0427/c1012-32089967.html.

③ 人民网.2020 年媒体融合传播指数总报告[EB/OL].（2020-04-27）[2021-10-11].http://yjy.people.com.cn/n1/2021/0426/c244560-32088214.html.

④ 人民网.《2020 报纸融合传播指数报告》发布：报纸入驻视频聚合客户端比率明显上升[EB/OL].（2021-04-27）[2021-9-11].http://ent.people.com.cn/n1/2021/0427/c1012-32089967.html.

的原创报道数量显著增加，平均原创率为45%，平均每篇报道被转载41次，在各个渠道的覆盖率均较去年同期有所增长。全部党报的网站开通率依旧最高，为96.8%；其次为微信平台和聚合新闻客户端，入驻率均接近90%；84.4%的党报开通了抖音账号；自建客户端下载量有较大幅度增长。党报在微博和聚合新闻平台的传播力建设出现分化趋势，在微信、今日头条、抖音等平台上的传播力有效提升。监测期正值新冠肺炎疫情期间，各级党报在各传播渠道及时发布疫情信息、政策解读、战"疫"故事、辟谣消息等，受到广泛关注，直接带动了用户数量增长和影响力扩大，特别是贴近基层、贴近百姓的地市级党报进步明显，党报的权威性和舆论引导作用充分显现，呈现出媒介融合发展的新成效、新面貌。①

综上所述，我国报业自建平台渐成规模，传播渠道布局渐趋完善，触达用户数量更加广泛，党报原创报道率明显提高。随着媒介融合发展进入全面发力、深化改革、构建体系的新阶段，推进媒介深度融合处于战略机遇期和关键窗口期。

二、融媒体时代的新闻报道理念

融合新闻作为当代传媒业的一种主流新闻理念、新闻话语和实践模式，与媒介融合趋势有着密切的关联。媒介深度融合语境下，"融合新闻"理念及形态研究也得到极大的发展。此外，西方新闻业兴起的以"解决方案"为导向的建设性新闻运动，近年来也逐渐引起了学界的广泛关注。

（一）融合新闻

"融合新闻"（convergence journalism）于21世纪初出现，在西方也被称为"多样化新闻"（multiple-journalism），是"在应用新闻学层面对媒介融合的发展，主要指利用多媒体手段进行新闻传播活动"②。此概念最早由蔡雯系统引进国内，并引发了后续在媒介融合与融合新闻研究的

---

① 人民网. 2020全国党报融合传播指数报告 [EB/OL]. (2020-12-28) [2021-9-11]. http://yjy.people.com.cn/n1/2020/1228/c244560-31981230.html.
② 石长顺. 融合新闻学导论 [M]. 2版. 北京：北京大学出版社，2020：14.

热潮。

杰弗瑞·S.威尔克森等人认为,"融合新闻学建立在新闻可以通过包括平面、广播电视、网络媒体以及手机、信息平台在内的多种新媒体渠道发布的基础上。因此,融合新闻学主要用来阐释新媒体环境下所需的新闻报道能力,记者、摄影师和编辑用最适合的方式进行新闻传播的背景"①。

方洁认为,融合新闻(convergence journalism)从广义上即指"由于数字技术发展,媒介之间彼此的界限逐步消解,新闻传播业务走向融合的状态;从狭义上看,融合新闻就是'multimedia stories',指在媒介融合背景下新产生的一类新闻报道方式"②。

蔡雯认为,融合新闻是"从应用新闻学的角度对媒体融合发展的研究",与媒介融合研究相比,"'融合新闻'的实践探索与理论研究脉络更为清晰"。③

刘冰认为,融合新闻是"运用融合思维与方法采集、呈现事实信息的互联网新闻样式,它建立在媒介融合技术发展的基础上,综合而又灵活地运用文字、图片、音频、视频等多种媒介元素来报道新闻,注重互动设置、关键词、超链接的运用,强调提升新闻服务品质、用户体验和呈现效果"④。

具体到新闻报道实践上,雷跃捷等人在对中国新闻奖与普利策新闻奖"融合报道"作品的比较分析的基础上,对"融合报道"概念做出界定,即"利用数字移动通信技术和互联网信息平台,并综合运用不同介质的传播形式、技术方法、报道体裁和叙事方式开展的整合式新闻传播的新方式"⑤。

综合以上研究,融合新闻是"与传播平台融合相对应的新闻传播方

---

① 杰弗瑞·S.威尔克森,奥古斯特·E.格兰特,道格拉斯·J.费舍尔.融合新闻学原理[M].郭媛媛,贺心颖,主译.北京:中国时代经济出版社,2010:3.
② 方洁.美国融合新闻的内容与形态特征研究[J].国际新闻界,2011(5):28-34,46.
③ 蔡雯.媒体融合与融合新闻[M].北京:人民出版社,2012:47.
④ 刘冰.融合新闻采集与呈现[D].济南:山东大学,2015.
⑤ 雷跃捷,何晓菡,古丽尼歌尔·伊力哈木."融合报道"的概念、内涵、特征及发展趋势:基于中国新闻奖与普利策新闻奖"融合报道"作品的比较分析[J].新闻战线,2019(13):40-47.

式,主要是指利用多媒体手段进行的新闻传播活动,包括多媒体采集、统一平台加工、多媒体发布和与受众互动等过程"①。

技术在极大程度上改变了媒介生态环境。报纸杂志、广播电视、互联网及其他新的传播手段和传播媒介相互交融,共同构筑了一个纵横交错的媒介网络。融合已成为传媒发展的主流,成为新闻报道的核心理念。融合新闻理念的精髓在于"新闻报道突破传统的载体藩篱,将传统新闻报道范式进行整合重构,制作适合不同对象的多媒体的新闻产品。媒体对新闻事件的处理不再是单面性的呈现,而是多侧面多角度的展示;不再单纯追求独家新闻,而是更加重视原创性的信息加工;不再是我传你受的单向灌输,而是倡导受众参与和互动。在融合新闻理念的指导下,新闻报道方式已从平面化的线性方式,转为立体化、个性化、互动化的全新方式"②。

基于对现有研究的理解与认识,我们将融合新闻看作一个整合性的新闻概念:创新运用多种数字化技术、多种媒介元素的动态性新闻实践方式。广义上的融合新闻强调的是一种新兴的新闻理念与实践,狭义上的融合新闻主要指的新兴的新闻形态与话语。融合新闻具有五个基本特点:信息来源多元化;新闻业务整合化;信息载体数字化;媒介要素兼容化;媒介产品互动化。③

总体来看,"融合新闻"是被学界广为认可的一个学术理念。在媒介深度融合发展大势和全媒体传播体系之下,"融合新闻"渐渐成为融媒体时代新闻报道的核心理念,因而本书将其作为研究融媒体时代新闻报道实践的理论落脚点。

(二)建设性新闻

建设性新闻(constructive journalism)是近年来北欧学者发起并扩散至全球的新闻生产理念。建设性新闻的术语最早是由丹麦学者乌尔里克·哈格鲁普(Ulrik Haagerup)在2008年提出的,他主张用建设性的新闻来

---

① 石长顺. 融合新闻学导论[M]. 2版. 北京:北京大学出版社,2020:14.
② 刘寒娥. 融合新闻理念对新闻报道方式的影响[J]. 新闻实践,2007(10):18-19.
③ 石长顺. 融合新闻学导论[M] 2版. 北京:北京大学出版社,2020:16-19.

调试传统的"冲突"新闻价值观。此后，在凯瑟琳·吉尔登斯特德（Catherine Gyldensted）等学者的推进下建设性新闻理念逐渐清晰化。建设性新闻以积极心理学为基础，以"解决方案""调动积极情绪"为导向，强调摒弃冲突框架、探索解决方案、激发公众讨论、倡导社会行动、呈现面向未来的视野、促进新闻生产包容与多元的新闻理念。

建设性新闻并非全新的理念，它与从20世纪初相继出现的行为新闻（action journalism）、发展新闻（development journalism）、和平新闻（peace journalism）、参与式新闻（participatory journalism）有着一脉相承的关系，均强调新闻在促进社会进步方面的作用。建设性新闻在坚持新闻伦理和核心功能的前提下，提出问题的解决方案，而不仅仅是作为"第三者"揭露社会问题；它将积极心理效应的暗示和应用作为重要宗旨，批评冲突报道框架过于强调负面消息而使受众产生负面情绪，以及因消极而导致受众回避新闻的现象，试图建立新的新闻框架去弥补积极信息不足的现实；它通过"建设性"的新闻话语叙事，提出报道社会问题的解决方案，给受众一种"良好预期"的新闻感受，令受众感受到正面激励，让受众感到更乐观，提升受众的幸福感。①

在调节公众情绪方面，建设性新闻的积极作用也已在实证研究中得到证实。虽然国内有关建设性新闻和受众行为之间关系的研究较少，但大多数研究者对建设性新闻的价值持积极态度，已有的实证研究也显示建设性新闻对于国内外受众积极情绪的唤起效果没有明显差异。欧阳霞等人的实证研究进一步证实了建设性新闻在暗示、引导受众正面感知社会问题，形成积极心理效应等方面的显著效果。

乌尔里克·哈格鲁普鼓励新闻工作者在写作时基于信任（trust），即权威（authoritative）和可信（believable）。新闻的可信度被认为是决定新闻质量的重要因素。媒介可信度是指受众感知到的信息传播者和传播内容可被信赖的程度，而评估受众的媒介可信度有助于确定人们如何感知和

---

① 欧阳霞，王江珹，白龙，等. 情绪、信任、行动：建设性新闻本土化传播效果的实验研究 [J]. 国际新闻界，2021（8）：73-89.

评价这些新闻报道。欧阳霞等人的实证研究表明，与批判性框架相比，受众阅读建设性框架后对新闻报道的信任度更高。

在信源的选择上，建设性新闻关注的是对社会发展、公众生活有建设性意义的议题。在报道内容上，建设性新闻立足于提升新闻品质，遵循"发现问题—解释原因—叙述现实困境—提出解决方案—报道社会反应—方案产生的社会影响"的报道结构与路径；主张"赋权于民"，鼓励公众参与对话，可以激发受众参与社会协同的热情。持续追踪问题的解决方案的建设性思维，也可以避免出现受众注意力转移的困境。

相关研究已经表明，建设性新闻具有唤醒受众参与、激发积极行动、促进社会和经济发展的功能。例如，凯伦·麦金泰尔（Karen McIntyre）的研究表明，阅读含有积极情绪的新闻的受众比那些阅读含有消极情绪的新闻的受众更倾向于寻求更多信息、分享故事等[1]；克劳斯·迈耶（Klaus Meier）通过考查受众对建构性和非建构性两种版本的德语新闻和特写的反应，发现受众对建设性故事的分享意愿较高，认为其可能提高受众对解决方案和榜样作用的认同程度[2]。凯瑟琳·蒂尔（Kathryn Thier）等人的研究发现，那些阅读过有解决方案的新闻的参与者，更坚信自己阅读的新闻内容是真实和公平的，并且对特定的新闻持有更大的认同感。[3]

综上，建设性新闻理念有助于唤醒积极情绪，提升公众对媒介的信任度和新闻参与度，可以引导公众参与新闻和公共行动，重塑社会公共价值，构建面向未来的、健康的新闻消费环境，为破解新闻业态困境提供了可能的路径。全媒体传播格局下，融合报道与建设性新闻作为融媒体时代标志性的新闻形式，承载着重要的政治使命与战略意义，将成为国家现代

---

[1] McIntyre K. Constructive journalism：The effects of positive emotions and solution information in news stories [D]. Chapel Hill, NC：The University of North Carolina at Chapel Hill, 2015.

[2] Meier K. How does the audience respond to constructive journalism? Two experiments with multifaceted results [J]. Journalism Practice, 2018, 12 (6)：764-780.

[3] Thier K., Abdenour J., Walth B., et al. A narrative solution：The relationship between solutions journalism, narrative transportation, and news trust [J]. Journalism, 2019, 22 (10)：2511-2530.

化治理体系和治理能力建设中的重要组成部分。

三、融媒体时代的新闻报道特点

媒介技术的进步使传统媒介之间的界限日渐模糊，新媒介形式层出不穷，媒介终端可实现的功能逐步强大，这是媒介融合发展的基础。融媒体主要在渠道平台、经营管理、思维理念、技术平台四个方面进行融合。融媒体时代的新闻报道在这四个方面的融合渗透下，与传统媒体时代的新闻报道显著不同，这正是源于技术的进步和与新媒介的结合。

总体来看，融媒体时代的新闻报道与传统媒体时代的新闻报道的不同主要体现在智能化、移动化和个性化上。

1. 智能化

技术是融合新闻建设的直接驱动力。融媒体时代的新闻报道需要应用各种数字化技术，这些技术应用贯穿新闻采集、生产、分发、营销、反馈的全流程，包括支撑融媒体报道的技术接入、基于用户需求的内容生产与分发，以及满足垂直领域和个性化需求的服务提供。正如有些学者指出的，融合新闻与旧媒体新闻区别的根源在于媒介技术，融合新闻只有依托互联网媒介技术并在互联网媒介平台上才能实现，传统媒体囿于媒介技术的局限，是无法达到融合新闻的效果要求的[①]。得益于人工智能、区块链等新技术的发展和应用，融媒体时代的新闻报道在呈现方式和表现形态上越来越智能化。近年来，人工智能记者和人工智能主播已有亮眼表现，制造信息假象的社交媒体机器人也早已不是新闻，甚至已越来越成为平台发力的赛道。与此同时，这也就不可避免地会激化新闻的真实性和娱乐性之间的矛盾，引发技术应用在伦理层面的进一步讨论。

2. 移动化

5G 商用、移动终端和移动互联网技术的进步加速了社交平台的发展，也把人们带入碎片化时代，人们的内容使用习惯越来越偏向移动化。短小精悍的竖屏短视频内容更符合人们的消费偏好和碎片化的消费习惯，也可

---

① 刘冰. 融合新闻［M］. 2 版. 北京：清华大学出版社，2021.

以更加直观、立体地满足用户的表达与沟通需求。因此，如今的融媒体报道也强调"移动优先"策略。

3. 个性化

个性化是融媒体报道的重要特性。算法技术的个性化推荐、关注筛选、协同过滤等功能不仅给用户带来了极大便利，也为用户带来了个性化的新闻消费体验，新闻可以随时随地被消费，甚至可以为消费者量身定制。人们可以广泛地使用各种媒体，并决定接收哪些新闻。融媒体时代，用户有意或无意回避新闻的行动亟待被关注起来。重塑新闻业，重获公众信任，就要从建立和优化"算法价值观"，从构建健康的新闻消费环境做起。

第二节 融媒体时代新闻报道的主要形式

在新媒介和数字化技术对新闻生产行业逐步渗透之下，新闻传播图景从传统的报纸电视发展成现在的"两微多端"、全网覆盖，表现形式也从简单的图文报道演变成 H5 新闻、实时交互视频新闻、可视化新闻、短视频新闻等多样态融合发展，形式多样成为融媒体时代新闻报道的典型特征。

一、融媒体时代新闻报道的重要形态

（一）H5 新闻

H5 新闻是指基于 HTML5 技术的一种新闻呈现形式，主要以移动终端为载体，其内容可包含文字、图片、链接、音视频、动画等媒体元素，受众可以通过"点击、长按、滑动、摇一摇"等操作行为与页面进行互动，获得丰富的感官体验。这种新闻报道形态突破了传统报道框架，其立体化再现形式更加直观、形象，且具备艺术性和设计感，使受众可以饶有趣味地欣赏和参与分享，也可以吸引受众关注重大时事。例如，在爆款互动 H5 作品《快看，这是我的军装照!》中，受众通过简单地"上传—处理—分享"，就可以轻易地完成参与、欣赏、分享等行为，获得认同感。

H5 新闻呈现形式丰富多变，常见的有图文型、交互型、游戏型、视频型和模拟型五种类型。在具体实践中，H5 新闻表现出四个方面的突出特点：显现方式多元、创设交互式体验、制作修改相对简易、有利于跨平台传播。H5 新闻的功能主要体现在三个方面：视听直观呈现新闻、互动深度参与新闻和数据深度解读新闻。① 总之，H5 新闻的出现是融媒体时代新闻报道的一大创新，多种呈现形式的融合为用户带来了丰富的感官体验，大大提高了新闻的可读性、感染力、传播力和互动性，推动了新闻报道模式的变革。

（二）短视频新闻

随着 5G 的商用及移动终端和移动互联网技术的发展，快节奏、轻体量的短视频正在成为新闻报道的重要形态，央视频、梨视频、"我们视频""看看视频"等短视频新闻生产机构为公众了解突发事件、参与公共讨论提供了重要路径。"截至 2021 年 6 月，我国网络视频用户规模达 9.44 亿，较 2020 年 12 月增长 1 707 万，占网民整体的 93.4%。其中短视频用户规模为 8.88 亿，较 2020 年 12 月增长 1 440 万，占网民整体的 87.8%。"② 由此可见，短视频产品已经成为人们网络消费的主要内容。

基于现有的短视频生产和传播实践，本书参照刘涛等人对短视频新闻的定义，即"视频长度以秒计数，主要依托于移动终端实现快速拍摄与美化编辑、在网络社交媒体平台上实时分享、通过智能推荐算法与用户无缝对接的新闻报道形式"③。

当前，短视频新闻已经形成了相对稳定和成熟的声画语言与编排方式，同传统的电视新闻表现出较大的差别：尽管同样是以影像和声画结合的方式呈现，但短视频新闻主要通过智能手机、平板电脑等移动终端观看，在篇幅上短小精悍，字幕简约醒目，在制作上强调画面动感，在版式

---

① 刘涛，黄雅兰，谷虹，等. 融合新闻学 [M]. 北京：高等教育出版社，2021：245.
② 中国互联网络信息中心. 中国互联网络发展状况统计报告 [R/OL]. (2021-09-25) [2021-10-27]. http://www.cnnic.net.cn/hlwfzyj/hlwxzbg/hlwtjbg/202109/P020210915523670981527.pdf.
③ 刘涛，黄雅兰，谷虹，等. 融合新闻学 [M]. 北京：高等教育出版社，2021：146.

上多为适用度广和更受欢迎的竖版视频，在新闻消费上呈现碎片化、移动化特征。此外，两者在选题、内容、叙事方式等方面也存在差异。

总体上，短视频新闻可以分为以时政新闻为主的硬新闻和以社会新闻为主的软新闻。硬新闻的叙事方式较为单一，与传统资讯类新闻的表现方式基本一致，只不过更多使用字幕代替解说，其讨论空间也非常有限。相对于硬新闻而言，软新闻构成短视频新闻的主体，新闻议题比较丰富，生产过程相对灵活，叙事方式和视听语言也较为多元。

（三）Vlog 新闻

Vlog 新闻是短视频新闻的一种创新形态，指由创作者作为旁白者或者讲解者出现在 Vlog 中，将相关新闻事件展现出来，进而表达自己的所观所感，从而潜移默化地影响受众。Vlog 的全称为 video blog，即"视频博客"，也称为"视频日志"，采用用户生产内容的形式，其创作主体大多为普通的互联网用户，用户创作出内容后在互联网平台上将其展示出来。Vlog 综合社交性和叙事性的传播特点，在主题呈现上具有思想性和审美性，视频剪辑灵活流畅，字幕生动活泼，背景音乐时尚动感，观赏性强。近两年，Vlog 在国内一些强势用户如流量明星、微博"大 V"等的带动下及头部互联网平台的扶持下逐渐火热，"90 后""95 后"是 Vlog 的主要受众。这种新潮的"以我为主"的表达方式迎合了现代年轻群体的传播喜好，成为年轻人记录生活的一种潮流。

近两年来，一些新闻机构和记者个人也开始尝试以 Vlog 的形式开展新闻报道，采取更加亲切、平和的语态，以求与观众建立更加平等和稳定的关系。央视新闻、《环球时报》等新闻机构纷纷试水这种新型新闻报道形态，在全国"两会"、外交事件等时政报道中进行创新。

相比较于传统的新闻报道形式，Vlog 新闻具有很强的个性化特征，主体性的表述往往能够依靠真诚的情感符号来有效缩短叙事者即新闻记者与受众之间的距离，从而产生更强的真实感和亲切感。第一人称的主体性表述能够给新闻受众带来"沉浸式"的体验感，从而有效拉近新闻与用户之间的距离，使得新闻报道更加亲切。Vlog 新闻在传播过程中受欢迎的程度往往也依赖传播者的主观感受，因而传播的随机性特征较强。

(四) VR 新闻

VR 新闻是 VR 技术和新闻业的融合，泛指所有将 VR 运用于新闻采编、报道、展示过程中的新闻产品。新闻业关于 VR 新闻的实践始于 2013 年，美国得梅因纪事报（The Des Moines Register）通过 VR 技术及游戏化设计打造了 VR 解释性新闻《丰收的变化》（Harvest of Change），从此开启了新闻业引入 VR 技术的试验征程。[①]

按技术类型，VR 新闻主要包括全景图片、全景视频、VR 直播等类型。在题材选择上，VR 新闻的内容以"大事件""大制作"居多，不太适用于短平快的日常性新闻报道，而纪实类、直播类、景观展示类报道则更适合用 VR 技术呈现。就 VR 新闻的特点而言，VR 技术可以让我们足不出户就能穿越至新闻现场，去围观、目睹、见证新闻世界。受众不再只是被动地接收新闻，而是"摇身一变"化身成为新闻现场的当事人或见证者，置身事件之中，获得犹如亲身经历一般的现场体验。

在实际应用中，VR 新闻往往使用的是多种新兴技术相融合的报道方式。例如，2019 年《人民日报》微博发布的两会报道《5G+VR 直播又来了!〈人民日报〉新媒体记者带你全景看"两会"》，通过沉浸式的 VR 直播，带领用户走进人民大会堂，实时感受"两会"的现场氛围。

VR 新闻带来了沉浸式的新闻认知体验，打破了传统的新闻叙事方式，让用户以自己的视角真正进入新闻现场，而不只是"隔着屏幕远看"或"捧着纸张想象"。不过，在 2016 年下半年的行业主流话语中，VR 的未来变得模糊，人们对 VR 新闻发展前景的态度不再像以前那样乐观。人们发现 VR 新闻存在越来越多的问题：在技术设备上，VR 头戴设备还存在种种缺陷，如佩戴舒适度不佳、长时间观看会有眩晕感等，用户体验亟待提升；在制作成本上，VR 技术的软硬件设置仍处于探索阶段，对于大多数媒体而言，面对 VR 技术居高不下的制作成本和尚不清晰的盈利模式，大规模采用 VR 技术并非易事；在用户需求上，存在不确定性，VR 新闻越来越难以持续性地吸引用户。

---

① 刘涛，黄雅兰，谷虹，等. 融合新闻学 [M]. 北京：高等教育出版社，2021：258.

总之，人们对VR产业发展前景的看法也更加客观。随着5G时代的来临，曾经汹涌的VR大潮或将再度重启，从硬件到软件都将迎来剧烈变革。与此同时，VR新闻也将在未来迸发出全新的活力。毕竟，VR新闻意味着新闻消费的终极虚拟体验。

（五）3D动画新闻

在新闻报道中，镜头对新闻现场的真实记录十分重要。不过，如果摄像未能及时到达现场，或是基于现场其他原因无法及时记录新闻事件，又该如何处理呢？3D动画新闻往往能够对此种情况进行补救，重现那些没有或未被记录的重要场景，突破时空界限和报道边界，高保真模拟并还原新闻现场。

"国际动画协会（Association Internationale du Film d'Animation, ASIFA）对动画的定义是以人工方式制造的动态影像。动画新闻是指采用或部分采用动画作为新闻信息的表现手段，借助动画语言来报道、评论事实。3D动画新闻是新闻性与艺术性相结合的纪实动画。"① 3D动画技术可以模拟真实物体，目前已被广泛应用于医学、教育、军事、娱乐等诸多领域。3D动画既可以展示单个、静态的模型，又可以展示复杂、动态的场景。先进的动画技术可以赋予动画新闻真实性、精确性与可操作性。

例如，2020年夏季南方汛情成为公众关注的热点，中国科学院化学所制作的科普动画《3D动画告诉你，三峡大坝是怎么防洪的》为公众解释了三峡工程的防洪作用：三峡大坝的防洪模式不是长时间"蓄洪水"，而是短时间"拦洪峰"。该动画采用3D动画与AR技术，向公众直观地展示了三峡水库在汛期削峰调度的作用，通过控制出库流量以抵御洪水，最终避免灾难的发生。②

在时事政治、犯罪场景、战争或灾害现场、科技或科普信息等领域，动画新闻的优势相当明显，但也常被指责破坏了新闻真实，打破了传统新闻生产所要求的客观、真实的报道原则。不过随着数字动画技术的不断迭

---

① 刘涛，黄雅兰，谷虹，等. 融合新闻学［M］. 北京：高等教育出版社，2021：221.
② 刘涛，黄雅兰，谷虹，等. 融合新闻学［M］. 北京：高等教育出版社，2021：225.

代，动画新闻的制作手段也会越来越先进，越来越丰富，不仅能够弥补突发新闻报道在时间、空间、技术上的局限性，打破传统报道的范式困境，也会推动数字新闻业的进一步发展。

（六）数据新闻

随着数据科学的发展和数据处理软件的革新，数据新闻应运而生。本书参照方洁在《数据新闻概论》中的定义，从新闻生产的角度将数据新闻界定为"基于数据信息的采集、分析和呈现的新闻工作方式"①，即由数据驱动（data-driven）的新闻报道。

作为新闻学在大数据背景下的新兴领域，数据新闻代表着未来新闻业发展的重要方向。基于新闻本身的特征及其社会功能，数据新闻呈现出三个方面的特征。"第一，数据新闻以服务公众利益为目的；第二，对数据进行分析是驱动报道的核心步骤；第三，数据新闻以可视化（visualization）作为主要的呈现方式。"② 此外，英国《卫报》数据创始人西蒙·罗杰斯（Simon Rogers）等人又提出了"可听化"（sonification）概念③，主张将数据转化为听觉友好的内容，拓展了数据新闻的呈现方式。

数据新闻已成为各大主流新闻媒体和新兴网络媒体进行融合新闻实践创新的重要方向，移动互联网、人工智能技术、无人机等软硬件的发展也都在影响着数据新闻的生产流程和呈现形态。④

例如，第一财经旗下的数据新媒体"DT财经"，集数据内容、数据社区、数据活动和数据可视化于一体，以期通过数据解读消费社会和商业图景，从而连接数据、机构和消费者。"DT财经"的创新数据新闻项目——"地铁一公里"，主要是以地铁站为观察坐标来认识一个大城市，以每个地

---

① 方洁. 数据新闻概论：操作理念与案例解析［M］. 北京：中国人民大学出版社，2019：1-3.
② 方洁. 数据新闻概论：操作理念与案例解析［M］. 北京：中国人民大学出版社，2019：1-3.
③ 刘涛，黄雅兰，谷虹，等. 融合新闻学［M］. 北京：高等教育出版社，2021：196.
④ 刘涛，黄雅兰，谷虹，等. 融合新闻学［M］. 北京：高等教育出版社，2021：209-220.

铁站周边半径500米的区域为地铁站辐射圈，并以此为研究观察区，采集其中与城市商业、商务、住房、休闲娱乐和交通功能相关的数据，为每个地铁站辐射圈生成各项指标。指标化表现可以方便人们对城市形成一个直观的认识，从而知晓哪里的综合实力更强，以及城市各项设施功能是如何分布的。

总体而言，不断发展的信息技术和数据科学正在持续对新闻报道产生影响，数据新闻作为一种新兴的新闻生产方式和报道形态，其内容、叙事方式、呈现形式、载体及与公众的交互方式也在发生剧烈的变化。针对数据可视化、可听化等技术手段不断革新新闻表达这一趋势，新闻从业者应该在坚守数据新闻服务于公共利益的同时，进一步探索数据新闻在人文价值层面上的实践创新。

二、媒介融合产品典型案例

（一）2021年全国"两会"报道

2021年3月4日至3月11日，全国"两会"在北京召开。全国"两会"历来是备受瞩目的时政事件和重大时刻，2021年又是一次重要的历史节点，因此，2021年召开的全国"两会"备受关注。

总体来看，2021年全国"两会"报道稳中推新，强调现场感和对话感，实现了虚拟与现实的融合、线上与线下的互动，呈现出智能化、技术化、可视化、亲民化、互动化的特点。在信息触达上，更追求务实、高效，注重快与准、快与活的信息触达；在技术应用上，5G技术成为各大媒体的标配，贯穿于各个环节，同时媒体强调技术融合，构建融媒技术矩阵。

"主流媒体顺势而为，将融媒体成果广泛应用于两会，依托新技术、新手段，奏响时代节拍，创新叙事风格，实现了高质量的两会报道，成为融媒体时代的报道典范。"[①]

---

① 鲁京菁. 融媒体背景下的新闻报道特色研究：以2021年两会报道为例[J]. 视听，2021(10)：149-151.

(二)新华社"现场云"App

新华社创造性地提出"现场新闻"理念——运用最新的移动互联网络技术,在新闻现场实时抓取尽可能多的现场要素,把新闻现场实时、全方位、全息化地展现给受众。"现场云"上线第一年便播发了 1 300 多场新闻,全网总访问量为 84 亿。

2017 年 2 月,新华社正式启动基于"现场新闻"核心功能的现场云全国服务平台。现场云全国服务平台是基于移动互联网、以直播为主要形态的原创新闻移动化在线生产平台,是全国最大的新闻直播和短视频生产协作平台。与电视直播、网红直播不同,现场云秉持"同步时空、还原现场"的理念,专注于新闻专业化、平台化、智能化、社交化,追求提升把新闻事件更快、更全、更直面、更直观、更立体地呈现给受众的能力和水平,全面革新新闻采编发场景,提高新闻生产效能,为实现机构间资源共享和融合共创创造机遇,是媒介融合产品创新的一大创举。

第三节 融媒体时代新闻报道的基本要求

我们这里所强调的融媒体时代的新闻报道,区别于传统媒体时代的新闻报道,也不仅仅是新媒体时代对新闻报道的要求。融媒体时代的新闻机构要开展的是分众化传播、人格化表达、智能化服务、社群化运营,形成机构自身的互联网基因。

在具体操作上,融媒体时代的新闻报道主要包括五个方面:运营主体要从实体组织向虚拟组织转型;功能要从品牌传播向智能传播转型;运营平台要从单一账号向集群矩阵转型;传播模式要从新媒体互动传播向全媒体分众传播转型;表达要从官方化向人格化转型,塑造有用、有趣、有情、有担当的机构媒体品牌,不断拉近与用户之间的感知距离,提升传播的有效性和服务的满意度。

一、融媒体时代对新闻报道实践的要求

融媒体时代新闻业态的革新是一个多方融合的过程，媒体在创新的同时还要把握好新闻"生产—传播—消费"环节中的三对平衡关系。这是媒介深度融合背景下"人媒关系"的一种博弈，即新闻消费者与新闻生产者之间关系的博弈，也是新闻生产流程再造与用户需求满足之间的博弈。

（一）生产环节：报道内容与报道形式的平衡

在新闻生产环节中，内容建设始终是根本，这意味着要遵循"内容为王"的基本价值逻辑。在融媒体传播语境中，为保证新闻生产环节的内容质量，满足用户多元、个性化的信息需求，媒体平台需要不断拓展传播渠道、研究用户喜好、丰富表现手段，在报道形式和话语方式上不断创新。但必须要把握好报道形式与报道内容之间的平衡，切不可因过分注重表现形态的多样与技术手段的新奇而忽视了报道内容。"数据只是一种工具，大量的数据资源只是为事实提供了更为广阔的情景，然而没有叙述，没有故事，数据本身并无意义"①，技术应为故事服务，为新闻主体的发现服务，为新闻叙事的深化服务。简而言之，无论采用何种技术制作新闻，内容永远是最重要的，技术只是载体。只有技术和形式很好地适配内容，才能生产出真正富有传播力、影响力的新闻产品。

（二）传播环节：内容质量与分发速度的平衡

数字化促成了信息在生产、分配和消费方面不同程度的增长，技术的快速迭代，造就了一种"速度文化"，越来越多的信息正在更频繁和更快速地被传递。② 融媒体时代的新闻报道正处在"速度文化"的影响中，网络媒体越来越注重碎片化、及时性新闻，尤其是"短、平、快"的日常类新闻报道，在可视化等技术手段的帮助下，它们被更加便捷地传递到用户端。技术手段在带来便携性的同时，也带来了信息生产的粗糙和僵化。为

---

① 郭钦. 数据新闻：大数据时代新闻报道新模式 [D]. 武汉：华中师范大学，2014.
② 简·梵·迪克. 网络社会：新媒体的社会层面 [M]. 2版. 蔡静，译. 北京：清华大学出版社，2014：209.

了拼抢时间，不核实消息来源、抄袭剽窃、文字粗糙、语法不通、错字连篇等情况已经成为行业通病，这不仅将人们推入了信息超载状态，也带来了网络空间泛滥的假新闻、不实信息和错误信息。新闻报道不能为了求快而舍弃产品本身的质量，新闻的真实、准确、客观是融媒体新闻报道要遵守的根本原则。只有传播的渠道、平台服务于报道内容本身，以质量为根本保证，才能真正生产出符合融媒体时代报道要求的新闻产品。

（三）消费环节：用户需求满足与引导的平衡

随着移动互联网和信息传播科技的迅速发展，用户的自主性得到极大张扬，其信息消费也越来越趋向于个性化。这就意味着新闻消费环节要在用户需求的满足与引导之间做好平衡。媒体机构、平台不能一味强调"流量"，面对用户的碎片化、个性化、即时性、参与性、互动性等多样化需求时，要进行判断和考量，在满足用户合理需求的同时，引导用户对具备新闻价值和建设性的新闻报道进行消费，真正发挥舆论引领功能，实现新闻价值。

二、融媒体时代对新闻工作者提出的要求

在媒介融合的时代背景下，习近平总书记指出，新闻工作者要不断增强脚力、眼力、脑力、笔力"四力"，这是对新闻工作者提出的基本素质要求。"四力"之间相互联系、相辅相成，其中脚力为基础，眼力为关键，脑力为核心，笔力为落点。这也对融媒体时代新闻工作者的角色转型和专业素养提升提出了更高的要求，即广大新闻工作者应进一步锤炼"四力"，坚守新闻工作的优良传统和职业底线，同时还应积极学习新的传播理念与思维，锻炼融媒体传播技能。

（一）专业技能

融媒体时代对新闻工作者专业技能的要求远远超过了传统新闻报道范式。除了必备的理论知识以外，新时代的新闻工作者还要向"全媒型"或多媒体记者、编辑转型，通过对采、写、摄、录、编甚至播，以及网络分发等技能的学习实践，成为适应媒介融合发展的综合素质过硬的全能型人

才。美国一项名为"未来新闻业竞争能力"的调查中，提出了新闻从业者应该掌握的37项关键技能，这些技能分为四大类：知识、态度、个人特质，以及价值观（包括19项技能）；新闻采集（包括7项技能）；新闻生产（包括6项技能）；技术或多媒体生产（包括5项技能）。过去的新闻工作一去不复返了，未来新闻业的核心技能将会为未来新闻业的发展提供必要的基础保障。① 多种技能素质中，对新闻事实的判断、挖掘能力是核心能力，对信息的识别鉴别能力、跨媒体平台信息的发布能力是关键技能，新闻表达和呈现方式的创新是专业素养要求。

习近平总书记指出，要探索将人工智能运用在新闻采集、生产、分发、接收、反馈中，全面提高舆论引导能力。未来，新闻工作者要适应与人工智能和谐相处的工作环境，具备以新闻传播学科为基础的多学科、跨学科知识素养，在增强自身"脑力"的同时科学地借助互联网"云脑"，有效提升信息传播水平和舆论引导能力。总之，应对媒体变革，新闻从业者需要掌握更多的核心技能。

（二）技术体系

21世纪以来，各种新媒体和数字化技术在新闻传播领域获得快速发展和广泛应用，出现了H5新闻、3D新闻等各种新闻形态。这就要求新闻工作者及时了解相关的技术知识，尤其是新媒体技术，并相应地付诸实践，进而在新闻工作中整合形成个人的技术体系。

以往新闻传播者的工作主要依靠自身的知识和经验积累，而融媒体时代新媒体技术的快速发展则为新闻工作者提供了强大的智识资源。借助无人机拍摄、传感器采集、VR/AR临场化呈现、大数据抓取等新技术手段，新闻工作者拥有了更广阔的视角、更沉浸式的场景、更全面的事实。此外，新媒体技术呈现出的全新的认知世界的方式，可以有效帮助新闻工作者丰富其观察世界的维度和角度，提升新闻工作者观察和分析问题的能力，拓宽其报道新闻事件的角度。

---

① 霍华德·芬博格，劳瑞恩·克林格，张建中. 未来新闻业的核心技能［J］. 新闻记者，2014（11）：22-28.

与此同时，新闻工作者还要警惕各种新技术隐藏的技术陷阱和伦理问题。最常见的就是技术应用引发的信息真实问题，算法"黑箱"使新闻事实核查变得更加困难，增加了虚假新闻出现的伦理风险。而越来越多重娱乐而轻内容的新闻形态也引发了"新闻是什么"的本体问题，当新的融合形态偏离了新闻本体的标准，新闻边界模糊化的问题也就随之出现了。此外，个人数据采集处理背后侵犯隐私的数据伦理问题更是不容忽视。

（三）创新思维

融媒体时代，新闻工作者应对传播变革必须具备创新思维，那么如何创新呢？新媒体逻辑作为融合新闻报道的元逻辑，对新闻工作者的创新思维提出了基础要求，即"用户思维、产品思维、互动思维和整合思维"[①]四种基础新媒体思维。

首先，用户思维要求新闻工作者以用户为中心，把传统媒体时代的"读者"思维转换为"用户"思维，站在用户的角度思考问题，了解用户的个性特征和需求重点，增强与用户的互动和联系，解决用户痛点，丰富用户体验，增强用户黏性。

其次，产品思维意味着从生产只关注内容的作品转变为生产注重用户关系的产品，要求新闻从业者同时具备专业能力和市场意识，甚至充当新闻产品经理的角色，在新闻实践中考虑产品的差异化定位、商业模式、与用户关系的维护等方面的问题。

再次，互动思维基于网络媒体的交互性。随着用户身份的转换，互动性成为新闻产品实现自身价值的必备要素，具备互动思维也成为对新闻从业者的基础要求。在融媒体生态中，新闻报道已经不是媒体单方面的传播过程，而是要在媒体与用户、平台与用户、用户与用户之间形成一种交流与互动。在今天，互动所产生的记忆，比单纯浏览更容易抓住用户的心，由短时记忆形成长时记忆，从而让用户记住关键信息，形成更广泛和更深刻的新闻影响。互动思维要求新闻工作者在生产实践中通过结合新传播媒介和多技术手段提升报道的易读性、趣味性和交互性，为用户提供更丰富

---

① 刘涛，黄雅兰，谷虹，等. 融合新闻学 [M]. 北京：高等教育出版社，2021：37.

多元的产品体验。

最后，整合思维是"对传统媒体新闻生产流程进行综合性流程再造，对新闻内容进行重新组织、排序和保证，进而达到'1+1>2'的综合效应的思维方式"①。整合思维要求新闻从业者转变思路，由专业性人才转变为复合型人才。

（四）职业道德

新技术、新模式、新机制的发展也带来许多新的伦理问题，虚假信息在网络空间中更易传播，低俗之风、炒作现象屡禁不止等问题，都在挑战着传统的伦理规范，也对新闻工作者提出了伦理规范和职业道德方面的新要求。新闻战线的从业者必须团结协作，进一步完善传播体制机制，加快构建融媒体时代的新闻职业道德体系，努力营造风清气正的舆论生态。

首先，新闻工作者要深刻贯彻真实、客观、公正的新闻报道原则，将其融汇在日常工作实践中。社会公众也需要学习和理解基本的新闻工作原则。新闻与每一个社会成员息息相关，公民本身也参与新闻生产，因而同样需要理解掌握这些新闻报道原则。

其次，新闻工作者肩负着以正确的舆论凝聚社会共识、凝聚人心的职责，必须以社会主义核心价值观为引领，在思想和观念塑造中形成对职业道德规范的基本认识，培育优良的新闻职业道德。

最后，新闻工作者要恪守《中国新闻工作者职业道德准则》，认真学习习近平总书记关于思想道德建设的重要论述，同时在新闻生产和传播实践中警惕大数据和新技术带来的伦理问题，全面提升道德素养、强化道德自律，投身道德实践。

三、融媒体时代对机构运营者提出的要求

当前的互联网内容生产已从 UGC 转变为 PGC 和 OGC，用户社群化，消费场景化，传统的组织被解构了，去中心化趋势明显。微博、微信、今日头条、网易等平台都为媒体机构提供了入口，媒体机构在享受着数字化

---

① 刘涛，黄雅兰，谷虹，等. 融合新闻学［M］. 北京：高等教育出版社，2021：55.

和人工智能分发红利的同时,仍面临着运营账号多、粉丝黏性低、用户增长慢、互动效果差等瓶颈,这就对机构运营者提出了更高的要求,即要从理念、定位、运营等多维度出发进行转型。

(一) 理念:以变应变——重构传播机构关系链

融媒体时代对新闻机构提出了更高的要求。在用户画像上,要细分受众需求,并匹配相应的服务;在表达方式上,要采用人格化传播;在运营模式上,要向社群化转型,开展矩阵运营。而解决去中心化、去中介化问题的核心是重建机构的关系链。具体来看:一是重构关系链,成为新的关系中心。机构要根据自身优势,从利益相关方的需求出发,回应各方核心诉求,让自己回归关系链的核心。二是重构服务链,成为新的服务中心。机构要从关系链出发,找准自己在产业链中的位置,根据用户需求,形成完整的线上服务响应、达成、反馈的管理闭环,为主要用户群体提供优质高效的服务,着力成为其所需服务的第一入口,成为一个服务链的关键节点。三是重构传播链,成为新的信息中心。机构要围绕关系链,拉长传播链,除了权威发布独家新闻之外,还要做好政策解读、数据披露、舆情回应,讲好新闻故事,为受众提供有价值的第一手信息,着力成为第一信源。

(二) 定位:塑造品牌——个性鲜明的新闻机构

新闻机构定位既要立足于机构属性、功能,还要从公众视角和用户视角出发,在受众的媒介组合中找到自己合适的位置,在用户的服务需求中展现自己的核心功能。同时,新闻机构还要构建品牌识别系统。构建品牌的目的是达成机构的互联网化,在移动互联网上培育一个新的IP,从而实现机构的网络化生存。首先,视觉识别就是一种非常典型并接地气的品牌运营方式,包括采用人格化的虚拟代言人及其表情包、动画短视频等。虚拟代言人既是运营的实际需要,也是和粉丝沟通的有效媒介,相比传统的机构代言人更易亲近,也能更好地代表机构形象。其次,听觉识别也是品牌识别系统的重要组成方式。一首脍炙人口、老少皆宜的机构歌曲,也能给粉丝带来心理认同。2015年,国务院国有资产监督管理委员会新闻中心的新媒体统一平台"国资小新"从受众中征集了32首歌词，其中《我们都是小新》入选，被谱成歌曲，由"国资小新"团队和中央企业新媒体的编辑联合演唱，并被上传到音乐、视频网站上，形成了一定的品牌效应。最后，语言风格也是品牌区隔的一种重要手段。机构媒体要形成自己的语言风格，甚至自创或引领一种机构独家的、粉丝参与的网络文体。

（三）运营：矩阵运营——聚类的联动服务矩阵

在多平台发展背景下，新闻机构既要积极入驻社交媒体平台，拓展传播服务渠道，又要结合实际建设自有平台，掌控信息交互通道，还要完善全媒体平台，整合内外媒体资源。一方面，发挥不同新媒体平台的优势，开展"两微一端"一体化运营，通过不同平台满足不同的用户需求，同时以机构媒体为中心，紧密团结各方，建立与政府部门、专家学者、行业组织、企业、网络名人等多方的持续互动；另一方面，紧密跟踪新型技术平台及其用户需求，以"平台+内容"形式进行多屏互动，充分利用好视频直播、知识分享等应用功能。从机构自身管理服务角度出发，建立聚类的联动服务矩阵和联动发声平台，开展议题联动、内容联动、服务联动。

四、融媒体时代新闻报道的创新要求

融媒体时代，"新闻业能够取得成功的关键是创新"①。"新闻+创意"也逐渐成为融媒体时代新闻报道的新常态。中国记协网媒体融合奖项的评比也对创新要求做出过解释，其中"融合创新奖"的要求为"报道内容、报道形式、传播渠道等方面有所突破或创新"。

1. 报道内容层面的个性化

融媒体时代，大众传播的传播模式发生了由"点对面"到"点对点"的结构性变化，传媒市场进入分众化时代，网络用户越来越"圈层化"、部落化，其自主性得到极大张扬，不同圈层的用户会依据他们的喜好、兴趣特征选择不同的媒体及其提供的产品。用户圈层的多元化要求新闻产品

---

① 刘义昆，赵振宇. 新媒体时代的新闻生产：理念变革、产品创新与流程再造 [J]. 南京社会科学，2015（2）：103-110.

内容必须充分考虑每一个细分族群的个性特征，充分重视每一个个体用户的个性需求，这就意味着新闻报道必须在题材和内容的个性化与趣味性上不断创新。

2. 报道形式层面的多样化

目前，各类技术手段、先进形态越来越多地被应用于日常新媒体报道中，"5G+4K/8K+AI"的技术组合也正在重塑重大事件类新闻的报道格局。各大媒体机构纷纷在新闻呈现和表达方式上创新，如2021年春节联欢晚会就采用了8K超高清试验频道开展春晚直播活动，通过融合交互式技术进行节目形式创新，重构了传统的表演舞台，突破了空间和场景限制，给观众带来身临其境的体验。分众化时代，要想突破因过于"碎片化"而导致的注意力资源分散困局，就要创新新闻表现形式，以更加有趣、易读的新闻产品吸引用户。

3. 传播渠道层面的立体化

新闻生产流程的终端就是新闻信息的发布和传播终端，也是推进媒介融合进程中的关键一环。平台型媒体的出现和快速发展，以及移动端的全面开发，不仅带来了更多用户，改变了新闻生产的动力机制，还提供了前所未有的传播渠道。这就要求新闻报道根据新闻内容、用户偏好选择合适的发布渠道，形成立体化、多维度的传播矩阵，发挥整体性、融合性的传播效力。而针对不同渠道的特点和介质优势，则可以采用不同的表现形态，以满足圈层用户个性化、差异化的需求，从而扩大用户规模和传播影响力。例如，人民日报社在改革开放40周年之际推出特别报道，就分别在报纸、微信、微博、客户端等推出了系列融媒体产品，如数据新闻、短视频、H5作品等，从而形成了全媒体传播矩阵，实现了报道传播渠道的立体化，成为融媒体时代新闻报道的成功实践。

第三章

融媒体时代的编辑

❖ 本章概要

　　融媒体时代，互联网用户增长迅猛，越来越多的用户养成了快阅读的阅读习惯，新媒体在报道时效性、呈现形式的丰富度、传播速度等方面，都大大超越纸媒，传统纸媒用户纷纷转向了新媒体，成为新媒体的用户。面对行业变革的巨大压力，传统媒体纷纷转型，成立融媒体中心谋求出路，编辑的工作内容和工作重心也随之发生改变，工作难度加大，面临的职业挑战也越来越多。在此背景下，传统媒体编辑只能转变思维方式，适应角色变化，提高自身能力和素养，以适应新时代对编辑的新要求。

❖ 教学目标

　　1. 了解融媒体时代背景下编辑的角色定位和工作内容的具体变化；
　　2. 了解当前编辑工作开展面临的多方面挑战；
　　3. 了解面对时代、技术发展的要求，编辑应该提升的素养及提升路径。

❖ 教学重难点

　　1. 融媒体时代背景下编辑的角色定位及工作变化；
　　2. 融媒体时代背景下编辑能力提升的路径。

第一节　融媒体时代编辑的定位

传播学学者马歇尔·麦克卢汉（Marshall McLuhan）提出媒介即讯息的观点，他认为媒介即人的延伸，媒介技术本身才是真正有意义的讯息；尼古拉斯·尼葛洛庞蒂（Nicholas Negroponte）认为计算不再只和计算机有关，它决定我们的生活。这些虽然是技术决定论的观点，对于人的主观能动性存在轻视嫌疑，但不可否认的是新的媒介技术确实改变了人们生活和获取信息的方式，新技术已经渗透到我们日常获取信息的方方面面。

互联网改变了人们获取信息的方式、兴趣和习惯。人们可以随时随地获得想要了解的信息，基本不会出现由于信息匮乏而无法找到所需要的信息的情况；也可以随时随地传递信息，只需要通过移动终端随时"叮"的一声，就能分享、评论信息，并与他人进行传递互动，获取到的信息也不只是文字，还有音频、视频，人们的精神文化需求得到了极大的满足。

过去，传统媒体地位稳固，部分原因是得益于其对信息渠道的垄断。过去只有媒体才拥有广泛收集一手信息、邀约重要采访人物的机会和能力。而现在，人人都可以生产和传输信息，传统媒体行业对于信息传受渠道的垄断优势将不复存在。

而技术的迭代往往也会引起社会需求的变化，传统媒体为了"活下去"纷纷转型，设立"中央厨房"、新媒体中心，进行传统纸媒之外的互联网新闻传播。在技术上，提高竞争力，如引入机器人写稿和人工智能，提高生产效率和时效性；在传播形式上，配合内容提高其对用户的吸引能力，如采用直播、短视频形式。时代的变革和互联网的高速发展，改变的不仅仅是新闻的传播途径和方式，同时也改变了新闻产品的形式，"媒介融合传递信息"成为传统纸媒的发展关键词之一。2018年，《山西晚报》推出了大型综合性报道《千里走黄河》，不仅用大量的报纸版面进行了新闻内容的呈现，还制作了音频、视频等多种新闻产品，取得了良好的传播效果。

一、融媒时代背景下编辑角色重塑

传统纸媒组织的变革，必然对新闻编辑产生影响。首先是工作重心的变化，在内容、技术、用户、效益等方面，虽然对内容的要求仍在提高，但对技术、用户、效益的重视程度也在不断提升，这对编辑的职业技能和融媒体素养提出了更高的要求。其次是考核方式的变化。以《长江日报》为例，对融媒体中心的编辑而言，点击量和评论互动数成为考核的重要指标。改革后的考评标准由专业基础评价维度和传播效果评价维度两大块构成，"专业基础"是对新闻业务的评价，包括稿件的新闻要素是否齐全，采编、撰文是否扎实严谨，出具的稿件是否具有新闻价值，时效性的高低等方面。"传播效果"即新闻作品在网络上的阅读量和点击量。在移动互联网时代，对一篇稿件的综合评价，除了充分考虑新闻作品本身的质量及其达到的传播效果外，同时还将充分考虑考评机制的可行性和客观效果，在实践中不断完善考评机制。

编辑已由过去单纯的文字编辑变成了集策划、采编、编辑、宣传、发行于一体的项目经理。对传统编辑来说，机会和风险并存，机会是技术的提升或将带来业务能力的提升，风险则是生存环境将愈发恶劣。

二、技术赋能对编辑工作提出了新要求

随着互联网技术的不断进步，融媒体时代的信息传播速度、信息量为传统媒体时代的百倍以上，媒体的舆论地位、工作重心、媒体与受众的关系都发生了巨大的变化甚至逆转，这些变化导致编辑角色重塑，编辑的工作内容也随之发生变化。

习近平总书记曾经强调，全媒体不断发展，出现了全程媒体、全息媒体、全员媒体、全效媒体，信息无处不在、无所不及、无人不用，导致舆论生态、媒体格局、传播方式发生深刻变化，新闻舆论工作面临新的挑战。这对媒体发展的目标、变化、挑战做了全方位清晰阐述。

"四全"媒体的论述实际上也成为衡量编辑工作的准绳。"四全"媒体，即全程媒体、全息媒体、全员媒体和全效媒体，这"四全"是对全媒

体分别在四个维度上的阐释。全程媒体，是对事件过程或者信息完整性、发布及时性维度进行的评价；全息媒体，是对信息传播形式丰富性、立体性维度进行的评价，信息传播方式不仅仅只是简单的图片和文字，还包括当下时兴的短视频、AR新闻等，最终能够对新闻信息给予多重展现，为受众带来更为丰富的体验；全员媒体，主要是基于人人都是传声筒的维度进行的评价，各种不同的声音应该被听到；全效媒体，主要是基于用户角度进行的评价，在信息分发层面，当前用户的定制化特征越来越明显，在用户反馈层面，反馈速度更快、渠道更多。

三、融媒体背景催生编辑岗位细分

融媒体时代的编辑从一开始就从事着与传统编辑完全不同的工作。传统报纸编辑的工作内容主要包括新闻信息收集、编写、版面设计等。融媒体背景下，多种媒体综合产出，编辑的总体工作量变多、工作复杂性增强，工作重心也随之发生改变，这些变化进一步催生当前编辑岗位的不断细分，对应岗位的职责、要求、技能及承担的业务也不断细化。

我们先从新闻生产的全流程来看编辑工作流程。首先，新闻的生产端主要是采编编辑。大数据时代，新闻生产的来源已经发生了巨大变化，人人都是传声筒，知识付费、流量变现已经让我们进入了新闻生产的"人人时代"，社会化媒体是数据的重要来源，其时效性比传统媒体更强，其较快传播速度有助于新闻信息传播影响力的扩大，登载平台的反馈机制也有利于新闻生产良性循环的形成。因此，融媒时代的编辑应具有"大海捞针式"的新闻收集能力，以及挖掘、甄别、处理数据的能力。当前编辑在生产过程中主要承担收集、筛选海量信息及合理协调写稿机器人的工作，与技术部门的沟通交流增多，这进一步要求采编编辑具备代码编写、程序开发、数据挖掘处理分析能力。

其次，新闻信息通过生产端聚合之后，便进入后台，进入审稿及分发前的准备阶段。根据不同的分工，聚合后的信息首先经过审稿编辑的审核：一是审核信息内容是否符合国家信息安全要求、是否安全健康等，保证拟发送新闻信息的安全性和可靠性；二是根据"一次生产、多次分发，共聚焦点、各具特色"的融合目标，对报道形式与媒介平台进行适配，针对不同媒介平台转换适合发布的表现形式，融媒发力，拟达到降本增效、全方位立体化报道的效果；三是综合考虑，控制信息流的分配，旨在根据当期的新闻资讯重要程度、关注度等分配各类信息进入推送通道的数量及比例。这三部分工作内容对审稿编辑的文案水平、行业法律法规通晓程度、各类平台特征的了解程度及全盘考虑的思维提出了较高的要求。

再次是运营编辑。频道运营编辑的工作主要包括三个部分：对接自媒体、运营原创栏目和依托内容进行资源 IP 开发。① 这三者共同成为专题或资讯变现的贯通环节，也是结合编辑的经验判断，以用户评价和反馈为基础的整体工作的不断优化环节。编辑对用户的评价反馈进行聚类汇总分析，进一步得到更为清晰的用户需求和浏览体验提升方向，并对接自媒体作者资源，根据客户需求对投稿提出新要求并进一步整合资源。更好地运营原创栏目和进行资源 IP 开发则对编辑的运营能力提出了要求。

最后是策划编辑。策划分类较多，包括专栏策划、活动策划、热点策划等以项目为统计单位的策划。策划编辑充当着项目经理的角色，除了对内容、形式负责外，还需要对整体项目的进度、资金情况、结果进行统筹并负责。这要求策划编辑具备项目全盘运营的能力，同时熟悉各类传统媒体和互联网平台的运营逻辑，对市场热点和客户需求有较强的感知能力。

当前技术仍然在不断进步发展，互联网正在加速构建媒体格局和舆论生态，新闻采编已经不是最重要的工作内容，新闻编辑把更多精力花在对各种碎片信息的搜集、筛选、整合、解释分析、推送共享上。新闻编辑还需要具备用户思维、产品思维和经营思维。媒介融合的不断推进对编辑的综合能力提出了高要求，旨在优化新闻生产流程，提高新闻生产效率，整合信息，分享资源，实现新闻社会价值，有效进行舆论监督，并根据用户的偏好和阅读习惯，进一步实现新闻信息的精准有效推送。

---

① 蔡雯，朱雅云. 从新闻聚合平台看新闻编辑业务的变化［J］. 国际新闻界，2018（10）：101-112.

第二节 融媒体时代编辑面临的挑战

随着媒介技术的不断进步,媒体行业处于不断调整和变化中,而往往只有能顺应变化、变中求存的新闻企业才能经久不衰。2005年,国家新闻出版总署报刊司发出了向"大媒体业"进发的号召,开启了传统媒体转型的序幕;2010年,新浪推出"新浪微博"内测版,一经推出,吸粉无数。随着微博用户数量的不断增长,微博在舆论中发挥的作用也越来越凸显,不少新闻媒体把微博当作一个新的新闻报道平台。2010年全国"两会"期间,《人民日报》、新华社、央视等都推出了平台专属微博。"2010年《人民日报》进一步提出'传统媒体与新兴媒体并举、建设全媒体传播格局'的构想,'朝着努力建设报网一体化发展、品牌优势突出的国际一流媒体的目标迈进'。"①

近些年,技术发展加速,新媒体崛起,短视频风行,信息生态变化大且迅速。与此同时,纸媒迅速衰落,多家报纸休业倒闭,仅2018年就有40多家,许多曾经名闻天下的报纸杂志,就在时代进步的洪流中陨落。

不管媒体人的主观意愿是什么,现实就是行业在转型。传统媒体正在急剧萎缩,必将经历优胜劣汰的过程,不少从业人员选择转战新兴媒体或者直接转行。对于媒体来说,人才加速流失导致凝聚力和生产力下降;对于媒体人来说,技术进步带来巨大的"本领恐慌"压力。

但是,"内容为王"并没有改变,通过新技术呈现和传播的新闻,只有被深入解读,再辅以恰当的表现形式,才有价值。总的来说,面对新态势,新闻媒体"变中求变"的积极态度从来没有改变,但面临的挑战巨大。

一、环境变化带来的适应性挑战

人工智能生产新闻、多平台分发新闻改变了传统新闻的生产方式,同

---

① 蔡雯. 从面向"受众"到面对"用户":试论传媒业态变化对新闻编辑的影响[J]. 国际新闻界, 2011 (5): 6-10.

时也改变了原有新闻媒体的内部组织方式，编辑行业、编辑部门内部的工作文化相应发生了变化，编辑的职责、定位也发生了变化。

首先，新闻平台和各类生产、分发工具发生了变化。对于以前的编辑来说，"笔杆子硬不硬"是很重要的考量标准。当前传播平台变多，有微博、微信、客户端等，对应的呈现形式有H5、话题、专栏等，这对编辑应对新事物的能力和环境适应性提出了更高的要求。

其次，人工智能技术的融入改变了传统新闻编辑室的人员构成，越来越多传统采编人员之外的技术人才加入新闻生产团队，这必然对组织内部文化及传统新闻从业者的职业认同、专业想象带来冲击。从组织文化角度来看，传统的新闻编辑室文化与人工智能的技术文化进一步交融，使编辑室发生文化转向；就新闻编辑人员个体而言，其角色定位、工作流程、职业认同都必须经历适应性调整。①

进入5G时代，信息量更大，信息扩散的速度更快，新的知识和科学技术数量迅速增加。在知识层面，编辑每天面对各行各业各类信息来源。在人工智能逐渐替代写稿的背景下，编辑面对的更多的是人工智能不能替代深度思考、知识普及舆论引导等方面的挑战，需要自我驱动去学习这些行业内外的知识。在技术层面，互联网巨头花费大量人力、财力、物力进行科研，信息领域是这些研发成果发挥作用的第一站，因此，技术的迅速革新对编辑的技术适应性和学习能力提出了更高的要求。面对海量知识和技术快速更新的挑战，编辑容易产生焦虑情绪。

二、行业快速发展革新带来的能力挑战

行业快速发展，不仅提高了对编辑的素质要求，对其业务能力也提出了新的要求，编辑面临着来自多方面的前所未有的压力。

第一，技术掌握能力挑战，包括对硬件和软件技术的掌握。当前除了纸、笔、电脑、手机、录音笔、摄像机、三脚架等之外，硬件还包括无人

---

① 孟笛，柳静，王雅婧. 颠覆与重塑：人工智能时代的新闻生产[J]. 中国编辑，2021(4)：21-25.

机等一体化新闻生产硬件；软件包括人工智能的操作对接系统，Adobe Photoshop、Adobe Premiere Pro 等文字、图像、视频编辑系统。

第二，资源整合能力挑战。一方面是整合信息资源的能力。编辑当前要面对的事实是，大众媒体与社会化媒体的互相嵌入，大众媒体对社会化媒体的依赖借力，以及社会化媒体作为接收者时对大众媒体的检验地位，这对新闻编辑处理大量、分散信息的能力提出了要求。总有人比你先报道；总有人比你对事实的了解更全面并且乐意向公众分享；总有专家对新闻报道的观点、解读进行批判和指责；也总有人会不同意编辑个人的观点并公然驳斥。那新闻编辑的职业意义是什么呢？应该是掌握大量事实、数据之后，对资料进行整合分析，并进一步发布更具思考性和建设性的作品。另一方面是整合人际资源的能力。传统编辑对接的人际资源相对单一，对内包括记者等，对外包括报道对象、广告商等。而在人效要求高、内容最大化变现目标背景下，融媒体倡导个人能"专对专"，深入、精细化落实所负责的领域或项目，以便疏通资源，更好地在该领域或项目上开展宣传、投资、衍生品开发等变现类资源开发，这对编辑的人际资源整合能力提出了更高的要求。以项目为工作单位的新闻编辑对接的人际资源较为广泛，对内增加不同类型的编辑、技术部门人员、项目经理等，对外增加带货厂商、客户等，由"点对点"单向沟通变成"点对多"多向沟通。

第三，内容产出能力挑战。融媒体时代，许多媒体为了留住受众，发布和转载内容相同或者相似的新闻，内容同质化严重，用户从新闻中提取到有深度的内容越来越困难，且同质化的内容增多叠加算法推荐机制，极易造成信息茧房，不利于媒体的长远发展。此外，许多媒体盲目追求时效性，对信息事实核查不够仔细，盲目蹭热点赚流量，导致假消息滋生，产生恶劣的社会影响。更有许多媒体争做"标题党"，将新闻人的使命抛掷脑后，似乎忘记了初心。党的十九大报告强调，新闻宣传工作要"坚持正确舆论导向，高度重视传播手段建设和创新，提高新闻舆论传播力、引导力、影响力、公信力"。在融合传播时代，内容产出能力的评价标准不仅仅是内容的热度、真实性，还要有内容价值。从我国媒体发展实际出发，"四力"对媒体人的内容产出能力给出了具有强针对性和可操作性的评价指标,有助于媒体人"点对点"发力提高。

第四,创新能力挑战。除了内容的产出能力需要提升外,创新能力的提高也是迫在眉睫。人才的创新能力高低关乎国家和民族的综合国力、发展潜力及生存能力,就融媒体编辑而言,其创新能力也关乎融媒体中心的长期发展。社会化媒体往往只能在掌握第一手信息的速度、广度上占优势,但对事件的进展、深入跟进上无更多空间,而新闻编辑的职业赋予了他们对当事人进行采访、专家约访的机会。这直接的利好就是,编辑能融入地方,深入采访报道,实时跟进,丰富报道形式,并进行创新。例如,《长江日报》在"大学毕业生留汉新政策"的报道过程中,对互动模式和报道方式进行创新,在政策发布当晚就进行了快速报道,深夜阅读量很快达到"10万+",在第二天中午又对引起网民反响的内容进行了可视化报道,第二天晚上则重点报道了对网民疑问的解答和对政策的详细解读,本着为民众服务的目的进行报道创新,最终取得不错的效果。但创新往往是有难度的,对编辑是较大的考验。

第五,传统思维方式挑战。从传统编辑转变成项目经理,编辑需要具有产品思维、用户思维。产品思维就是以提高用户的使用体验为目标,针对用户需求,致力于对产品进行优化,以效率为导向解决问题的思维模式。新闻业为什么需要产品思维?传统的新闻行业都是以内容为导向的,报刊、广播、电视等媒介的形态已经非常稳定且成熟,编辑的经验、记者的素养等往往发挥着更重要的作用。但现如今这些媒介逐渐为互联网乃至人工智能等技术所更迭,新闻产品的颗粒度细化,大到一种媒介,小到一个栏目、一条视频,都能被设计为产品。

传统媒体时代,用户需求的变化以观看量、发行量为衡量标准。在媒体制度改革背景下,利润成为"活下去"的基本条件。数字时代竞争对手变多、用户反馈渠道变多,传统媒体"活下去"变得更加艰难,但知识付费的崛起给了"以内容为王"的新闻媒体机会,由此编辑需要深刻理解和重视用户的需求。

三、考核方式变化带来的新闻专业主义挑战

新闻专业主义作为一个舶来品，很早以前就在西方盛行。新闻专业主义主要强调新闻工作者独特的地位和职责，以及随之而来的立场上的独立性和内容产出上的专业性，其中专业性包括新闻内容的客观真实性、文本水平和社会价值，要求新闻媒体在报道及内容产出时严格核查新闻信息来源，撰文时保持独立客观的立场，遵守媒体报道行为规范，并承担相应的社会责任。

但在新媒体时代，新闻内容是否优质暂时没有统一的评判标准，而新闻的时效性、影响力是能够通过热度、转发量、观看量进行量化衡量的评价指标，许多媒体人为抢头条、抢独家，盲目迎合用户需求，对内容重视度不够，进而引发新闻专业主义缺位事件越来越多，新闻专业主义不断消解，同时产生的舆论负面效应越来越大，公众对新闻媒体的信任度受到挑战。

首先，把关人角色面临挑战。"把关人"概念最早由美国社会心理学家库尔特·勒温（Kurt Lewin）提出。他提到，在群体传播过程中，存在一些把关人，只有符合群体规范或把关人价值标准的信息内容才能够进入传播渠道。后来，美国传播者大卫·M. 怀特（David M. White）把"把关人"这一概念引入了新闻研究领域。

在传播过程中，把关行为是指对信息进行筛选、过滤、加工的行为。把关人，指从事把关活动的人。传统媒体主要是"媒体—受众"的单向传播，由媒体内部人员掌握把关权力，把关人的角色多由记者、编辑承担，他们对信息进行收集并筛选，决定哪些信息能够进入大众的视野。当前，"人人都有传声筒"带来了把关主体的泛化，信息发布存在把关漏洞，造成实质上的把关人缺位，大量未经审核的数据流入大众平台。而主流媒体往往取材于大众平台，因此，进行数据二次利用时新闻编辑要做好二次把关。

从新闻专业主义的角度来讲，信息能否进入大众视野的决定因素包括是否紧跟时事热点、是否产生社会价值、是否是优质内容。但新闻时效性

和热度方面的竞争激烈，"抢头条"等行为造成了一些新闻事件报道的失真，谣言和假消息蔓延，这些现象严重危害着新闻专业主义实践，传统专业媒体的权威性遭受挑战，传统媒体对舆论事件的导向力也随之减弱。①

由于新闻专业主义缺失造成出现假消息并引起实质性后果的如2018年的重庆万州公交车坠江事故新闻。事件首先由网友在社交媒体平台爆出，重庆万州22路公交车在长江二桥与私家车碰撞后冲断护栏坠入长江，车上乘客生死不明。随后《新京报》、澎湃新闻等多家媒体立刻跟进报道，进一步引发全国关注。而在事故发生原因的后续追踪报道中，相关主流媒体数次出现如误报、用词不严谨等重大失误。首先，仅仅根据现场图片，在未经交管部门核查情况下做出事故系私家车女司机逆行所致的论断，导致女司机被人肉、遭受网暴，而后交警核实私家车并无事实责任，新闻报道一再反转。其次，主流媒体在报道时，因措辞不严谨存在引发社会矛盾风险。新闻标题特意突出"女司机"，引发网民对司机性别进行讨论，由于女司机的驾驶技术优劣也一直是社会热门议题，标题进一步导致网友将责任引咎至私家车司机，对私家车司机进一步造成伤害，造成现实后果。作为把关人的新闻编辑，让未经核查的新闻消息流入网络，一石激起千层浪，技术的进步助推事件发酵，产生的后果比传统媒体时代更为严重。

类似的事件在2021年上半年再次上演。在2021年5月22日早上，根据中国国际电视台消息，"杂交水稻之父"袁隆平院士因病医治无效，于2021年北京时间5月22日上午在长沙逝世，享年91岁。但是经过其他媒体的查证及袁老秘书的证实，网上的消息是假消息，袁老上午11时确实在医院，身体状况不太好，但并没有逝世。于是，辟谣的人又纷纷转发，并谴责造谣、没有查证的媒体机构，犀利评论"这就是媒体人追求的新闻真实？"。后据新华社官方消息，袁老是2021年5月22日13时7分在湖南长沙逝世。这一乌龙事件不仅让民众对新闻媒体的信任度降低，甚至暴露出部分从业人员追求头条罔顾伦理道德，把关人缺位的后果不言

---

① 韦千千. 大数据背景下国内新闻专业主义理念的发展 [J]. 声屏世界, 2021 (9): 19-20.

而喻。

而把关人的缺位将进一步导致事实核查的意义大打折扣，进而对新闻专业主义造成不利影响。在追求速度不是首要目标的年代，事实核查是核查将要报道的新闻的真实性，有效保障新闻专业主义；而在融媒体时代，事实核查更多变成了事后核查，在影响已经造成的情况下，核查的意义就大打折扣了，更多的像是媒体人对新闻专业主义的补救、对媒体权威的维护。

其次，算法推荐新闻对媒体权威提出挑战。传统新闻媒体在新闻专业主义的标准指导下，也形成了自身的权威性。算法新闻出现以后，媒体利用算法根据筛选条件从互联网上抓取有用信息，并采用人工智能进行自动化新闻生产，再基于大数据客户分析，通过算法推荐进行新闻的精准推送，新闻生产、推送的精准性和效率不断得到提高。但由于算法新闻下的新闻生产和分发主体存在非唯一性，传统媒体的权力被弱化，进而其权威性被瓦解。

算法新闻同时将引发个人隐私泄露问题。算法能实现精准投放的前提是洞悉用户的喜好和需求，这些都是以挖掘用户数据为基础的。以今日头条为例，用户每点击某个页面一次，后台便会记录并完善个人信息，用户在某个页面停留的时间比较久，也会作为喜好标签被后台存储，长此以往，每个人就会在大数据面前暴露无遗。

算法掌握每个用户的喜好之后，在以浏览量为目标的前提下，将持续推送同一类别的新闻信息，导致信息同质化、信息冗余，且用户在被动接收的情况下无法接触到新的内容界面，除非主动搜索，这将引发信息茧房风险，导致用户习惯于用自己的直接感官来评价社会事实，也使得自己的行动更加平面化、简单化，成为"单向度的人"，久而久之将失去深度思考能力、判断力和抵抗社会负面问题的能力，这将进一步加剧知识沟。

四、舆论生态改变带来的职业价值挑战

在中国新闻事业发展史中，梁启超在前人"去塞求通"思想的基础上，提出报纸在国家治理和舆论传播中充当着"耳目喉舌"的角色，认为

报纸是"去塞求通"的重要工具，在国家治理中发挥着重要的舆论引导作用，凸显新闻媒体在舆论引导方面的重要性。当时的社会背景是信息获取路径较少，报纸作为当时信息流通的重要工具，在后来的战争中，在舆论引导方面起到了重要作用。

而在当前信息泛滥的时代背景下，新闻媒体引导舆论、维护核心价值观的责任和使命没有变，而用户的信息来源通路大大增加，如来自大众媒体、社会化媒体等，社会化媒体的信息往往未经过严格把关，措辞可能具有煽动性，在价值观传递上有偏差，且当前各个平台的意见领袖众多、活跃度高，在突发事件上对主流媒体的价值传递也会造成一定影响。

在编辑作为写稿的"编辑"的意义减少时，作为引导舆论、传递核心价值观的"编辑"的意义就会显得尤为重要，网络上的声音大小、多寡对编辑确实会造成影响，但这也有利于激发编辑的危机感，激励从业者更加钻研专业以追求核心竞争力的提升，从而更好地实现职业价值。

第三节　融媒体时代编辑素养提升

在互联网时代技术不断进步，设备更新速度不断加快，国家大力推行媒介融合的大背景下，"中央厨房""县级融媒体中心""人工智能""算法"等生产新形态不断形成。由于融媒体是新旧媒体的内容、形式及技术手段应用的综合性业务融合，媒体面临的组织变革、生产方式变革、盈利模式变革挑战越来越大。在媒体中发挥重要作用的编辑，有必要对自身素养进行提升，其必要性体现在以下几个方面。

首先，适应技术发展趋势。互联网技术的普及为人们提供了越来越多的信息源渠道，人们可以从多个渠道得到信息，如果新闻编辑不精通计算机技术，那么将失去作为媒体人传递信息的意义，最终会被时代淘汰。此外，行业竞争越发激烈，市场存在供应过量现象，媒体要提升自身竞争力，就需要提升整体员工素质。

其次，当前的媒介融合弊端凸显，无法满足社会发展和组织发展要求。其主要弊端包括：第一，信息过载，同质化严重，主要是因为新闻媒体盲目追求点击量和时效性；第二，假消息、反转新闻频出，新闻真实性得不到保障，这一弊端在突发事件中暴露得最为严重，引发的社会后果也更严重；第三，创新性内容相对较少。目前信息泛滥，创新内容尤为困难，而创新又是主流媒体的主要考核指标之一，短板相对凸显；第四，组织盈利能力不强，在主流业务很难冲出重围、核心竞争力难以找到的情况下，当前媒体都在谋求新的利润增长点。

最后，自身发展的必要性。部分新闻编辑工作者存在职业素养不高的问题，因此"标题党""反转新闻"频出；他们的用户思维不足、对新闻传播认识不足，往往认为新闻传播工作只是将新闻简单直接地传递给受众，没有意识到编辑个人的主观感受、价值观已经被蕴含在新闻传播的内容中。这些都反映出当前从业人员存在思维固化、盲目追求实效、新闻专业主义缺位的短板，从自身长远发展来看，这些都应得到改进。

一、融媒体时代编辑应该具备的素养

媒介融合进展快速，面对种种挑战，编辑人员应该有所坚守、有所突破：坚守新闻专业主义，秉承"内容为王"思想，提高舆论引导能力，提高政治素养；在坚守的基础上，还应该全方位突破，提高自身融媒体素养，以适应时代的发展。

（一）坚守职业理想，顺应编辑角色的转变

首先，编辑应该坚守职业理想，增强转型信心。在媒体转型期，媒体人应充分认识到自己的价值：其一，在各个传播平台中，具有原创性的新闻、影响力大的新闻大多是主流媒体发布的；其二，在技术快速发展背景下，专业新闻媒体人生产的高质量新闻，从来没有像今天这样传播迅速、覆盖广泛；其三，部分编辑转行到新兴媒体行业，在新的领域释放出巨大的能量。媒体人的价值实现，最关键的还是坚守职业理想和职业精神，大部分转型的媒体人并没有丧失新闻激情、新闻敏感力和新闻专业能力，只是平台与表达方式发生了变化而已。新闻职业理想与职业精神，是媒体人从事新闻事业的内在驱动力，一家媒体能否在发展中不断寻求创新的条件

的关键在于是否拥有一批充满职业理想和职业精神的媒体人。

其次,编辑要进行角色调整,在不丢失把关人角色的同时,承担服务者的角色。信息发布的门槛由于技术的发展不断降低,自媒体、UGC 等的出现,使信息传递、接收一体化的趋势越发明显。在此情况下,传统把关人的作用失灵,其很难在原创内容发布之前严格把关,但可以承担舆论引导责任,及时对舆论风向进行把关。

最后,编辑应该认识到传统媒体人转型是必然趋势。当前媒体需要大量融媒体人才,传统媒体人应顺应转型趋势,努力成为跨媒体、复合型人才。媒体人转型首先应该改变的是思维模式,形成以用户为中心的理念和具备产品经理的思维,将新兴媒体的传播优势与传统媒体的专业优势相结合。转型可以是自上而下的,也可以是自下而上的,编辑要勇于走在转型前列,成为示范者、倡导者、引领者。尤其是决策管理层、中层管理人员,应充分认识到媒体人转型是一次战略性"转身",带动更多的媒体人找到新的发展平台和发展机遇,形成转型的群体效应。

(二) 全方位信息处理素养,内容要有深度、创新

在技术变革的背景下,媒体对"内容为王"的追求没有变。社会热点会时刻更新,但优质的内容始终是专业新闻人立足的根本。河南卫视的"出圈"很好地证明了这一点。在大家都认为"流量为王"时,其他各大卫视在各种节日晚会上纷纷邀请当红流量明星登台表演,河南卫视则另辟蹊径,从《唐宫夜宴》到《元宵奇妙夜》,从《清明时节奇妙游》再到《端午奇妙游》,均在社交平台上收获了丰硕的赞誉,尤其是《端午奇妙游》的开场水下舞蹈《祈》,带给观众巨大的震撼。《端午奇妙游》首播第二天,"河南卫视杀疯了"的词条就冲上微博热榜,连续三天,微博热榜被河南卫视及《端午奇妙游》占据,全网传播量更是超过 50 亿次。《端午奇妙游》被央视、新华网等官媒转发的同时,主流媒体如《人民日报》《光明日报》《中国文化报》还对此进行了专门报道,新华社、外交部也纷纷转发和点赞,甚至联合国官方微博也予以称赞。节目实景拍摄河南博物馆与唐风人物表演结合,表演时长为 0.5~1 小时,节目短小精悍,并无流量"大咖"参与,却在播出后频上热搜,引发关注,主要是因为河南卫视

抓住了当前各卫视节目同质化严重而传统文化弘扬类节目少之又少的痛点。并且节目制作精良，服化道秉承匠心，在使节目赏心悦目的同时激发了人们的文化认同。

面对海量的信息资源，如何有效处理和利用信息，是编辑需要面对的现实问题。编辑需要具备获取、甄别筛选、整合利用信息的素养。

信息获取素养是指编辑基于自身目标或选题，通过各种方式或者渠道获取信息原材料的素养。融媒体时代，网络平台信息爆炸，而网络平台鱼龙混杂，信息和广告页面极为相似，要想获取真实的信息，编辑要具备高度的信息敏感度和搜索引擎搜索逻辑，提高信息获取效率。

信息甄别筛选素养是指编辑对已获取信息进行真实性、合法性和准确性筛查的素养。虽然当前互联网与现实生活一一对应的程度在不断提升，漏洞不断被填补，但仍存在某种程度上的匿名性，这种匿名性一是给不法分子可乘之机，二是造成了更多的谣言、假消息的出现。互联网平台人人都拥有传声筒，而互联网用户素质良莠不齐，发布的信息往往真假不一。因此，编辑在对互联网数据进行加工时，需要先对信息进行甄别。

信息整合利用素养是指编辑对已筛选信息进行深挖或创新使用的素养。互联网信息的获取并无门槛，编辑能区别于普通的互联网用户，核心就是在内容深度、角度选取及整体创新上具有更专业的技能，这样才能体现媒体人的价值。新闻真实性固然重要，但更重要的是对新闻事实做有价值的正确解读。在完全竞争的互联网环境中，信息充分流通，在这种情况下，编辑更应该致力于"内容为王"，做有"态度的新闻"，维护职业价值和媒体权威。

（三）融媒传播和技术应用素养

传统媒体时代，媒体组织互相割裂，各媒介生产及分发渠道较为单一，不同媒介产出的内容特点鲜明，往往单一媒介独立进行生产、优化升级等。在对社会热点问题的信息采集上，往往重复工作，这导致工作效率低下、生产内容冗余。互联网高速发展下，信息采集通路变多、速度变快，除传统媒体、"两微一端"以外，短视频、大数据、AR、VR异军突起；内容形式也丰富起来，除文字、声音、视频以外，新增海报、H5等。

为更好地融合利用互联网时代的先进工具,提高新闻编辑的融媒传播素养和技术应用素养势在必行。

一是传播思维的转变。要摒弃传统单一媒介独立生产的观念,遵循"一次生产、多次分发,共聚焦点、各具特色"的融合目标。新闻编辑要熟悉各类传播媒介的传播逻辑、特点、优势、定位及叙事方式,对于不同特征的新闻信息,选用不同媒介平台,使多个媒体平台优势互补,以达到效益最大化;对同一话题,针对不同平台,因地制宜,分别制作符合不同平台特性的新闻信息,同时转换适合发布的表现形式,做好不同平台间的内容转换;将新闻信息、媒介平台和报道形式三者进行适配,拟同时达到降本增效的经营目标和全方位立体化报道的效果。

二是技术应用素养的提高。媒介融合发展时间较短,而新技术、新硬件发展较为快速,为更好利用技术资源,新闻编辑需要努力提高自身的技术应用素养,同时,这对新闻编辑来说是不小的挑战。从新闻从业人员角度来看,当前专业人才普遍存在成长时间较短、适应难度较大的问题,在这种情况下,新闻编辑只有主动学习新技术,提高自身的技术应用能力,才能更有效地应用先进技术和设备,进而生产出更好的作品,提升自身竞争力,以免被时代淘汰;从行业人才发展来看,当前的技术培养、培训体系仍不完善,融媒体"全才"较为缺乏,后续力量的培养和实际生产存在一定程度上的脱节,应在相关专业人才培养阶段更加注重与实践相结合,为媒体行业的健康发展不断输送综合型人才。

(四)用户思维和市场思维

从传统媒体过渡到融媒体,"客户"之于媒体,经历了从"受众"到"用户"的变化。传统媒体时代,新闻消息获取渠道较为单一,人们仅能通过报纸、电视等接收到千里之外发生的事件信息。同时由于缺少有效的客户反馈渠道,传统媒体从业人员自然也不存在或者难以实践进行"满意度"调查这一动作。这两点都让"客户"在关系中处于被动接受的地位,谓之"受众"。融媒体时代,客户信息来源广泛,媒介产品竞争趋于市场化,各种媒体面临的竞争激烈度大大提升,且当前评价体系逐渐健全。在效益高压下,"客户"在关系中的地位大大提高,媒体开始注重"客户"

的产品使用体验,"客户"转变成"用户"。

在"受众"逐渐转变为"用户"的背景下,新闻编辑不仅要思考如何紧跟时政热点,还要思考如何吸引用户,即新闻编辑要兼具编辑思维和用户思维。用户思维就是能换位思考,将自己想象成用户,思考用户希望看到哪些内容,以及有哪些方面的需求。

首先,在思路上,用户思维要求新闻编辑想办法深入了解用户,关注用户信息,了解用户需求,利用大数据对用户进行细分。在选题阶段,根据用户需求确定选题方向,大数据的用户分析往往是针对既往事件进行趋势性预测,只是根据用户在过往传播活动中的实际行动做出预期判断,而对于暂时没有相关行为数据记录的或者关乎用户成长性的需求却难以把握,因此,应在利用大数据了解用户当前需求的基础上,进一步研究各类用户需求的增长性,从而更好地制定选题。在投放阶段,应根据不同用户的兴趣推送不同内容,并根据用户的成长轨迹智能改变推送内容,以有效避免"单向度的人"和"信息茧房"的出现。在反馈阶段,需要密切关注客户的评价和反馈,并及时进行反思,改正不足之处,提高用户黏性。

其次,在作品呈现上,用户思维要求新闻编辑更注重形式上的互动性和趣味性。要更多地考虑内容处理的风格手法问题:如何吸引到用户?如何让用户参与其中并有良好的体验?如何留住用户?新闻编辑要想做出好产品,必须在内容处理的风格手法上多做突破,吸引用户的眼球,使其具有良好的体验过程和参与感,进一步让"新用户"成为"老用户",最终留住用户。

除了具备用户思维外,融媒体时代的新闻编辑还应该具备市场思维。在市场化竞争的背景下,新闻编辑应该多多"走出去",看到同行的闪光点和可取之处,了解自己与竞争对手之间的差距,并常常进行行业趋势性判断,培养宏观思维,不断自我精进,有效提升自己的战略思维、运营思维。

(五)策划能力

新闻编辑的策划能力,主要体现在选题、形式表达和宣发三个方面。首先,选题是整个项目的开端,在很大程度上决定了整个项目的成败,目前普遍存在选题过于重视国家形势、政策而不够生活化的问题。其次，当前形式表达缺乏创新，存在内容与形式匹配度不高的问题。最后，宣发上存在宣传力度不足、宣传效果不佳的问题。这要求新闻编辑不断提高自身的策划能力，具体体现在：选题更契合用户需求；广泛搜集素材，创新表现形式，同时提高内容与形式的适配度；参与大型栏目策划、专题报道，深入学习，提高自身策划素养和能力。

面对当前信息碎片化的现状，为发挥出在产出优质内容方面的优势，许多媒体设立专栏，着力推行深度报道和专题报道。深度报道主要针对重大新闻事件和社会问题，深入挖掘事件的原因、结果，从而揭示事件的实质和意义，并进一步追踪和探索其发展趋势，这往往需要耗费较多人力、物力、财力及时间。随着报道的深入，越来越多的新闻编辑转变成了项目经理，这对他们的综合统筹能力及沟通能力也提出了更高的要求。他们要对选题、人员协调、信息筛选、物料筹备、上下游企业沟通、撰稿人对接、活动举办、经费预算、项目进度等进行全盘统筹，不仅要负责新闻生产，还要负责人员调配和预算分配。传统媒体编辑往往是专人专岗，由更高等级的管理人员负责统筹综合性事务。在当前岗位细分和角色转变的前提下，具有较强策划能力的人才是较为缺乏的，需要通过外部发掘和内部培养进行人才输送。

二、融媒体时代编辑素养提升路径探索

首先，完善培养链条和体系。要建立科学的编辑考核评价体系，国家层面可以多设立奖项，多方位评估，加大对优秀编辑的奖励力度，提升编辑的职业自豪感；建立健全编辑的职称评定标准和办法机制，保障晋升之路和职业上升通道的畅通；从种子抓起，各高校是人才的培育基地，但是教材编写与授课方式均存在与时代发展脱节的现象，为更好培养人才，高校教材编写应贴近现实，实践性课程比例应相应提高；组织内部要完善考核评价制度和奖惩制度，健全晋升机制；加强对编辑在社会价值、文化价值方面的考核和评价，充分保障编辑的利益诉求，全面提升编辑的职业素

养，激发其工作动力，引导其多出精品力作。①

其次，组织内部提供学习和交流机会。为编辑提供参加学术会议和专业技能培训的机会，定期组织业务学习，提高编辑的文学水平和眼界，同时多组织岗位技能大赛等活动，形成良性竞争。媒介融合不能只看短期效益，不能把互联网仅仅看作增强影响力、增加价值、延伸产品的工具。单纯地模仿式嵌入互联网，是不可能取得根本性突破的。所以说，改变观念是紧迫而必要的，可以通过培训、内部研讨和内部创业三条路径实现。培训是最为常见的一种方式，也就是我们常说的"走出去"和"请进来"相结合。"走出去"就是要走出去开阔视野，去转型较为成功的媒体及发展势头迅猛的互联网公司取经，参加各种学术会议；"请进来"就是聘请学界和业界的领军人物传授经验。内部研讨是另一种直接有效的方式，每个研讨会有轮值部门和主持人，有特定的主题，让每个人都能围绕主题公开发表自己的看法。内部创业则专注于孵化以技术为手段、以内容为优势并将两者结合的新产品、新业务及其培育团队，为媒体集团的未来发展储备力量。

最后，个人增强自我提升意识。全媒体时代，知识、技术的更新越来越快，编辑要时刻激励自己持有求新求变的热情，不断完善自己的知识结构，提升自身的编辑素养，调动一切资源、抓住一切机会实现自我提升。

第四节　典型案例

（一）江苏省广播电视总台融媒体新闻中心

衡量一个融媒体的传播影响力大体可以从三个维度进行：其一，该融媒体平台生产的内容是否被主流媒体转发、采用，如《人民日报》、央视网等国家媒体平台；其二，该融媒体平台生产的产品在网络上产生的流量

---

① 覃华巧. 全媒体出版语境下编辑应具备的核心素养和提升路径 [J]. 惠州学院学报，2020，40（5）：107-110.

和网民的参与度；其三，该融媒体平台生产的产品在网络传播中的转发量。① 江苏省广播电视总台融媒体新闻中心在互联网信息爆炸、融媒体平台层出不穷的情况下，脱颖而出，成为官媒认可、网民喜爱的爆款融媒体平台，通过"优质、真实内容优先""内容为王""坚持出品优质产品"的运营理念，打造输出的各类产品均具有广泛的传播力和影响力。其出品的《江苏省委书记进村检查疫情被拦下》的9秒短视频，一经发布，立马进入微博热搜前三，《人民日报》、央视网、新华社等央媒大量转载，视频在全网总播放量超亿次，话题阅读量约2.5亿次，在真正意义上把时政类新闻打造成了爆款产品，也由此奠定其融媒体平台的龙头地位。通过不断地输出优质内容，江苏省广播电视总台融媒体新闻中心逐渐提升了地位和扩大了新闻影响力，并获评"2020年全国广播电视媒体融合先导单位"，江苏省广播电视总台的"荔枝新闻"客户端获评"2020年全国广播电视媒体融合典型案例"。

近年来，传统媒体面对新媒体的冲击，持续谋求创新和转变，以期满足当下受众的信息多元化需求，如果转型速度缓慢，可能将会被时代淘汰。因此，江苏省广播电视总台整合电视新闻、广播新闻、新媒体新闻等多个新闻板块，实现新闻生产过程中的策划、采访、编辑、审核、发布全流程无缝衔接，统筹运营以往各自独立的新闻生产模块，形成一体化全媒体融合生产模式。但江苏省广播电视总台融媒体新闻中心在发展过程中经历多重困难，达到现在的成功之前经历了一系列转型的阵痛，如未能深刻理解和实践"移动优先"，融合多部门、多技术、多资源却陷入"尾大不掉"的低效率陷阱，媒体人才队伍建设缺乏保障等问题掣肘其发展。下面将分析其在创新转型中如何应对难题，总结经验，同时启发后来者。

第一，破除速度上的"移动优先"思维，转变为制作理念上的"移动优先"。对各部门各条线的工作人员进行工作理念培训，根植"移动优先"思维，坚持以"移动优先"为导向的工作方向和准则，在该理念下实现理

---

① 訾谦."融"人"融"钱"融"内容 合力构建县区融媒体平台：我国部分县区融媒体中心典型案例分析[J]. 新闻爱好者，2021(4)：49-51.

论创新、实践创新，进而达到产品创新；实现在策划主题、采访方式和对象、编辑形式和内容、核稿要求、发稿方面的创新，以满足受众对新媒体传播的需求。江苏省广播电视总台融媒体新闻中心推出"电视+网络直播+短视频"的融媒体平台"荔直播"，形成独特的产品特征。常规做法是先以网络直播的方式进行文化输出，再通过制作成电视节目进行二次传播，但偶遇突发新闻时，即使无法在第一时间进行直播，也会灵活发挥融媒体平台优势，在"移动优先"的工作导向下优先制作并发布短视频内容，保证时效性和准确性。

第二，创新内部运行机制，打破媒介之间独立运行壁垒，实现内容高度流动，达到高效、稳准目标。江苏省广播电视总台融媒体新闻中心依托"荔直播"平台，深层次融合新闻素材，形成"一次采集、共享分发、多终端呈现"模式，在真正意义上实现采、编分离。尤其是在处理突发事件时，新闻记者在第一时间收集新闻要素并发送到总台或者进行现场直播，由总台对各媒体呈现终端进行新闻的共享分发及产品输出，如优先在新闻频道端口呈现新闻短讯并进行滚动播放，保证时效性，再通过融媒体平台进行解构、分析，以专栏等形式播出，实现新闻要素在各个子平台的统筹释放，形成深浅联动、多平台联动，反哺融媒体平台，确保正确引导政治舆论，在新闻传播过程中不失位。

第三，坚守严谨、准确新闻输出定位，以内容为王，维护自身在受众心目中的权威形象。判断融媒体中心输出的产品的质量可以从"真、全、多、深"四个维度进行。"真"，即真实、权威、准确，省级媒体单位理应保证新闻的真实可靠，不得添油加醋，应坚持真实的市场站位和品质，树立权威和公信力。在"江苏徐州丰县大爆炸"事件中，融媒体新闻中心将真实、准确的新闻工作内涵体现得淋漓尽致。在该事件发生的第一时间，收集一手新闻并在第一现场进行直播，准确地编辑新闻要素，通过电视新闻、短视频、新闻推送等持续输出，帮助群众了解事件发生的原因、经过和结果，为受众答疑解惑，及时有效地引导社会舆论向真相靠近。"全"，即新闻产生存在多元解读，新闻本身是受众感知的主体，媒体应从新闻事件本身延伸开来，从多角度和多维度做全面的解读，让受众了解事件始末和原因。"多"，即新闻产品的数量多，众口难调，受众的数量不断扩增，其对新闻产品的需求也更加多样，大到时事政治，小到生活娱乐，均有涉及。为了给不同的受众提供合适、可选择的文化产品，新闻编辑既要深入一线群众生活，又要具备广阔的全局观。"深"，即新闻内容的深度。在融媒体平台"以内容为王"的导向工作要求和外部信息碎片化的时代背景下，内容深度是融媒体平台最为核心的竞争力，媒体做报道的态度、对报道内容的权威解读和深度延伸、报道透露的情绪基调是主流媒体的竞争力所在[1]，这完全依赖编辑对新闻内容的把控，即纵深挖掘新闻要素，分析透信息的精髓。

第四，传统媒体转型新媒体的过程中，人员素质不匹配工作要求的现象必然会出现。由于新媒体所需要的职业技能相对前沿、新颖，而且在不断与时俱进，编辑应具备采、编、播、摄等技能。策划、采访、编辑、审核等工作人员均应做出相应调整，填平技术沟壑，满足媒体平台的深度融合要求。在技术、意识层面两手抓，培养技能多面手，打造新闻生产各个阶段的全能复合型人才，达到一专多能的要求。依托机制标准化、薪酬考核制度倒逼人员转型升级。江苏省广播电视总台融媒体新闻中心在转型期内搭建编辑学习、培训平台，在制度层面上，宣传贯彻"移动优先""用户优先"理念，通过将考核激励办法与薪酬挂钩、多劳多得、未达到考核目标不能维持现有薪酬水平的机制，有效激发编辑的工作积极性；在技术层面上，邀请各个部门内打造出成功产品的工作人员进行跨部门经验心得分享，邀请外界优秀平台同行来传授经验或外派编辑到优秀同行平台学习借鉴经验，邀请各类短视频、直播等平台的幕后运营人员交流经验，对接各大媒体专业强势高校进行战略合作并引入高校优秀人才，不断提升编辑人员的整体专业素养；在工作方式上，打破各个部门之间的门槛和壁垒，以节目为单元，不拘一格，允许跨部门间协同工作，将合适的人通过工作成果的体现放到合适的位置，实现人员配置最优化，最终形成人才培养体

---

[1] 李轩.融媒体时代主流媒体的融合创新：以江苏广电总台融媒体新闻中心为例[J].视听界，2017（5）：37-40.

系的正向循环。

江苏省广播电视总台融媒体新闻中心的成功主要有四点经验：准确理解"移动优先"思维并充分实践；创新运营机制，破除子媒介平台壁垒，增强新闻要素的流动性；坚持输出准确、权威的产品，不盲从"以时效性为首要原则"，保证权威性；促进编辑全面提升专业技能，将成果与薪酬挂钩，将能力与机会挂钩。

成功并非偶然，江苏省广播电视总台融媒体新闻中心也是"摸着石头过河"，其探索的经验为后期的成功奠定了扎实的基础，也为同业工作人员提供了经验借鉴。

（二）湖北广电"长江云"移动政务融媒体平台

做大做强省级融媒平台是新时代传统媒体转型的必然要求，那么是否存在一种既可以做好自身的省级融媒体平台基础建设，又能通过技术创新支撑省内各县市融媒体平台协同发展的模式呢？湖北广电"长江云"移动政务融媒体平台通过搭建平台、技术革新、创新形式等，在技术、宣传、运营等层面推进湖北全域融媒体发展，创造了独具特色的"湖北模式"，从源头上整合全省媒体资源，实现省市县的平台多级联动互通，达到"1+1>2"的收益效果。

"长江云"一开始的设计理念就是打造闭环的生态圈平台，寄希望于创造一个大规模体量、操作体系标准化、统一运营管理的技术平台，整合多种技术模块、多级子平台。此前从未有融媒体单位成功做到这一点，缺乏平台构建经验，但"长江云"是湖北省委、省政府高起点、集拳头之力打造的湖北县级融媒体中心建设省级支撑平台，其依托强大的政治地位优势，统筹全省媒体资源，通过内部造血、自我研发新闻客户端，提供一个共享平台，通过技术创新，实现"一台多级"的全新机制，赋予县市平台独立的运营权，让各级融媒体中心在该平台上进行数据共享互通，在真正意义上赋能新闻要素的灵活流动性。在产品创造的过程中同样采用"一次采集、共享分发、多终端呈现"模式，通过加强平台的整合能力，在传统的"中央厨房"模式之上还创立了"云稿库"，将省内全区域的新闻要素上传到"云稿库"，优先进行稿件的编辑和自查审核，以避免重复新闻的出现，确保输出产品均为群众所喜闻乐见且为时事热点。再借助"中央厨房"强大的整合能力，进行二次的加工和创新，产出符合不同媒体终端需求的内容格式。这种"一个平台+多级运营"模式，可以很好地缓解县级融媒体中心建设过程中存在的资金不足、硬件设施制约成长、人才不足等一系列问题。湖北各县市已经开发 120 多个以"云上"命名的官方政务客户端，汇集大大小小的官方政务账号 3 985 个，基本涵盖了大多数县市。

"长江云"平台通过创新产品形式，实现电视、广播、"两微一端"等多媒体产品类型、全省多区域的媒体矩阵融合，提高产品的整合效率，保证新闻的时效性，多维度增强影响力；通过平台客户端对多种信息进行加工，以多个渠道终端输出产品，形成多元化的品牌输出。"长江云"平台整合了 300 多家媒体、2 220 家党政部门、8 192 多万用户，将所有信息整合进"中央厨房"，通过专属的"私有云"与省市县互联互通，打破了传统媒体的壁垒，将广播、视频、电视、网站、传统报纸等多种媒介融合于网络，让新闻作品不拘泥于视听，也不局限于动静。① 在短视频运营方面，2021 年 8 月 19 日第四个"中国医师节"当天播放的 60 秒短视频《我，是中国医者》，通过描绘中国医生的责任与担当，讲述他们在这些困难面前没有退缩，依然默默坚守，帮助群众理解医生的价值与伟大，缓和当前紧张的医患关系，展现出媒体平台的社会担当。

借助大数据，形成"一体两翼"的功能定位，探索以新闻为主体、以政务和服务为两翼的模式；通过平台聚合传统媒体和新兴媒体，借助"中央厨房"的中枢大脑，对不同县市的多种媒体产品进行统筹管理和输出，促进媒介融合发展，打造深度整合的融媒体中心。在政务端，"长江云"平台整合省级、市级、县级三级党政机关的政务信息平台，成为湖北省最重要的政务信息平台。党政机关通过该平台向群众输出最新的各类政府信息，同时也通过该平台和群众建立联系，倾听群众的声音，接受群众监督，实现政务信息阳光透明公开，提升为人民服务的能力。在服务端，当

---

① 谢茜. 省级融媒体平台建设标准蓝本的探索与实践：以湖北广电长江云移动政务融媒体平台为例 [J]. 传媒, 2021 (6)：36-37, 39.

前已有支付宝整合民生服务内容，包括公积金、医保、社保、交通管理、生活缴费等内容，在已有的功能基础上，通过官方权威平台的搭建，引入更多的社会公共资源，提升"长江云"的用户黏性，同时加强生活信息化建设，提升老百姓日常生活的便捷度。

湖北广电凭借摸索与创新县级融媒体的成功经验，反哺社会，创造社会价值，不仅经受住了用户的检验，也受到专家的高度认可和媒体同行的高度评价。在搭建"长江云"平台的过程中，湖北广电也不断与兄弟单位讨论分享和进行培训输出。此外，"长江云"还参与了全国县级融媒体技术标准制定，充分发光发热。探究"长江云"独特的"湖北模式"，可以发现其独具特色的平台建设，为县市融媒体的成长提供了一个健康、充满养分的环境。首先，在顶层设计上高效协同全省融媒体资源，进而形成正向的动态循环；再次，通过产品的创新，将平台上多地区、多媒体形式，以及丰富的新闻要素进行二次加工和处理，满足受众对信息输出方式的多元化需求，也扩大其社会影响和体现社会价值；最后，借助大数据，延伸基础新闻模块，创造性地提出并执行"一体两翼"战略，增强功能性和用户黏性，成为一个不局限于新闻的实用新闻客户端。

（三）湖南省浏阳市融媒体中心

2014年8月18日，中央全面深化改革领导小组第四次会议审议通过了《关于推动传统媒体和新兴媒体融合发展的指导意见》，媒介融合上升为国家战略，拉开了全国范围内新闻媒体深刻改革的帷幕。此后，县级融媒体中心如雨后春笋般出现、蓬勃发展。县级融媒体中心在规模、资金、人才、政策扶持等方面不如省级融媒体单位，外部条件短板明显，但并不意味着毫无优势。县级融媒体中心是最贴近群众、最亲民的媒体平台，靠近一线，高效把握舆论动态，具有新闻要素丰富且独特等优势。下面以湖南省浏阳市融媒体中心为例，分析县级融媒体中心的独特发展道路。

1. 贴近群众，即时把握舆论方向

县级融媒体中心是最靠近基层的发声和聆听渠道，具备底层群众基础。尤其作为连接群众和政府的纽带，县级融媒体中心要及时上传民声、民意，同时也要将党的政策、声音传播到一线群众中，实现相互的即时性信息传达。这要求采访要深入一线，实时听取群众声音，深度调研群众对于美好生活的向往和建议并迅速反馈至融媒体中心，随后编辑部整合新闻素材，通过多终端输出地方新闻产品，及时正确地引导地方舆论。例如，2021年国庆节前一天浏阳市融媒体中心的"微浏阳"公众号发布《扩散！在这些时间段，浏阳4 225个停车位全天候免费停！》一文。在浏阳市汽车保有量越来越高、停车愈发困难的情况下，浏阳市政府针对群众需求因地制宜规范施划车位，将浏阳市行政中心、各个街道乡镇的4 225个地面停车位向社会群众开放，有效地缓解了停车难问题，赢得群众好评。

2. 结合地域特性，输出本土化特色产品，坚定内容定位

浏阳市融媒体中心作为地方性媒体平台，结合浏阳市的地理环境、水文气候、文化、自然资源等情况，在输出优质内容的基调下，其内容生产可发挥出不同于中央级、省级新闻的地区优势。比如，浏阳市融媒体中心通过微信公众号"微浏阳"发布与地方特产花炮相关内容，文章《今天，我们一起点亮浏阳花炮》《独家！快看，浏阳山水之间，一幅花炮画卷正在展开……》获得了高度的关注和大量的转发，既为传播属地化的传统文化做出了积极贡献，又为融媒体中心带来了关注度和流量，实现了双赢局面。因此，县级融媒体中心应做好本土特色新闻的挖掘，着眼细微处，突出本土特色。

第四章

短视频：
融媒体时代内容
生产的新特点

❖ **本章概要**

目前媒介发展已进入融媒体时代，人们的阅读习惯高度视觉化，短视频成为内容生产的新形式。本章主要对短视频的相关概念、发展阶段，以及短视频与融媒体建设的关系等进行探讨，旨在突出短视频在融媒体建设中的重要意义，在已有的短视频布局实践上总结经验，为推动媒介深度融合发展拓宽思路。

❖ **教学目标**

1. 了解什么是短视频；
2. 把握短视频的传播价值；
3. 思考短视频在媒介融合中的作用。

❖ **教学重难点**

1. 短视频不同发展阶段的特点；
2. 主流媒体短视频平台与商业短视频平台之间的关系；
3. 融媒体布局短视频的困境与出路。

根据中国互联网络中心发布的第 48 次《中国互联网络发展统计报告》显示，"截至 2020 年 12 月，我国网络视频（含短视频）用户规模达 9.27 亿，其中短视频用户规模占 8.73 亿，比 2020 年 3 月增长了 1.0 亿，占整体网民的 88.33%"[①]。短视频成为备受追捧的新型传播媒介。

社交媒体时代，文化的视觉化转向逐渐深入，视听兼备的视频成为人们解读现实世界的重要方式，大众文化泛视觉化趋势不断加强。相应地，传媒业迎来了改革发展的新阶段，新兴媒体以不可抵挡之势影响、颠覆、再造着传统媒体，媒介融合发展进入后半程。在这样的大背景下，短视频成为媒介融合发展的重要推动力之一，视频传播的短平快、移动化、社交化成为常态。基于媒介融合的时代背景，对短视频及其对融媒体建设的作用进行研究具有现实意义。

第一节　短视频的基本内涵

短视频最早出现在国外，经过一定时间的发展，逐渐在人群中流行起来。在我国，作为后起之秀，短视频这一新的媒介形态虽然起步晚但发展很快。特别是近几年以来，成熟技术的支持、低流量资费、低使用门槛、轻便的剪辑手法、生活化的视频环境都为短视频行业的爆发式增长创造了条件。随着媒介融合趋势的加强，短视频在技术、内容、管理等方面都日渐成熟，对于新闻传播业态的变革也起到了重要的推动作用。本节内容主要围绕短视频的基本内涵，对短视频的概念、分类、特点及发展动力展开论述。

一、短视频的概念

关于短视频的概念界定，当前业界尚未达成统一。整体上看，目前学者对短视频的概念界定主要是围绕短视频的时长、制作手法、传播特点、

---

① 中国互联网络信息中心. 中国互联网络发展状况统计报告［R/OL］.（2021-09-25）［2021-10-27］. http：//www.cnnic.net.cn/hlwfzyj/hlwxzbg/hlwtjbg/202109/P020210915523670981527.pdf.

拍摄内容等方面进行的，已有的对短视频的概念界定大致包括以下两种。

1. 从视频时长出发定义短视频

在国内，内容简单、时长短的视频都被叫作短视频，国外相关研究称之为"微视频"或Short-Video。在国内，易观认为短视频是指"视频长度不超过20分钟，通过短视频平台拍摄、编辑、上传、播放、分享互动的，视频形态涵盖纪录短片、DV短片、视频剪辑、微电影、广告片段等的视频短片统称"①。艾媒咨询在《2018—2019中国短视频行业专题调查分析报告》中认为："短视频是时长不超过15分钟，更新频率较快、适合利用闲暇时间在移动终端观看的视频内容。在当前视频移动化、社交化环境中，短视频比在线视频可适用的场景更丰富；与直播相比，短视频传播内容短，体量小，速度快，对观看条件的要求少。"②

我国学者方方认为短视频是利用智能手机在视频软件上拍摄而成的时长在10秒以内的视频，这些视频可以直接在软件中进行编辑和美化，然后再进行分享和转发。③雷攀认为短视频是依托移动智能终端，支持用户在手机、平板电脑拍摄时长在8~30秒的视频形式。④

2. 基于传播特点定义短视频

新浪微博数据中心认为"短视频是指能在移动智能终端完成快速录制、剪辑、美化，然后可以在社交媒体上实时分享的，时长以秒计算的视频。短视频能够将文字、声音和视频等结合起来，将用户需求清晰表达出来，尽可能地满足用户在日常生活中的社交需求"⑤。赵昱等人指出，短视频的传播特点主要表现为生成内容简便、传播迅速、社交互动性强。⑥

短视频最大的特点在于"时间短"，能够以简短的方式呈现出丰富的

---

① 易观. 中国短视频市场专题研究报告2016［EB/OL］.（2016-07-01）［2021-10-10］. https://www.analysys.cn/article/detail/1000134.
② 艾媒咨询. 2018—2019中国短视频行业专题调查分析报告［EB/OL］.（2019-02-03）［2021-10-10］. https://www.iimedia.cn/c400/63582.html.
③ 方方. 社会化媒体时代短视频热潮解析［J］. 新闻研究导刊，2016，7（10）：349.
④ 雷攀. 社交网络进入短视频时代［J］. 西部广播电视，2014（16）：4-5.
⑤ 微博数据中心. 2016微博短视频行业报告［DB/OL］.（2016-12-19）［2021-10-10］. http://data.weibo.com/report/reportDetail?id=342.
⑥ 赵昱，王勇泽，马昕. 短视频的传播现状分析［J］. 广播电视信息，2015（9）：53-55.

内容。对短视频界定进行梳理后，我们可以发现研究者们除了在短视频的时长上难以达成一致外，就短视频是否具备社交属性这一问题也未能达成共识。在前文涉及的短视频概念界定中，视频的社交属性几乎没有被明确界定过，当前的研究对短视频的点赞、评论、转发等社交互动功能关注不够。

基于上述梳理，本书认为短视频是互联网时代诞生的，借助移动终端（特别是智能化手机）实现快速录制、剪辑、上传、观看，时长大多不超过5分钟，能够在不同社交媒体之间进行实时分享的视频，其创作主体十分多样，既有团队合作的专业创作者，也有个人创作者。此外，如今的短视频不再单纯指具体的视频内容，还呈现出媒体化的趋势，涌现出大量的媒体化短视频平台。

二、短视频的分类

短视频的生产流程简单，制作门槛低，用户覆盖范围广，因此其内容较为丰富，题材类型也很繁杂。前文对短视频定义的梳理总结，让我们对短视频的概念界定有了更清晰的认识。下面将从短视频的来源、内容、制作方法等三个层面对常见的短视频进行大致的类别划分。

（一）按短视频的来源划分

根据视频内容生产的主体，可以将短视频分为 UGC 短视频、PUGC（PGC+UGC）短视频、PGC 短视频三种。UGC 短视频，通常是指各类短视频平台的用户发布的短视频，如快手、抖音、微视等视频平台。这类短视频是平台用户自己利用智能手机等移动终端录制、剪辑、上传、分享的视频，具有随拍随发、时效性强、操作简单、能够快速在各类社交平台上进行转发分享的特点。PUGC 短视频，即在各类短视频平台上以 UGC 形式产出的与 PGC 形式比较接近的短视频。这类短视频不仅能满足用户对优质且专业化内容的需求，而且能够满足个性化、多元化需求，能更好地吸引、积累用户，如小红书美妆博主视频、知乎专栏视频等就是常见的 PUGC 短视频。PGC 短视频是指由专门生产视频的媒体、网站或企业所输出的短视频内容，视频时长在5分钟左右，如腾讯、百度、爱奇艺等推出的短视频。这类短视频经过专业拍摄团队或专业人员拍摄、编辑、美化，能够充分呈现视频内容。不同内容生产模式之间的关系见图4-1。

图4-1　不同内容生产模式之间的关系

（二）按短视频的内容划分

当前，各类短视频平台在逐渐提高内容质量的同时，也在拓宽服务范围，积极拓展"短视频+"的新形式，推动短视频与其他领域的融合发展。经过研究和整理，依据内容特点划分，目前我国的短视频类型主要有以下几种。

1. 生活类

生活类短视频的内容生产主体主要为普通用户，短视频内容又以日常生活居多，所以生活类短视频在短视频内容产品中占比非常高。"记录美好生活""看见每一种生活""记录生活，记录你""记录生活，热爱生活"，从当前几大短视频平台的几句宣传语中，我们能够发现生活类短视频内容的广泛性与普遍性。生活类短视频主要涉及美食制作、才艺展现、育儿生活、美容护肤、体育健康、旅游攻略、生活妙招分享等内容。

2. 新闻类

根据我国媒介融合的战略部署，当前各级各类媒体都在积极进行媒介融合发展建设。而实现媒介融合发展的一个重要目标就是增强主流媒体在互联网新兴媒体平台中的引导力、传播力、影响力。短视频成为主流媒体快速适应新媒体瞬时化、碎片化传播特点的重要新闻产品。新闻类短视频也可以根据生产主体分为 UGC 短视频和 PGC 短视频两类。具体而言，新闻类 UGC 短视频关注新闻事件本身，普通用户借助智能手机对新闻事件进行拍摄、编辑、上传和分享，因此，其实时性、接近性较强。比如，在建党百年系列活动中，网友自己拍摄的献礼小视频、参观党史博物馆的视频等。这类视频关注的只是新闻内容中用户感兴趣的部分内容，缺少整体性和全局性，并不能系统全面地报道新闻事件，但在吸引受众、增强用户黏性、提高短视频应用的人气、开拓市场等方面具有重要作用。新闻类 PGC 短视频是指由专业的新闻媒体机构拍摄、剪辑的新闻类短视频。这类视频形式丰富，不仅在其他短视频平台上传、发布，也在新闻媒体自有的客户端同步更新。例如，央视新闻、《人民日报》、新华网等主流媒体在抖音等短视频平台开通的官方账号，以其优质的专业内容，受到平台用户的广泛喜爱。除此之外，部分学习应用型平台也开设新闻短视频板块，如"学习强国"等。除上述两种主要类型外，也有少量个人用户，用具有鲜明特色的表述风格对时事热点新闻进行讲解。

3. *广告类*

短视频迅速发展，逐渐彰显出其在广告宣发上的巨大潜力。精练简短的短视频完美符合广告领域信奉的"7 秒定律理论"[①]。近年来，各类商业品牌都想通过短视频广告来扩大市场影响力。同时，短视频平台种类较多，视觉特征显著，积累了庞大的用户数量，因此，在各类短视频平台发布高质量的广告能够广泛覆盖目标人群，提升传播效果，极大地刺激消费，带动相关产品的推广销售。例如，田园诗歌式短视频博主李子柒，通过短视频展现风格化的产品制作过程，吸引大量粉丝后，将生产的商品在线上进行销售。不仅如此，短视频可以反复观看，并且能够经由算法推荐广泛传播、精准触达，比其他广告形式的宣传效果更佳，因而受到各类广

---

① "7 秒定律理论"：美国营销界曾提出"7 秒定律"，即消费者会在 7 秒内确定是否有购买商品的意愿。

告主的追捧。除了各品牌自主拍摄推广外,各平台的知名短视频博主进行推广也是其重要表现形式,如活跃在小红书、抖音等平台上的"种草"①类博主。

4. 资讯类

除了新闻资讯外,现在更多的企业也将短视频作为科普和商业宣传的主要方式,提供丰富多元的短视频内容,如企业产品的分享与推荐、行业相关常识的宣传科普、企业文化的传播、影视节目片段、明星写真、音乐等。资讯类短视频的另一重要版块是能让用户娱乐、放松和学习的内容。梨视频、《新京报》旗下的"我们视频"等是比较著名的资讯类短视频。

(三) 按制作方法划分

1. 实录类

实录类短视频拍摄制作门槛最低,用户只需将自身见闻拍摄下来,并在此基础上简单添加短视频平台内置的滤镜、音乐、模板等就可制作完成,无须提前对拍摄场景、内容、道具等进行构思,也无须在原有视频基础上进行更多的意义衍生和创意剪辑。"随手拍"就属于典型的实录类视频,这种视频不受特定拍摄计划限制,特点在于随时随地随心拍摄,旨在记录偶然发生的感兴趣、想分享的生活片段。当然,实录类短视频中也不乏经由拍摄者精心策划的内容,如常见的才艺展示等就是拍摄者提前规划好再进行实时录制的内容。

2. 素材重编类

素材重编类短视频是将相关图文、视频等素材重新处理,剪辑合成新的短视频。其重点在于对已有素材的再次编辑,使其具有原本没有的意义。例如,我们常见的影视剧素材合集、踩点"鬼畜"视频、特定主题的视频内容集锦等大多采用了素材重编的制作方法。

---

① 种草,网络流行语,本义为一种人工养殖草的方式;而在网络上,种草表示分享推荐某一商品,以激发他人购买欲望,或自己根据外界信息,对某事物产生想要体验或拥有的欲望;也表示把一种事物分享推荐给另一个人,让另一个人也喜欢这种事物,类似网络用语"安利"的用法;还表示一件事物让自己由衷地喜欢。

3. 情景创意类

情景创意类短视频是拍摄者提前构思好具有创新性、创意性的内容，然后借助道具、脚本、背景等将自己所想的情景表现出来。抑或是通过对已有视频内容的二次创作，将原有视频的内涵、意义进行创新性处理，以此来呈现自己的巧思。例如，将视频内容中的动物、植物、美食等拟人化，或者给视频中的人物添加特效使其符合卡通人物形象特点等，这些都是短视频中常见的情景的创意处理。

4. 专业制作类

早期短视频大多是 UGC 短视频，随着短视频行业的发展成熟，这类短视频的影响力日益显现，越来越多专业的媒体或视频制作者加入短视频平台，短视频中的专业性内容不断增加，如专业拍摄制作设备、专业表演者（记者）、专业剪辑团队等。从最终呈现效果来看，专业制作类短视频与 UGC 短视频有着较为明显的不同。[1]

三、短视频的特点

（一）生产创作门槛低，更新速度快

传统长视频的专业性、制作复杂性更强，相比之下，短视频只需要一部智能手机就能迅速实现拍摄、上传和分享，制作流程简单，技术门槛低。而且随着各种短视频平台功能的不断优化升级，短视频应用程序中的美颜、配乐、道具、滤镜，甚至是一键生成模板的效果越来越强大，视频拍摄随之变得更加简单易操作，这不仅极大改善了用户的拍摄编辑体验，也在一定程度上提高了用户进行内容生产的活跃度，增加了用户与短视频平台之间的黏性。

传统媒体拿到信息素材后，通常要经过"分配记者—记者前往现场—采访—拍照—后期编辑—印刷—出版"等一系列步骤，才能将信息传递给

---

[1] 鲍楠. 短视频内容的主要类别与特征简析 [J]. 中国广播电视学刊，2019 (11)：25-26，32.

受众。① 相比之下，短视频在制作、编辑、上传速度和效率上有着天然的优势。媒体通过短视频平台发布视频后，用户能够突破时间限制，不间断地获取自己想了解的信息，并且可以全程跟踪自己感兴趣的短视频内容，快速锁定自己感兴趣的视频内容。

（二）视频时长短，适合碎片化传播

生产技术和传播技术的进步加快了人们的生活节奏，阅读碎片化的程度也越来越深。快餐化、碎片化的阅读习惯一方面有利于人们以较短时间获取较多较丰富的信息，提升信息获取的效率；另一方面，长时间接收片面的信息会导致知识体系的不完整，进而对受众的思考、判断能力造成负面影响。短视频凭借时长短、内容完整丰富可以迅速吸引用户的关注，使其完成信息的获取。短视频为用户在移动终端随时观看、分享创造了方便，比传统的图文媒介含有的信息量更大，与当下用户的视觉化阅读习惯相符。短视频快速吸引用户的传播特点可以满足当下用户随时随地快速获取和理解信息的需要，为其广泛传播打下了扎实稳定的用户基础。

（三）社交性强，参与感强

短视频这一新媒介形式的出现，在三个方面有效提升了平台与用户之间的互动效率。一是体现在用户参与度上。短视频界面操作便捷简单，可以"一键"完成后期工作，降低了用户使用的时间成本，适合不同年龄段和不同文化层次的用户使用，充分调动了用户拍摄制作视频的积极性。二是体现在用户社交需求上。社交媒体时代，用户乐于分享身边发生的新鲜事，有强烈的社交需求。在短视频平台，用户不仅可以进行自我展示，而且能够通过观看其他人发布的视频内容来排遣自己的情绪。同时，短视频还推出转发、点赞、收藏、评论、拍摄同款等互动选项，用户可以对视频内容进行评论和模仿，其社交需求得到满足。三是体现在用户的个性化需求上。短视频平台根据用户的浏览记录和偏好数据对用户进行分类，通过设置关键词等方式自动推荐用户感兴趣的短视频内容，借助算法推荐精准

---

① 李鹤阳. 融媒体时代我国短视频新闻的传播及发展对策 [D]. 长春：吉林大学，2020.

满足用户的个性化需求。

在短视频平台，受众即平台用户，在信息传播环节里同时扮演着观看者、分享者和内容生产者的多重角色，其社交需求得到充分满足。在深度参与和自由分享的过程中，传受双方可以在认知和体验方面产生广泛共鸣。因此，与长视频相比，短视频更具灵活性、亲切感和娱乐精神，更符合当前碎片化的阅读习惯，更容易受到用户的喜爱。

四、短视频的发展动力

（一）技术驱动

互联网技术的崛起为短视频发展提供了必要的技术驱动。随着 5G 技术的发展应用，加上人工智能、大数据等技术的扶持，媒介形态呈现出从静态文本到动态视觉、从单一维度到多维立体的传播形态。算法推荐、大数据及沉浸式体验不断改变着信息传播的逻辑，满足用户需求的精准推荐更推动了信息的有效传播。从短视频自身技术来看，为满足广大用户需求，鼓励用户勇敢出镜，许多短视频平台利用人像处理和智能美颜技术开通了美颜功能，再利用声音处理技术，使得短视频的趣味性、受欢迎程度大幅提高。[①] 在平台提供的数据云存储技术的帮助下，短视频经过压缩处理后，所占空间大幅缩小，10 多秒长的短视频在技术处理后仅有 1 MB 左右大小。相较于文本数据，存储短视频数据的压力显然更大，如果缺少过硬的技术，上传、存储、播放短视频都会成为问题，会对用户的使用体验造成负面影响。为克服这一难题，当前大多数短视频平台都采用云存储技术。随着人工智能技术的发展，大数据和算法在描摹用户画像、抓取用户基本信息、获取上网行为数据等领域的运用越发成熟，智能化、个性化推荐极大地提高了平台视频内容的推送效率，为推动短视频的发展提供了重要支持。

（二）市场需求

短视频制作门槛低、成本低，用户活跃度强、黏性高，商业变现快，

[①] 王巧. 融媒背景下传统主流媒体短视频传播策略研究：以"央视频"为例 [D]. 兰州：西北师范大学，2020.

吸引了大量资本。无论是后来居上的新势力，还是传统巨头，之所以会不遗余力地以巨额资本扶持短视频，是因为短视频的发展代表着媒介形态的变化方向。相对于平面的文字、图片，以短视频为代表的影像内容展示形式更能迎合用户需求，提升用户体验。但值得注意的是，资本的涌入只是一个开始，如何形成资本反哺内容、内容进行变现的良性循环，如何持续产出优质的短视频内容并积极探索短视频变现方式是当前需要思考的重要课题。

（三）政策驱动

2020年9月，中共中央办公厅、国务院办公厅发布的《关于加快推进媒体深度融合发展的意见》指出，要用互联网思维提高资源配置的效率，将更多专业人才、优质内容、项目资金、先进技术向互联网主阵地汇集、向移动端倾斜，加快把网下的分散力量汇聚在网上。在我国媒介融合政策的驱动下，短视频被当作媒介融合的重要切入口，是打破传统接收终端与移动终端传播壁垒、实现跨屏传播的有效途径。在媒介融合过程中，短视频被视为传统媒体进军移动互联网端的关键突破口，而广电等视频平台积极发展短视频业务，这被视为目前媒介融合过程中的突出标志。

随着短视频行业的快速发展，短视频逐渐成为人们获取信息的重要途径，政府相应也加大监管力度，这对于规范短视频行业的发展起到了引导约束作用。2019年，中国网络视听节目服务协会发布了《网络短视频内容审核标准细则》《网络短视频平台管理规范》，对短视频平台的相关资质审核做出更严格的要求，同时强化了编辑内容管理负责等制度，进一步规范了问题频发的短视频行业。由此可见，随着一系列相关政策的不断出台，短视频市场的准入门槛不断提高，监管不断完善，将驱动未来短视频市场的规范化发展。

第二节 我国短视频的发展阶段

保罗·莱文森（Paul Levinson）在《媒介进化与理性对媒介决定论的

钳制》（*Media Evolution and Rationality as Checks on Media Determinism*）一文中提出了"补偿性媒介"（remedial medium）的定义，并指出媒体进化过程是媒体之间的相互补偿，任何一个全新形成的媒体都对过去某一媒体或媒介先天不足的功能进行了补救和完善。①

从功能意义上来说，短视频是对视频媒介的一种完善和补偿，能够更好地适应移动终端上的碎片化阅读方式。一方面，用户可以利用短视频平台以更生动活泼、具体可感且易于共情的方式进行自我展示和社交；另一方面，随着生活节奏的加快，人们缺少足够的时间和精力来系统化地获取知识，知识获取的碎片化、快餐化趋势逐渐加强。短视频包含的信息内容较为完整，能够满足互联网用户碎片化、移动化、休闲化的学习需求。另外，社会性媒体的发展全面释放了互联网用户进行自我呈现和个性化表达的欲望，用户的自我展示需求逐步视觉化、精细化，短视频的快编快发、便于分享的特点可以充分满足人们自我展示的社交需求。

在我国，短视频的发展大致经历了四个阶段，即萌芽期、探索期、爆发期和成熟期。

一、萌芽期（2004—2011年）

乐视网作为我国内地首个专业视频网站在2004年正式上线。2005年，土豆网和PPTV分别以我国最早的视频分享网站和点对点播放网站的身份先后问世，并产生了国内搞怪类短视频的鼻祖——《一个馒头引发的血案》。美国也在2005年上线了首个视频分享网站YouTube。因此，2006年被看作网络视频的发展元年，从那时起网络视频的发展势头越来越强，如美国社交视频公司Viddy于2011年发布了视频社交应用软件，打造出"短视频+移动+社交"的运营理念。图片社交应用软件Instagram不久之后也开拓了自己的短视频应用板块。

该阶段的短视频主要发挥媒介工具的作用，尚处于萌芽期，关键技术

---

① 保罗·利文森. 软边缘：信息革命的历史与未来[M]. 熊澄宇, 等译. 北京：清华大学出版社，2002：17-18.

还不成熟,而且受限于存储技术、移动终端、流量支持等因素,接下来将走向何处并不清晰,但其别具一格的内容模式引起了市场和用户的关注。这一阶段短视频发展尚处在工具应用期,虽然初具一定的流量基础,但缺少社交网络的加持,并未实现有效变现。

二、探索期(2012—2015 年)

主打拍摄、分享动态图片功能的工具平台快手,经过不断尝试后在 2012 年成功转型为短视频社区;2013 年,秒拍与新浪微博建立合作,利用新浪微博的用户基础,迅速积累起庞大的用户群体。快手在 2014 年发起的"冰桶挑战""全民社会摇"等热门活动,再次扩大了短视频市场的影响力。同年,新华社作为首个进军短视频领域的传统主流媒体,推出了短视频客户端"新华 15 秒"。2015 年,以小咖秀为代表的短视频社交平台如雨后春笋般涌现出来。短视频逐渐彰显其传播力,市场竞争越发激烈。

整体而言,这一时期的短视频平台尚未形成自己的鲜明特色,属于从媒介工具向社交平台的转型过渡阶段。一方面,短视频平台缺少明确的功能角色定位;另一方面,短视频市场上用户的使用习惯还有待开发和培养。在智能手机等移动终端的快速发展,技术、政策等外在力量的影响下,短视频的碎片化传播方式日益受到用户关注,其市场价值逐渐显现,但整体上,短视频的产品定位、行业布局、盈利模式等还有待探索。

三、爆发期(2016—2017 年)

2016 年以后,大量适合移动端的视频平台进入市场,入局短视频行业成为资本大鳄们的"时髦"选择,短视频市场以惊人的速度不断扩大。2016 年,定位为"音乐+社交+短视频"的抖音,一经推出就明确了以年轻人偏好为发力方向。另一大短视频巨头——快手,其用户总量激增,在 2016 年突破 3 亿大关。这一阶段,借助新浪微博发力的梨视频成为市场上主要的新闻资讯类短视频平台。以生活吐槽为理念、以个人表演为主要内容的自媒体原创短视频品牌"Papi 酱"在新浪微博的众多竞争者中崭露头角，在首次广告拍卖中就获得了 2 000 万元的天价收入。[①] 2016 年 9 月，今日头条宣布以 10 亿元的投资金额扶持自媒体短视频生产。2017 年年初，知名原创短视频账号"二更"完成 B 轮融资 1.5 亿元。

这一时期内，短视频行业发展势头迅猛，国内的短视频形成了以秒拍、小咖秀等为代表的"秒拍—微博"系，快手系，以抖音、火山小视频等为代表的今日头条系三分天下的市场格局。社交媒体平台大量上线短视频，阿里巴巴、今日头条及腾讯宣布加大对优质自媒体短视频内容生产者的扶持力度，市场中的头部力量（专业级、媒体级的内容生产者）则深耕 IP 化建设及优质内容的持续性产出。艾瑞咨询的数据显示，2017 年 5 月，短视频用户数量突破 2 亿大关，上半年国内短视频用户的数量不断增长，用户日均使用短视频的次数超过 1.5 亿次。[②] 与此同时，短视频行业所获得的资本扶持迅速增加。短视频行业在萌芽期积累过流量后开始探索多元变现之路，电商变现、原生广告、IP 化运作等盈利方式初步成型。短视频的整体运营模式日渐成熟，通过大数据算法的个性化推荐提高了用户体验，与之相应地，短视频的消费体量逐渐攀升，用户在短视频平台上的使用时间持续增加。

四、成熟期（2018 年至今）

2018 年以来，获得大量资本扶持的短视频平台仍保持较快的发展节奏。例如，抖音平台实现多轮融资后，以赞助综艺节目的方式，在社交媒体中不断强化其品牌价值和知名度。阿里系电商平台淘宝积极增设短视频板块"淘宝二楼"，百度紧随其后推出了"好看视频"，腾讯发布其短视频品牌"微视"，个人短视频创作者李子柒在网上走红，短视频行业的发展潜力被广泛看好。

---

① 人民网. 中戏女生自拍吐槽视频成"网红"不靠颜值靠才华[EB/OL]. (2016-02-27) [2021-10-10]. http://media.people.com.cn/nl/2016/0227/c40606-28154678.html.
② 艾瑞咨询. 短视频火热背后：独特的内容生态仍是核心[EB/OL]. (2017-07-19) [2021-10-10]. http://report.iresearch.cn/content/2017/07/269273.shtml.

这一时期短视频的头部市场已初具雏形，短视频平台摸索出相对稳定、完善的商业模式，变现能力有显著提升。与此同时，短视频市场也迎来更加激烈的竞争，为最大限度地争夺受众和广告商，各大短视频平台不断优化自身的技术，致力于提升用户体验，在此过程中短视频野蛮生产的阵痛也开始出现，内容同质化、低俗化现象时有发生，不当竞争导致的隐私侵犯等伦理问题也引起人们关注，但这些也推动着短视频行业相关配套机制体制逐渐完善。

我国的短视频发展整体上呈现出抖音、快手两大巨头稳居头部，阿里、百度、腾讯、新浪等互联网公司加速前进，主流媒体紧随其后的局面。随着媒介融合进程的逐步深入，微信、微博、淘宝等纷纷推出短视频产品，将短视频内化到平台增强自身价值。[1]

第三节　融媒体中的短视频

在媒介融合进入下半场的关键转折点，传统媒体机构纷纷转战短视频，意图在"两微一端"后开拓新的传播版图。这和我国媒介融合的阶段思路大体上是一致的，先是媒体内部的融合，再到中央与地方的融合，最后到主流媒体和其他行业的融合。由上至下、由内到外、由点及面的融合让传统主流媒体在面临经营困境、提高"四力"的过程中有了更加清晰的导向。在新媒介形态的发展中，传统媒体与碎片化、视觉化的短视频结合的趋势愈发明显，而传统主流媒体也希望通过短视频，缩短与用户之间的距离，推动媒介融合发展，增强影响力。

本节主要对融媒体建设为何要发展短视频、融媒体语境下短视频的主要类型，以及短视频如何推动融媒体建设三个问题进行阐述。

---

[1] 丁迈，张天莉，罗佳. 短视频的用户生态与需求演进：《短视频用户价值调研报告（2020）》[J]. 新闻与写作，2021（2）：52-59.

一、融媒体建设发展短视频的缘由

（一）重要性：短视频具有独特的传播优势

短视频具有制作简单、更新快速、时长短、互动性强等特点，因此，在传播效果上也具有天然的优势。

1. 视频短小精悍，传播效率高

短视频拍摄的时长一般不超过5分钟。在信息过载的时代环境下，人们获取和解读信息的方式越来越碎片化，短视频可以在短时间内最快呈现主题，简明扼要，这种方式易于令受众产生情感上的共鸣，既能使传播的速度更快，又能提高传播效率。

2. 用户积极参与，社交属性强

短视频打破了时间、空间、技术上的限制，不仅专业人士可以进行内容的生产，普通用户也可以参与其中，题材更加丰富。短视频的制作更加精良，用户可以通过画面、语音等高清晰度信息加深对短视频内容的理解，进而享受沉浸式的阅读体验；用户对时政热点事件、涉及公共利益事件的关注需求可以在短视频平台上得到满足。因此，短视频成为用户进行信息获取和观点表达的重要方式之一。

（二）可行性：融媒体具有丰富的视频资源

融媒体在发展过程中充分融合了传统广电媒体的资源，而传统广电媒体出身于长视频，在发展短视频时在素材和能力上都具有优势。近年来，各级传统广电媒体都在积极发展短视频业务，如中央广播电视总台的"央视频"、北京广播电视总台的"北京时间"、苏州广播电视总台的"引力播"等较为典型的短视频品牌皆脱胎于传统广电媒体。这些主流媒体在短视频领域的探索和实践也为融媒体进一步发展完善短视频板块打下了一定的基础。

（三）迫切性：融媒体的短视频运用水平亟待提升

一方面，当前融媒体的传播效果受到挑战，我们需要重新看待短视频的发展问题。虽然我国的融媒体建设开展已有一定时间，上至国家级媒体，下至县级融媒体中心都纷纷尝试发展短视频，但整体来看，目前我国融媒体在短视频建设上仍然存在观念陈旧、题材单一、互动性差等问题，导致对短视频的利用效果不佳。另一方面，短视频发展本身存在过度娱乐化、内容同质化等问题，需要在融媒体进程中得到引导和规范。这些都迫切需要融媒体对短视频的运用进行新的审视和深入学习，真正做到"形短意丰""形短流长"。

二、融媒体中短视频平台的主要类型

总体来看，当前我国的主流融媒体短视频平台有两种：一种是自有型短视频平台，另一种是内嵌型短视频平台。

（一）自有型短视频平台

自有型短视频平台在开发建设中需要投入大量财力、物力、人力，整体难度较大，因此，当前自建短视频平台的主流媒体主要是国家级传统主流媒体，如《人民日报》、中央广播电视总台、新华社等。

1."新华 15 秒"

"新华 15 秒"（图 4-2）是新华社在 2014 年 11 月推出的新闻类短视频平台，基于"秒视频"概念，推出时长超短的视频新闻以适应当前公众的碎片化观看习惯。同时该平台利用新华社最新、最权威的全球新闻报道资源，以巧妙的时长播报新闻，还设有中文台和英文台两个直播频道，意图让用户 24 小时全天候了解最新的新闻资讯。

2."人民日报+"

2019 年 9 月，《人民日报》的官方短视频平台"人民日报+"（图 4-3）进入市场。"人民日报+"是涉及时政要闻、重

图 4-2　"新华 15 秒" App 下载界面

大事件、民生问题，包括人民问政功能的短视频平台。在专业机构内容生产引导下，快手科技为其提供短视频方面的技术支持。"人民日报+"开设了如"人民问政"等专门供用户反映民生问题的短视频入口。

3．"央视频"

由中央广播电视总台基于"5G+4K/8K+AI"等新技术，在 2019 年 11 月推出的综合性视听新媒体旗舰平台——"央视频"（图 4-4）是我国第一个国家级 5G 新媒体平台。"央视频"旨在将自身打造成主流媒体中首个"有品质的视频社交媒体"。

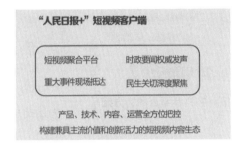

图 4-3　"人民日报+"的产品定位

图 4-4　"央视频"官方 Logo

"央视频"运用先进的技术设计实现了从内容数据到用户数据的共同分享、交互联通。在形态上，"央视频"包含短视频、长视频和移动直播，独家打造垂直内容体系与"账号森林"体系，支持 4K 投屏观看。在内容上，"央视频"改变了过去传统电视频道、栏目的固定框架，主打泛资讯、泛文体、泛知识三大品类，以账号体系为内容聚合逻辑，连接并激活总台长期积累和沉淀的优质资源与各类社会头部创作力量，以开放共建的姿态实现优质内容资源整合，为用户带来全新的视听体验。

（二）内嵌型短视频平台

中央级和省级主流媒体在各渠道都进行了短视频的布局。中央级传统媒体在短视频布局方面做出了表率，各地区传统媒体困于人才、技术、资金等大多未成立独立的短视频平台，主要以在客户端开设短视频板块的形式，将短视频纳入各自的客户端，如《浙江日报》的"浙视频"、《新京报》的"我们视频"都有较大的播放量；或者以官方认证的形式加入如抖音、快手、微博等综合分发平台。例如，中央广播电视总台在抖音平台约有 30 个不同类型的账户，截至 2021 年 9 月，央视新闻官方抖音账号的粉丝高达 1.3 亿，获得超过 54.4 亿的点赞，《人民日报》的抖音官方账号粉丝已超过 1.4 亿，获得超过 74.9 亿个点赞（图 4-5）。由此可见，短视频对传统媒体和新兴媒体都产生了极大的影响力。

图 4-5 央视新闻和《人民日报》在抖音平台的官方账号

三、短视频推动融媒体高质量发展

随着技术、政策、资金、用户及融媒环境的发展变化，视听冲击力强、信息清晰度高、密度大的短视频很快在市场中占据一席之地，产业整体发展迅速，现象级的爆款短视频越来越常见，在当下互联网产业的市场份额中占比日渐攀升。因具有互动性强、适合碎片化观看的特征，短视频也被用户看作娱乐和社交的工具，其用户规模逐渐扩大，在广告宣传等方面有着巨大潜力，成为媒介融合进程的重要推动力。在此背景下，以中央广播电视总台为代表的主流媒体积极投身于短视频平台，拓展主流价值观传播渠道，以谋求融合发展，提升自身的传播力、影响力。在此过程中，短视频肩负起推动融媒体高质量发展的重要使命。

（一）短视频是媒介融合的切入点

1. 柔性话语表达，助力角色转变

主流媒体因为有专业素质过硬的人才队伍、强大的技术支持、丰富的信息传播渠道和较高的权威性，在发展短视频业务时有独特的优势。但是想在短视频这个新领域成功突围，首先需要在话语形态上向新媒体的语态变革以适应短视频平台的传播特征。中央广播电视总台打造的短视频栏目《主播说联播》，在探索融合转型上率先做出示范，运用生动活泼、网络热词去解读时政热点，打破了主流媒体以往的严肃形象；在叙事风格上，以视觉化、接地气的方式增强亲切感；在形式上，发挥短视频的媒介优势，同时坚持"内容为王"，保持央视标准，联动短视频传播主流声音，打破用户对主流媒体的刻板印象，并且主播金句频出，在社交媒体上广泛出圈，全面提升了传播效果。

2. 打造多元产品，重塑生产模式

短视频以短小精悍、互动性强、信息丰富、便于理解等传播特点适应了当前的网络传播环境，也更加符合受众的信息获取方式和阅读习惯。因此，主流媒体积极尝试推动生产模式创新，生产内容多元的融媒体产品，构建在短视频领域的新兴媒体矩阵，最大限度地扩大传播覆盖范围，在推出新节目的同时努力优化老牌节目。传统纸媒在短视频布局上同样不甘落后，先后打造了众多短视频融媒体产品，如《人民日报》在推动媒体融合发展中做出了一系列努力，成功打造了涵盖多种内容形态的融媒体产品，借助自身的传播优势为短视频生态注入了新鲜活力。

3. 拓宽传播渠道，实现同频共振

当前我国媒体已出现显著的视觉化传播趋势，抖音、快手等商业短视频平台巨头不仅搭建起相对成熟的生态系统，而且通过前期建设沉淀了大量用户。在此背景下，主流媒体嵌入短视频平台，既能拓宽原有的传播渠道，扩大自有用户的信息接触面，又能借助短视频平台的用户基础，扩大覆盖范围。以"央视频"为代表的自有短视频平台的成立，则从源头上增加了新的流量入口。商业短视频平台与主流媒体自由平台相互联动，协同发力，极大地促进了舆论信息的相互补充。

(二) 短视频成为媒介融合的重要舞台

不同媒介之间的融合发展在短视频的带动下进入全新阶段。当前，是否能生产专业优质的短视频产品成为评价融媒体报道水平的关键指标。

1. 传统媒体转型的推动力

短视频平台已成为各大传统媒体推进融合发展的新舞台,同时也是媒介融合的重要入口和必经之路。为了进一步融入"短视频化"的传播语境,传统媒体尝试与短视频平台建立联系,并运用短视频平台的大数据分析优势,试水精准化触达,从而开辟新的主流发声途径。比如,2021年6月,中央广播电视总台国家(杭州)短视频基地在相关部门指示下,与央视新闻、央视网,以及全网各平台联合开展"我的奥运"短视频全球征集活动,面向海内外网友,在各平台征集与奥运相关的短视频内容。一方面此举紧跟时事热点,丰富了传播内容;另一方面在不同短视频平台的作品征集强化了与用户之间的联系。各大短视频平台也以更开放的姿态,大力推进与传统媒体的融合转化,积极探寻与传媒融合发展的新产业、新模式。比如,由抖音发起的"政务媒体号成长计划"、快手发起的"政务媒体类 POWER 计划"等,采取各种渠道帮助主流传媒号发展壮大,并助力其进一步丰富商业模式、增强社会影响力。

2. 主流媒体重塑权威的再造力

建设新型的主流媒体,重塑主流媒体权威是传统媒体积极推进融合的最终目标。主流媒体尝试以短视频语态来进行重大时政新闻的创新传播,积极促进重大硬新闻的"软着陆",有效地提升了其在网络舆论中的引导效果。根据《2020全国党报融合传播指数报告》的数据,"有318家党报入驻并发布短视频,比2019年增长68%。粉丝量均值为98.4万,比2019年增长将近4倍"[①]。在快手2020年发布的媒体号综合榜中,央媒占据榜单前6位;在传播力榜单前10位中前3名分别是央视新闻、《人民日报》和央视网(图4-6)。近年来,主流媒体利用短视频形态,推出了大量语态活泼、内容丰富、形式多样、节奏轻快的短视频产品,重塑起新型主流媒体在话语引导和舆论场域中的影响力。

---

① 王媛媛. 2020全国党报融合传播指数报告发布[N]. 人民日报,2020-12-29(12).

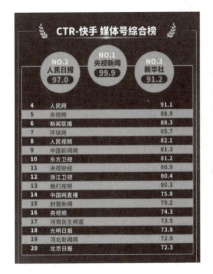

图 4-6　CTR-快手媒体号 2020 年榜单部分内容

第四节　主流融媒体短视频与商业短视频平台的互嵌共融

传播主流价值观念，引导社会价值走向是主流媒体的使命所在。在商业短视频平台中，短视频内容的主流化趋势逐渐加强。短视频已经不仅仅是当代年轻群体记录分享日常生活和参与网络社交的形式，也反映出我国媒体的视觉化转向。在推动媒介深度融合背景下，一方面主流媒体向商业短视频平台借力，以遵循社交媒体传播语境的规律为前提，不断丰富传播形式；另一方面，商业短视频平台以更加积极的姿态融入主流媒体的传播体系之中。通过利用商业短视频平台的灵活性、自主性，发挥传统主流媒体的内容优势和价值引导优势，主流媒体与商业短视频平台之间的联系日益紧密。

一、从嵌入性理论理解主流媒体与商业短视频平台的融合

媒介深度融合的要义在于彼此交融，不分你我。融媒体建设要完成从

简单相加到相互交融,从"你是你、我是我"到"你中有我、我中有你",最后实现不分你我的融合过程。媒介融合的"我中有你,你中有我"和"不分你我"便涉及嵌入性概念。嵌入性理论最早由国外学者卡尔·波兰尼(Karl Polanyi)提出,随后马克·格兰诺维特(Mark Granovetter)对该理论进行了完善,他认为个体处在人际关系网络之中,因此,其行为均嵌入文化、经济、社会和体制中。为增进对嵌入性理论的理解,马克·格兰诺维特将嵌入细化为结构性嵌入和关系性嵌入。结构性嵌入侧重于解释宏观层面的问题,如不同主体所构成的社会关系网络嵌入宏观的制度结构中;而关系性嵌入则更关注微观视角,如行动者嵌入某一社会关系并受到该关系的影响和制约。①

  嵌入性理论为解读新旧媒体的关联与互动提供了崭新的角度。从嵌入性理论中的结构和关系两个维度来看,传统主流媒体不仅在结构维度上需要嵌入由新媒体搭建的媒介价值体系、生态系统,而且在关系维度上要嵌入由社交媒体重塑的传受关系,甚至也需要嵌入由新媒体革新的社会环境,因此,传统主流媒体在内容生产、传播、分发等流程中都会受到新兴网络媒体的全方位影响。与此同时,新兴媒体在结构和关系维度上也深刻嵌入主流媒体的生态格局中。

  虽然传统主流媒体和新兴商业媒体平台在各自的生态圈中仍然保有较为鲜明的特色,但在具体的媒体生产实践中,双方由互嵌而引发的融合趋势逐渐显露。就主流媒体短视频平台与商业短视频平台而言,对其双向融合、深度互嵌起到重要推动作用的是我国相关商业平台管理办法的出台,如中国网络视听节目服务协会发布的《网络短视频内容审核标准细则》等。这些管理办法对以抖音、快手为代表的商业短视频平台的"野蛮生长"进行了"主流化"引导和约束,敦促其履行社会责任,担负时代使命,在价值观上主动靠拢主流价值。新冠肺炎疫情期间,国家广播电视总局要求快手、抖音等商业短视频平台面向全网持续推送有关疫情防控的短

---

① 马克·格兰诺维特.镶嵌:社会网与经济行动[M].增订本.罗家德,等译.北京:社会科学文献出版社,2015.

视频内容，在平台上营造积极正面的抗疫氛围，以此增强民众的自我防护意识与全社会的抗疫必胜的信念和决心。①

在视频化、碎片化的传播环境中，主流媒体短视频平台与商业短视频平台相互融合的趋势越来越明确。媒介融合的过程中，主流媒体发展短视频业务时应坚守自身角色定位，在涉及大政方针、公共舆论、经济文化等事关国家稳定和民生福祉的重大议题时，务必展现出自身的公信力与影响力，在此前提下，主流媒体在短视频内容生产上应追求"有价值+有意义"的价值导向和"有品位+有趣味"的内容导向，重视对重大议题和严肃议题的创作解读，积极调整自身的话语形态以适应移动传播的特点，推动优质专业的内容与短视频平台生动活泼的特色相结合。

二、主流媒体平台视频化

在中共中央政治局第十二次集体学习时，习近平总书记强调，加快推动媒体融合发展，使主流媒体具有强大传播力、引导力、影响力、公信力。各级媒体在内容生产、人才培养、资源整合、机制创新、平台建设、价值引领等方面也进行了积极探索和深入研究，主流媒体平台积极从商业短视频平台吸取经验，在媒介融合进程中取得了良好成绩。

新冠肺炎疫情期间，公众的线上社交、娱乐的需求增加。面对巨大的用户市场和营销空间，主流媒体既要聚合媒体力量，做好抗疫宣传工作，又要积极弘扬抗疫精神，引领社会舆论走向。在这种情况下，商业短视频平台为主流媒体的短视频建设提供了重要的经验借鉴。

（一）转变短视频生产传播模式

当前，我国主要的商业短视频平台在内容生产和经营模式上已取得较大成功，在整体的媒介生态中有着重要影响力。而主流媒体在人才队伍、技术支持、体制建设、资金供应及影响力上具有独特优势，这些优势在开拓短视频业务时仍然发挥着重要作用。新冠肺炎疫情中，媒体的内容价值

---

① 王军峰，李亘. 主流化：融合背景下商业短视频平台的正能量传播：以抖音、快手为例[J]. 电影评介，2020（17）：94-97.

再次发挥作用,抖音平台上的中央级媒体号的短视频播放量长期居于领先地位。《人民日报》、央视新闻、新华社等媒体的账号在商业短视频平台实时更新信息动态,拍摄、制作了大量短视频作品,起到了正向引导舆论、唤起社会共情与凝聚力的作用,体现了主流媒体的社会责任和担当意识。

为了在生产模式和市场角色上做出相应的调整,主流媒体在短视频平台上的内容传播要符合短视频的传播规律和平台用户的观看偏好。主流媒体可以充分发挥其在专业化内容生产、权威信息发布、舆论引导等方面的优势,并在此基础上结合短视频的特点开展对新闻素材的创新性制作、创意化表达,以更加"接地气"的话语形态传播主流声音。在管理运营中,主流媒体也可以向专业的商业短视频平台学习,通过短视频培养自己的"网红",如央视短视频中经常出现的"网红主持人"撒贝宁等都在变革主流媒体语态,在提升传播效果上起到了良好的推动作用。

主流媒体通过抖音等商业短视频平台传递信息、共享情感,这与抖音"记录美好生活"的品牌理念不谋而合。主流媒体也尝试从微观视角切入宏大议题,在众多新闻事件的传播中取得了意想不到的传播效果。例如,"央视新闻"抖音官方号在"神舟十二号"载人飞船进入太空的系列报道中,将目光聚焦在严肃议题后的小情节、小故事上,通过短视频展示航天员们在太空中的日常生活和趣事,如"刘伯明把东北话带到了太空""航天员在太空中的健身房""太空外卖、航天员的花样吃播"等,配合着生动活泼的文字与音乐,展现出我国航天员们丰富多彩的太空生活,引发网友们的互动参与和点赞,增强了人们对航天事业的自豪感。

(二)价值观念和技术优势重塑主流话语权

短视频开放式的传播生态,在极大地提升了信息的传播速度和广度的同时,也造成信息良莠不齐的行业乱象。主流媒体的加入,推动了短视频在信息生产上的再中心化,短视频平台的内容在主流媒体的影响下更注重价值引领和道德规范,在一定程度上能够减少内容失范现象。长期以来,主流媒体在社会互动中培养了爱国爱家、忠诚、团结的价值观念,这种观念贯穿于一系列短视频产品中,以润物无声的方式进行着舆论引导,通过平民化的话语方式传递主流价值导向,巩固了主流媒体在社交媒体时代的话语权。

不能忽视的是，技术和创意之间不是绝对的互斥关系。恰恰相反，媒介融合思维下，技术和创意更多地是一种相互促进的关系。在语态风格和传播渠道上，两者都有很大的融合发展空间。从以《人民日报》等为代表的主流媒体在抖音等商业短视频平台上的成功可以看出，主流媒体在拓展传播渠道、创新报道形态的同时形成了"1+1>2"的融合效应，创造了全新的品牌效应和影响力矩阵。[①] 此外，主流媒体具有强有力的技术支持，在媒介利用和内容传播上都更具优势，其报道形式更加多元，传播渠道和内容都发生了显著变化，话语权再次得到强化。

（三）从"相加"到"相融"，构建全媒体传播体系

媒介融合进入新阶段后，融媒体建设不再局限于传统媒体与新媒体之间的"加法"思维，而是要增强"连接"思维，而"连接"思维在短视频建设中最直接的体现是主流媒体和商业短视频平台之间的相互连接。在媒介融合过程中，短视频以其兼具文字、画面、声音等特点打破了各个媒体在传播渠道和内容上互不干涉的局面。以公益类短视频广告为例，简明扼要的广告样式在适应快节奏生活和碎片化阅读方面优势明显，其多样化的表现形式已触达多种媒体，并且能够根据不同媒体的特点进行差异化处理，实现细分化、精准化、个性化传播，有利于提高主流媒体在互联网环境中的传播效果。

主流媒体在商业短视频平台中多次传播自身原有的优质内容，可以有效挖掘小众市场，实现传播效果的最大化，但如果只是机械照搬相关内容，不进行创新处理，很难使用户获得理想的感官体验，传播效果也就无从提升。短视频重娱乐轻新闻的传播特点，容易造成群体极化或网络"巴尔干化"现象，这对主流媒体通过短视频进行价值引领和舆论引导形成挑战。主流媒体只有对短视频平台上传播的内容进行"重塑"或者"二次改造"，增强与用户的情感交流，完善配套的把关机制与把关技术，才能在传播效果上有所突破，从而搭建起具有主流影响力的全媒体体系。

---

① 王齐欣. 短视频时代主流媒体的破围之路 [J]. 青年记者，2021（4）：115-116.

当前我们已经全面步入5G时代,在"超高速、超大连接、超低时延的5G时代,移动短视频将爆发出更加旺盛的生命力"①。主流媒体只有主动调节自身的传播格局以适配移动短视频的传播生态,并坚守高度的社会责任意识和时代使命感,才能在短视频领域闯出一条适合自己的道路,推动媒介融合向深水区发展。

三、商业短视频平台主流化

丹麦著名学者克劳斯·布鲁恩·延森(Klaus Bruhn Jensen)认为"再媒介化"概念的核心要义在于新媒介脱胎于旧媒介,并从中获得相应的形式与内容,有时也沿袭旧媒介中的某些理论和意识形态特性。② 纵览我国具有代表性的商业短视频平台的发展历程,大多经历了从媒介工具到社交社区或平台再到媒体平台的过程,这些转变可以被视为商业短视频平台与主流媒体实现相互嵌入、重组,完成"再媒介化"的过程。从这个角度来看,商业短视频平台的"再媒介化"即其主流化。在新冠肺炎疫情中,众多商业平台在传播主流价值、扮演"新主流"角色上跃跃欲试。③ 整体来说,大多数短视频平台都是以内容输出、舆论引导、情感共鸣的形式来实现价值认同的最终目的。

(一)内容输出贴近公共生活

抖音、快手作为我国目前体量较大的商业短视频平台,其日活跃用户规模庞大,且用户与品牌之间的黏性高,在商业短视频平台中极具代表性。2012年年底,快手在自身定位上完成了从应用工具到短视频社区的转变;后来者抖音诞生于2016年,一经推出就明确了其短视频社区平台的定位。这两大短视频平台目前在平台用户总量、用户日活跃量、用户日使

---

① 匡文波,杨梦圆. 媒介融合背景下主流媒体移动短视频传播策略研究:以"央视新闻"抖音号短视频传播为例[J]. 新闻论坛, 2019(6):23-25.
② 克劳斯·布鲁恩·延森. 媒介融合:网络传播、大众传播和人际传播的三重维度[M]. 刘君,译. 上海:复旦大学出版社, 2012:92.
③ 贾宝玲,杨璐铭. 立体媒介:快手平台的转型策略与战"疫"研究[J]. 电影评介, 2020(7):97-100.

用时长等方面遥遥领先。这些声称"记录世界""记录美好生活""记录你"的短视频平台，其专注的"记录"与表达清晰勾勒了用户的日常学习与生活，而且重构了用户获取信息和进行日常社交的媒介使用习惯。

在"记录美好生活""记录世界""记录你"等宣传口号的感染下，短视频平台日渐成为用户记录和展现日常生活的场域，用户的自我呈现变得更加简单；同时，商业短视频平台将触角深入用户日常生活，以此来维持用户的稳定性。平台与用户之间相互嵌入的程度不断加深，人们进入视频化生存的时代。视频化生存象征着媒介化行为与日常生活之间的高度融合与相互渗透。[①] 在此背景下，普通用户的日常生活，甚至公共生活，皆与短视频这一媒介内容的生产传播同频共振，商业短视频平台的内容来源与公共生活更加贴合。

（二）舆论引导注重共鸣

传统主流媒体和商业短视频平台的相互嵌入程度不断加深，与之相伴而来的是双方在内容生产和舆论引导上呈现出明显的互动、互嵌的特征，以及在热点新闻事件上愈发注重双向共鸣。一方面，传统主流媒体通过在短视频平台开设账号，将短视频平台视为对内容分发渠道的补充，拓宽发声渠道。例如，截至 2020 年 9 月，相关主流媒体在快手平台累计开设近 4 000 个账号，其中不乏粉丝超过千万的账号。据快手大数据研究院发布的《2020 年度快手内容报告》显示，受新冠肺炎疫情影响，截至 2020 年 6 月 15 日，地方卫健委、公立医院、行业协会在快手平台的账号覆盖粉丝数超 6 000 万。同时，2020 年是脱贫攻坚决战、决胜之年，快手推出的"幸福乡村带头人""乡村振兴官""福苗计划"等活动均为脱贫攻坚贡献了力量。该报告还显示，"2019 年 6 月 22 日至 2020 年 6 月 22 日，通过快手平台获得收入的贫困地区用户数量达 664 万之多"。在"CTR——快手媒体号 2020 年度榜"中可以发现，央视级官方媒体的快手号占据快手媒体榜的前 6 位，其影响力和传播力均名列前茅。另一方面，商业短视频

[①] 彭兰. 视频化生存：移动时代日常生活的媒介化 [J]. 中国编辑，2020（4）：34-40，53.

平台也借助主流媒体的内容优势来提升自身的内容质量。这表明随着政府机构和主流媒体的入驻，抖音、快手等商业短视频平台的媒体属性得到强化，其对主流价值观的传播力度更强，因此，商业短视频平台对舆论事件的关注更容易引发民众与主流媒体之间的双向共鸣。

（三）传播过程重视情感

传播共同情感，引发情感共鸣，是增进群体认同的重要方式。在抖音、快手等商业平台中，大量短视频内容都在情感传播上发挥着重要作用。尤其是在民族团结、爱国精神等主题上，短视频的传播效果更加明显。例如，在新冠肺炎疫情期间，CCTV-6 电影频道推出由抖音、快手、人民日报社新媒体中心等平台合作制作的抗击疫情主题系列短视频报道《最美的平凡》，每期节目播放多个与抗击疫情相关的短视频，并选择其中一条视频作为重点，深入采访新闻事件背后的人物，深度报道、讲述疫情防控中的动人故事。2021 年"郑州 7·20 暴雨"中，当地网友上传的关于人民子弟兵上前线抗洪救灾、舍生忘死的短视频内容在网络上引起广泛共鸣，"你永远可以相信中国人民解放军"的暖心评论冲上热搜。这样的案例不胜枚举。除了在实时记录上有优势外，抖音、快手等短视频平台通过提供丰富的特效和配乐素材，以感人的音乐将用户代入情境，唤醒用户的情感认同，以此来增强社会的情感连接，同时柔化主流媒体的话语表达。

（四）价值观念相互认同

传播和引导价值观是媒体的核心功能和重要使命。一直以来主流媒体都是我国传播主流价值观的主体，相比之下，商业短视频平台在其发展初期内容质量存在一些问题，传播水平也参差不齐。当前，在相关政策和媒介融合趋势的影响下，商业短视频平台正逐步靠近主流价值，积极承担社会责任、传递主流声音成为商业媒体平台主流化的重要体现。在商业短视频平台与主流媒体形成的相互嵌入的关系中，价值观念的认同也呈现出相互交融的趋势。不仅商业短视频平台日趋主流化，主流媒体也逐渐走向短视频化。主流媒体内容传播的短视频化主要表现为主流媒体在处理短视频内容时不断借鉴商业短视频平台的优势。同时，主流媒体还积极与抖音、快手等短视频平台建立合作关系以此增强自身的影响力、引导力和传播力。由此可以看出，传统主流媒体和商业短视频平台的互嵌共生，在某种程度上也带来了主流媒体与商业短视频平台在价值观上的相互认同。

第五节 主流融媒体布局短视频的困境与出路

在传播技术不断发展的过程中，传播环节中受众的角色和地位也出现了转变。社交媒体的发展在一定程度上推动了"话语平权"，众声喧哗之中主流媒体具有迫切的转型需求。国家需要一批具有传播力、影响力、公信力、引导力的新型主流融媒体，这就要求主流融媒体在面对各种社交媒体的挑战时，通过自身的调节和变革来适应新的传播环境。短视频因其传播优势和传播特点成为当下用户获取信息的重要方式，因此，合理布局短视频传播矩阵对主流融媒体来说意义重大。

一、主流融媒体的短视频发展现状

主流融媒体发展短视频主要有在既有媒体平台上补充大量短视频内容、在各大商业短视频平台开设官方账号、建设自有短视频平台等方式。

当前，我国主流媒体已基本完成"两微一端"的改造升级，大多数主流媒体有自己的新闻客户端及微信、微博账号。视频网站发轫之初，各大广电媒体也积极创办了自身的视频网站。在这些既有的媒体平台上补充相关短视频内容成为主流媒体入局短视频时进行过渡的重要方式，如北京广播电视总台的"北京时间"、广东广播电视台的"一派微视频"等。

对于在既有媒体平台补充短视频内容，传统纸媒和广电媒体尝试颇多。纸媒试水短视频领域时主要有将新闻短视频在新闻客户端、微信公众号及官方微博账号上进行播放，开展与机构和企业的合作，为机构和企业生产短视频等几种方式。其中，典型代表有"封面视频""浙视频""澎湃视频"等。传统媒体积极发展短视频业务，进一步丰富了内容生产，改善了用户体验，但缺点也很明显：一方面，传统纸媒既有的视频素材较少；另一方面，纸媒缺少相应的人才、设备，视频生产能力不强。相比之下，制作广电媒体视频是广电媒体的看家本领之一，各大广电媒体长期以来积淀的视频素材体量巨大，这些本应成为其借短视频发展东风推动融媒体发展的天然优势。但由于受限于经营理念、管理体制、人才队伍、资金等，这些优势并没有被充分发挥出来。大多数广电媒体并未及时更新思想观念，仍然将视频投放的重心放在电视上，忽略了与手机、电脑等移动终端的结合。

在本章第三节中，我们将主流融媒体布局短视频的基本类型概括为内嵌型短视频平台和自有型短视频平台，即是对当前主流媒体发展短视频的另外两种主要方式——在各大商业短视频平台开设官方账号、建设自有短视频平台的详细补充和介绍，这里不再赘述。

二、主流融媒体布局短视频的困境

如前文所述，当前主流融媒体在短视频的运营上已经做出了许多积极尝试，取得了一定的传播效果。但是主流融媒体在布局短视频时仍然面临内容同质化严重、严肃与娱乐失衡、账号互动效果差等困境。

（一）内容同质化严重

通过对短视频传播的内容进行对比可以发现，主流融媒体在短视频内容上存在同质化严重、原创性不足的问题。主流媒体本身拥有大量丰富的资源可供开发再创作，但主流媒体要想成功转型，打造具有新颖性、独特性的内容十分必要。但是当前主流融媒体在短视频平台上推出的内容大多是截取片段，如国家领导人的讲话、《新闻联播》的部分截取内容，这些短视频内容由于没有规划性和技巧性，技术含量较低。此外，同样的短视频内容被多次搬运到不同账号，而没有得到任何再处理，也无法追溯其源头。这也在某种程度上反映出主流媒体的短视频原创保护意识比较薄弱，如央视频的内容主要来源之一就是截取中央广播电视总台的各个频道内容；央视新闻抖音号所推送的短视频均来自央视新闻电视节目，经过简单的剪辑制作后进行推送，在内容的独创性上没有明显优势。

(二) 严肃与娱乐失衡

短视频的发展生态中,视频内容是否具有新颖性和创意性并满足用户的个性化需求取代了视频内容是否能起到作用,成为决定信息价值的新标准。因此,为吸引用户关注,商业短视频平台中有大量过度娱乐和猎奇视频内容,最终导致用户长期缺少深度阅读和思考,掉入"娱乐至死"的陷阱。这使得人们沉浸于娱乐消遣中,并进一步威胁到公众话语的严肃性和明确性,这些问题是短视频发展中需要引起警惕和反思的。

在浅阅读成为用户习惯,泛娱乐化内容和耸人听闻的猎奇内容成为流量密码的当下,主流媒体更应该保持独立思考和理性判断,主动营造正面向上健康的媒介环境,肩负起舆论引导和价值引领的使命。在此情形下,主流媒体亟须培养有一定规模的用户群体,建立与用户之间平等对话的传受关系,在平等的交流中提升用户的审美品位。但当前我国主流媒体在内容生产方面,话题主要集中在严肃议题上,难以有效激发用户的阅读兴趣,更无法与用户开展互动交流。因此,主流媒体在与短视频融合时,既要把握互联网传播规律,在内容的生产中不能过于严肃单调,也应积极回应用户日常生活中的其他关切话题。

(三) 账号互动效果差

当前主流媒体在短视频传播矩阵中的账号之间各自为政,缺少互动意识。大多数主流媒体认识不到账号联动的重要意义:不同账号进行互动,不仅可以利用自己的粉丝群体来增加双方的曝光度,而且可以实现双方的资源共享,对于主流媒体短视频矩阵的长期发展具有积极作用。但通过观察可以发现,目前大多数账号还停留在内容分发平台的定位上,对与融媒体平台内其他账号进行互动缺乏考虑。

除了账号之间缺少互动外,短视频传播内容上的联动性也比较差。内容联动指的是各个短视频账号推送的短视频内容之间没有内在的逻辑关联性,大多都是简单的大字幕加同期声剪辑,没有突出各个平台的传播特点。[1] 由

---

[1] 郝莉. 主流媒体短视频传播矩阵研究:以央视为例 [D]. 武汉:华中师范大学,2020.

此我们应该看到，在重大事件的报道中，"一招鲜吃遍天"的认知已经落后，不能形成自身特色的短视频内容注定没有生命力，主流媒体的各个短视频账号只有充分挖掘自身特点，在整体调性和品质上保持较高水平，才能产生全方位、立体化的传播效果。

三、主流融媒体布局短视频的出路

通过观察抖音、快手等商业短视频平台的发展历程和成功经验，我们不难发现打造良性的生态系统是短视频战略取得成功的关键，主流媒体想在短视频领域获得良好发展也应如此。

作为一种新的媒介形态，短视频的迅速发展离不开日趋成熟的互联网技术，5G 技术极大地提高了信息传播的速度和宽度，网络资费的降低和移动终端的普及极大地增加了网民数量，这些都为短视频的"破圈""出圈"营造了良好的生长环境。

除此之外，有机的媒介生态系统还需要在平台、内容生产者及用户之间形成平衡且稳定的"产销模式"，既要有平台企业搭建内容消费场所，又要有持续稳定、数量可观的内容生产来输出优质内容，以此来获得用户和广告商的双重青睐，打造生态平衡的商业闭环。当前主要的短视频平台基本以大量引进 UGC、PGC、PUGC 等内容生产者的方式，确保平台所提供内容的持续性和多样性，以达到吸引用户和沉淀用户的目的。这些无疑为主流媒体打造良性的短视频发展生态提供了重要的借鉴意义。

（一）确保内容的多样性

一个平衡的生态系统需要确保内容的多样性，但主流媒体在发展短视频的过程中过度依赖原有内容中的视频素材，缺少创新和多元视角，内容同质化现象严重。为提高内容的多样性，主流媒体应首先转变思想观念，培养、强化互联网思维和用户思维，以增强用户体验为改革重点，可以尝试引入 UGC、PGC、PUGC 等内容生产主体，从源头上扩充内容来源。需要注意的是，长期以来主流媒体在内容市场中占据主导地位，在内容生产和话语形态上具有浓厚的精英主义色彩，为了贴合短视频的目标受众和媒介特点，主流媒体需要在这些方面做出一定调整。另外，内容生产主体的泛化存在导致内容质量良莠不齐、把关难度增大的潜在风险，主流媒体在发展短视频时也应坚守价值引领角色的作用，在丰富内容的同时，确保内容的质量。

（二）增强题材选择的协调性

短视频在创造过程中容易迎合用户趣味，过度追逐流量，因此，很容易走向过度娱乐化，难以容纳主流媒体的严肃性。主流媒体在发展短视频时出现了较多过于娱乐化的内容，其公共性和公信力受到较大冲击。主流媒体发展短视频时，应首先坚守媒体责任和主流定位，在题材选择上注重硬新闻与软新闻之间的平衡，在具体的内容生产中注重客观描述、跟踪事实、价值引导和审美教育，做到有价值、有意义、有趣味的协调统一。

（三）提高用户的互动性

主流媒体生产短视频产品的最终目标在于为用户提供有效信息价值和服务，赢得用户的认同和喜爱。因此，主流媒体在前期策划过程中可以在自己的短视频平台上倾听用户的需求和建议，调动用户互动的积极性，吸引用户参与其中。同时，主流媒体不能闭门造车，因为在当前传播环境下，普通用户拥有更多的发声渠道和获取信息的机会。在洞察用户需求之后再进行短视频内容生产，作品更能够满足用户需求，传播的内容也更受用户欢迎。在短视频播放后，平台也要及时跟进用户反馈，通过每个视频的评论量、点赞量来定位用户的兴趣点和需求点，并且以开放、主动的姿态倾听用户的意见和建议，及时调整内容制作的形式和侧重点，进而更好地满足用户需求，推动自身的健康、长远发展。

（四）打造品牌知名度

对于主流媒体短视频平台来说，要想在"高手林立"的短视频市场获得一席之地，打造自身品牌是其必经之路。当前，我国商业短视频行业中，经营体制成熟、盈利方式稳定且拥有扎实的用户基础的抖音、快手等短视频巨头稳坐市场头把交椅。相比之下，主流媒体的短视频平台建设起步晚、发展慢，品牌光环更多聚焦于原有的生产模板。因此，塑造特色鲜明的主流媒体短视频品牌是当前融媒体建设的一大重点。主流媒体若要打造自身短视频平台的品牌知名度，应该首先明确自身的定位，在此基础上结合目标群体的特点来设计配套的短视频品牌形象，如特色鲜明的品牌名称、标识、风格等，在视觉上加深用户对其的印象。此外，主流媒体短视频平台应充分利用自身的资源和站位优势，在涉及国计民生的重大新闻报道中以专业视角、优质内容和权威地位塑造品牌公信力，进而培养起用户的忠诚度，这样主流媒体短视频品牌也就能在激烈的竞争中脱颖而出。

总之，由于我国短视频行业发展时间较短，在内容生产、价值引领、运作模式、盈利路径等方面不够完善，激烈无序的行业竞争也在一定程度上冲击了主流声音的传播效果。但我们更应该看到短视频技术带来的资源整合力和融合驱动力。短视频以其独特的传播优势不仅拓宽了主流媒体的话语边界，而且孕育出新的话语传播方式。从更加宏观且辩证的角度去思考短视频给媒介融合带来的影响，透过简单的工具视角，看到短视频为整个媒体行业带来的可能性，有助于我们结合当下的传播实际思考如何进一步优化其传播效果。

在融媒体语境下，媒体的社会化属性已经越来越强，无论是个体还是用户都与媒体紧密结合在一起，形成了新的"共同体"。主流融媒体建设应抓住短视频发展的风口，寻找主流媒体定位和短视频的特性之间的最佳结合点，加快转变融合的观念，在融媒体建设中探索出一条具有中国特色的融合之路。

第五章

算法：融媒体时代的核心技术

❖ **本章概要**

　　本章节介绍了算法的定义、算法在传播行业的应用；从宏观视角考量了算法作为新兴传播范式背后蕴藏的权力运作方式和对算法社会的展望，探索了融媒体建设与算法结合的更多可能性。

❖ **教学目标**

　　1. 了解什么是算法及与算法相关的其他概念；
　　2. 把握算法的传播价值；
　　3. 认识算法在融媒体建设中的重要作用。

❖ **教学重难点**

　　1. 算法对新闻传播的影响；
　　2. 算法的用户逻辑的表现形式；
　　3. 算法在融媒体建设中的运用前景。

算法技术已经被广泛应用到生活的各个领域，然而人们对于"可计算性"和"数据定制"的想象却并不是一个新鲜事儿。尼古拉斯·尼葛洛庞蒂曾提出"我的日报"的设想：基于个人口味定制的虚拟日报——你的报纸可以跟踪你跳过和重读的内容，以及你暂停的位置，然后将这些提示演变成一个"我的日报"。科学的奇点有时爆炸得令人措手不及，如今，曾经的"想象"早已落地成为我们习以为常的日常生活。数字化技术、智能媒体的快速发展，使得人与人、人与物、物与物都成为互联网上的一个个"节点"，"万物互联"的大幕已经拉开。如果说当今和未来的传播中，数据资源是传播驱动最为关键的资源和能量，那么算法作为数据整合和有效使用的内在逻辑，是整个互联社会的内在联结。以全面整合社会资源为目标的融媒体建设，应该以算法为抓手，系统性地转化思维，更新逻辑观念，发挥好自我效能。

第一节　算法：互联社会平台的内在联结

大数据时代媒介逻辑面临数据转向和用户转向，以大数据、智能计算为代表的新型技术对传播行业的参与使得以往的媒介体系无法适应现代化的传播要求，平台化媒介应运而生。本节主要介绍大数据时代媒介融合的新趋势，简述平台化媒体的内涵，以媒体平台化为切入点展开对算法本质、算法逻辑、算法应用及算法权力的论述。

一、大数据时代媒介逻辑的转变

（一）媒介融合趋势下的两个转向

技术的发展是媒介融合的第一原动力，在技术的驱动下，媒介之间的壁垒被打破，文字、声音、图像、视频，甚至是虚拟交互技术可以被同时运用到同一媒体产品之中。对于媒介融合的演进过程，不同学者从不同角度对其进行了界定和拆解：从技术角度来看，融合意味着数字革命，它在一个单一平台上简化了媒体和"点对点"内容的共享（P2P 内容分发技术);从产业角度来看,媒介融合促进了传统媒体公司(印刷、广播、电视)与互联网公司之间进行并购、合并,形成战略同盟,诞生了跨国媒介垄断集团。作为一种社会现象,媒介融合也暗含了政治运作形态与经济生产方式的巨大变迁。这启发我们:不能仅以单一的视角去观察媒介的叠加,甚至不能单纯地从媒体本身的角度来思考媒介融合现象。

在传统媒体时代,媒介逻辑呈现出"普遍性内容生产—辐射性内容传输"的粗放型模式。传统主流媒体的内容生产具有极高的职业门槛,需要依赖专业记者、编辑对采集的内容进行加工和创造,且只能以"取最大公约数"的方式选择内容范围,然后通过报纸、广播、电视等介质实现最大范围的投放。同时,媒体承担的职能为信息传播,并不承担过多的社会服务功能。更重要的一点是,受众被完全排斥在行业闭环之外,单向的信息传输导致受众对媒体传播的内容只能"全盘接受",或者根据自己的需要被动地进行选择,从而形成了"传者中心"的传播格局。媒介融合使得媒体形态发生了根本性变化——新媒体时代"传者本位"的传播格局有所改变。首先,社交媒体、自媒体等新媒体形式为受众赋权,普通人也可以进行自己的内容创造,由此诞生了以 UGC 为代表的内容创作模式;其次,较低的创作门槛和便捷的技术手段使得互联网内容海量增长,传者与受者的地位发生了颠倒,由受众寻找内容变为内容争夺受众,打破了传播的线性思维。在整个传播生态中,受众的角色和地位被突出和放在了金字塔顶尖的位置。

与受众地位提升所带来的传播格局的变化相伴而行的是媒体形态和职能的变化。Web 3.0 物联网时代的特点是继互联网将人与人连接在网络上进行数字化生存之后,人与人、人与物、物与物都成为虚拟世界上的节点。我们的生活也被越来越多地转移到线上,"线上平台媒体"实现了对现实生活的全面入侵。

平台型媒体是信息的传递者,但又不只是信息的传递者,我们日常生活中的衣食住行全部围绕媒体聚合的服务展开。例如,旅游类微信公众号提供路线规划服务,定位系统将人们的行动轨迹记录为线上的数据轨迹;直播带货的兴起造就了一种全新的经济形态;在抖音、快手等短视频 App

中进行商业植入，用户可以直接点击橱窗链接进行商品购买；吃饭时，我们依赖外卖平台、媒体的打分机制和评价机制，或者社交平台的推广和口碑传播等进行选择；先进的地方性主流融媒体平台可以统筹地方性政治服务和生活服务，由提供信息到人际沟通再到提供服务，汇聚现实中的经济生活行为、政治服务行为，媒体的角色和职能完成了由平面、线性到多维、立体的转变。媒体不再仅仅是一个机构，而是一个聚合平台。

（二）媒体平台化

平台是指既拥有媒体的专业编辑权威性，又拥有面向用户平台所特有的开放性的数字内容实体。平台型媒体的崛起是对互联网为个体赋权背景下用户作为个体的力量逐步强大的回应，在平台型媒体中进行内容生产和传播旨在打造一个开放性的平台，向所有的内容生产者、服务提供者和他们所面对的用户开放。一个独立的个体或机构在平台型媒体上可能同时拥有生产者和消费者（内容消费者或服务消费者）两种身份，所以无论是机构还是个体，其自身价值和需求都可以在平台型媒体中得到实现和满足。由平台型媒体原有的概念外延，媒体在当今社会中呈现出"平台化"的特点，即不只是担任信息中介，而是成为信息、服务、社会活动联结的社会平台。与传统主流媒体生产内容、分发内容相比，平台型媒体在生产逻辑上是一个技术驱动的信息和服务聚合平台。它通过技术，向所有的群体（无论是用户，还是技术或服务的提供者）开放，从而在平台上实现内容的流通。通过对用户信息的获取，辅之以大数据分析，平台型媒体可以精确地向用户推送与当前场景一致的个性化、精准化信息。此外，平台型媒体还是服务聚合平台，整合信息搜索、导航、旅游、民生、地方政务等多项服务，形成"信息+服务"的立体服务。最后，平台型媒体还具有强大的社交属性，在开放的平台之上，用户的世界不是封闭的，对服务或信息的评价、趣缘社群的建立，使得用户除信息本身之外的附加需求也能够得到满足，最大化地增加用户黏性。① 作为媒介融合的结果实体存在，平

---

① 刘越飞，曹国东. 从媒体到平台：主流媒体平台化的媒介逻辑分析［J］. 新闻论坛，2020，34 (6)：7-10.

型媒体的未来方向和目标应该是建立地区性媒体平台，建立完整的地区资源数据库，整合统筹地区服务。

（三）连接装置：算法

媒介平台化的现实基础是大数据技术支持下互联网、物联网的搭建。如今的社会活动围绕着媒介平台进行，媒介平台又是如何实现节点与节点之间的连接，达到内容与用户、服务与用户，甚至用户与用户的快速高效适配呢？答案是算法。作为一种连接性装置，算法有能力用各种方式对关系进行组织和安排，从而实现资源的有效配置。

什么是算法？"算法"概念最先应用于数学领域，为它命名的是波斯数学家阿尔-花拉子密（Al-Khwarizmi），在这位数学家的著作里，算法是用来解决数学问题的技巧。这也符合我们对"算法"顾名思义的理解。

但追本溯源，"算法"的出现可能远比我们想象的早得多：4 000 年前的苏美尔人可能已经在使用具有算法逻辑的长除法了。①

计算机科学权威教科书中将算法界定为一种技术，它是明确定义的可将输入转化为输出的计算步骤序列。吕国英所引用的定义为："解决方案的准确而完整的描述，是一系列解决问题的清晰指令，能对一定规范的输入，在有限的时间内获得多要求的输出。"② 一句话概括：算法就是解决问题的一套程序。

而算法参与媒体领域的互动则是互联网时代智能技术与人类生活的各个领域互相渗透交融的重要体现。肖仰华教授对算法传播的技术基础做出了概括：从技术实践的角度来说，算法传播能够成为新媒体时代的传播范式，仰赖于大数据和人工智能的迅速发展。③ 算法是一项工具，而大数据的积累才是算法可以发挥作用的"土壤"，算法的核心要义就是对海量的数据进行学习分析整合：对用户信息数据进行收集、学习、分析，对内容

---

① 布莱恩·克里斯汀，汤姆·格里菲思. 算法之美 [M]. 万慧，胡小锐，译. 北京：中信出版社，2018.
② 吕国英. 算法设计与分析 [M]. 2版. 北京：清华大学出版社，2009：7.
③ 孙少晶，陈昌凤，李世刚，等."算法推荐与人工智能"的发展与挑战 [J]. 新闻大学，2019（6）：1-8，120.

信息进行分类、整合、分发、生产。算法是沟通无数数据点的关系网，让数据以最高效率流动。算法的基本逻辑是计算，其基本过程是机器执行代码。以深度学习、智能计算等技术为代表的统计技术的发展，使得计算机可以更深度地捕捉和挖掘来自数据的深层隐藏特征，在建立分析模型的同时，还可以根据已建构的用户画像进行预测，算法可能比你自己更了解"你是谁"及"你需要什么"。人工智能的繁荣也来自计算能力，其得益于过去分布式计算架构的突破和创新，如在当前云计算平台的助力之下，按需计算、弹性计算的智能计算方式的实现近在眼前。云计算平台不仅为数据的聚合集散提供了平台，计算方式的进步也让算法有能力处理海量的数据，更进一步来说，可以以"点对点"状的方式更便捷、高效地处理数据信息。在大数据年代，庞大的数据带给人巨大的接收和处理压力，算法具有的分类、过滤、搜索、优先推荐、判定的功能，以及其通过可测量、可计算数据得到的决策具备天然的理性、中立、高效、值得信赖的特质[1]，算法所代表的工具理性在信息处理中的地位和作用日益提升，成为一种新型的传播思维范式。

在内容分发环节，以精准匹配用户喜好、高效便捷的内容分发领域为切入点，内容生产者和受众之间交流不匹配的障碍被清除了，如"如何找到我要的信息""如何令我的信息在众多信息中被你看到"之间的鸿沟被算法填平了。用户反馈也由传统媒体时代的调查问卷变为真实直观的数据，新闻传播领域的内容呈现效果真正实现"数据化""可视化"。从内容生产上来说，算法在选题挖掘和特定稿件组织上拥有更大的优势。在选题挖掘上，算法可以从海量的信息中通过对搜索数据和用户喜好的对比，选择出更有价值的新闻线索，从而快速完整地寻找选题和采集信息；在财经、体育等领域的结构化明确的稿件方面，算法也带来"自动化新闻""算法新闻""机器人协作"等全新的尝试。算法带给新闻生产者的不仅仅是外化操作和形式上的改变，更加值得关注的是本质上生产逻辑的转变：

---

[1] Beer D. Power through the algorithm? Participatory web cultures and the technological unconscious [J]. New Media & Society, 2009, 11(6): 985-1002.

用户逻辑从根本上取代了"传者逻辑","我要写什么""你需要了解什么"转变为"你想看什么""你对什么方面感兴趣"。如何在算法推荐中最大化地抓住用户眼球,同时维护用户黏性,保持内容的持续输出与热度,成为所有内容生产者需要考虑的基本问题。在媒体平台化的今天,媒体平台统合了人们的日常生活,规制媒体的算法规则隐匿其间,支配了我们的日常生活。可以说,算法是融媒体发展的关键技术,甚至会超越媒体范畴,在今后的社会建设中承担重要的角色。

下面对算法参与传统媒体行业的两个重要方向,即自动化新闻和算法型分发进行介绍,由此探讨算法参与媒体行业体现的优势和风险,为接下来的融媒体与算法联和的讨论做基础准备。

二、内容的自动化生产——人工智能参与新闻传播

(一)自动化新闻的定义

在内容生产领域,将算法结合机器学习接入新闻生产领域,通过编写的代码程序可以实现内容生产的自动化,具体表现形式为算法新闻、机器人新闻、自动化新闻、人工智能辅助新闻等。根据算法模型的侧重点的不同,自动化新闻生产的方式主要有三种。第一种是利用数据的结构化特征产生稿件。在已有的海量数据基础上,依照程序,工作人员按照行业专家、业内标准、判断规则等设置好的程序模板生产新闻。这种方式主要应用于专业性强、分析量大或时效性高,且通常对新闻稿件的人文性要求没有那么严格的领域,如财经报道、体育报道、医疗报道等。第二种是针对用户本身,按照算法抓取的用户特征、用户自定义选择设置的标签、用户留下的网络浏览痕迹等,将用户喜好风格的内容整合成多篇不同的报道,并进行推送。第三种是对人工记者和编辑的模仿,在对优秀记者的文章进行测算分析后,生成此类记者的智能模型,然后将采集到的文字、图片等原始资料与某个模型相契合,利用算法分析该记者的行文风格、语言特征,从而生成符合该记者风格的成稿。

自动化新闻的具体应用在国内外均有成熟的案例。美联社是率先采用算法新闻的媒体集团。2014年,美联社率先采用Worldsmith机器人写作

财务报道，伴随着机器学习和算法模型的升级，其应用领域也不断拓展。目前机器人生产新闻的专攻领域也有所不同，通常涉及的都是结构性强、文章语句逻辑性弱、对感情色彩要求较低，可以通过大数据的分析与计算直接生成文章的领域，如《华盛顿邮报》开发的智能机器人 Truth Teller 专攻时政新闻，而《洛杉矶时报》的机器人 Quakebot 可以在地震预测、地震最新消息方面做出精准报道。在中国，具有代表性的进行自动化新闻尝试的媒体主要有四家，分别为腾讯财经的 Dreamwritter、新华社的"快笔小新"、第一财经的"DT 稿王"和今日头条的 Xiaomingbot。

（二）自动化新闻工作流程

四家媒体的新闻写作机器人各具特色，如腾讯的自动化写作机器人 Dreamwriter 依托自己购买的或其他机构的数据库，写作机器人要先对数据库进行学习，然后生成对应的写作手法。Dreamwriter 初试身手是在 2015 年。9 月 10 日，在腾讯财经发布的文章《8 月 CPI 同比上涨 2% 创 12 个月新高》中，它对 CPI 数据进行分析后，结合相关专家和业内人士的观点对文章中存在阅读障碍的专业术语进行解释分析。今日头条的 Xiaomingbot 是在最新的机器学习的技术之下，结合最近更新的自然语言对视觉图像进行技术处理，然后在智能技术的辅助下对词汇按照语法进行排序、合成，从而完成新闻稿件的生产。[①] 但是自动化新闻生产流程的关键步骤逻辑是一致的。邓建国教授结合哥伦比亚大学新闻学院 Tow 数字新闻中心对 Narrative Science（叙事科学）公司算法机器人新闻的流程分析，对其总结的自动化新闻生产的五个流程进行了分析：

第一，读入大量数据，然后对大量的数据进行抓取和"清洗"。这也解释了为什么体育和财经是自动化新闻应用较早也是较广泛的领域，因为该领域的数据往往是丰富且"干净"（结构化和标准化）的。

第二，测量数据的"新闻性"。具体来说，算法会自动抓取数据中最"反常"的和最重要的部分，如在体育赛事中的得分情况与历史曲线对比

[①] 许向东，郭萌萌. 智媒时代的新闻生产：自动化新闻的实践与思考 [J]. 国际新闻界，2017，39（5）：29-41.

的跳跃部分、财经新闻中股价和汇率的大幅度预期变化。

第三，找出报道新闻的角度，即"人工模板"和"自动化数据填充"的结合。算法会自动结合前一步的新闻性特征，将事件内容填充在设定好的报道框架之中。

第四，根据对新闻规律的总结，寻找"故事点"。"故事点"，即新闻中的关键部分、吸引眼球的亮点，如球员名字及其得分数据。据此可实现对新闻框架的提升，增加新闻价值。

第五，语言润色。新闻是人文领域，不是只有冷冰冰的数据和分析就可以被称为"新闻"，对自动化新闻稿件也有"新闻人文性"的要求和期盼。这也体现了算法的学习和进步的特点。在已生成的稿件中，算法也会伴随着职能学习，添加人文因素和职能因素，适当地采用复杂的叙事语气，如使用表现情绪的词语"冷漠""激情""自信"等，使文本阅读不那么枯燥，增加文本的可读性。①

（三）自动化新闻的优势与不足

自动化新闻体现了一种逻辑的改变，在传统观念中，"人"在新闻传播领域的位置是根本的，也是至高无上、不可撼动的，新闻传播内容领域从选择、组织生产到把关都需要"人性"。算法参与内容生产肯定了工具的创造力，"非人性"的工具不仅可以处理某些机械、重复、迅速的工作，还可以在源头提升内容的生产和组织效能。

具体来说，自动化新闻的优势体现在三个方面。

其一，提高新闻生产效率，增强时效性。面对突发性新闻，尤其是事实性新闻，庞大的数据网络和恐怖的计算能力让算法在捕捉新闻点和组织新闻稿件上具有人类难以企及的优势。例如，今日头条的 Xiaomingbot 在奥运会期间完成一篇稿件的时间在两秒左右，且自动化新闻在擅长的领域如灾难报道、财经报道方面，几乎可以做到信息"实时"传输。而时效性和效率是联系在一起的，算法不需要记者亲临现场，不需要编辑团队进行缜密的校稿，大大节省了新闻生产的成本，让"人"可以立于繁重琐碎的

---

① 邓建国. 机器人新闻：原理、风险和影响 [J]. 新闻记者, 2016（9）：10-17.

机械性工作之外，在更需要创造性和人文性的工作方面有充足的时间和精力。

其二，提高稿件质量。不把机器生产的"人文性"短板与人类做比较，在稿件内容方面，只要保证数据正确、算法程序设定科学且正常运作，算法的"错误率"几乎可以忽略不计，在极大程度上避免了新闻稿件中可能出现的诸如错别字、数据错误、重要事实误差、事件不完整等问题，自动化新闻在事实表述上显得更具准确性。此外，记者在报道事件时会无意识地代入自我情感和价值倾向，而算法则可以避免这一点，使新闻报道更加客观。

其三，人工智能具有学习性和进步性。人工智能的发展仍处于迭代期，如新华社的"快笔小新"在刚问世时只能基于人工录入的知识库和模板，生产较为单调的稿件，内容和可读性都较差，可以明显感觉到其与人工稿件的区别。而在 2016 年，今日头条的 Xiaomingbot 已经可以模仿人类的语气，其内容稿件甚至可以做到"以假乱真"。[①] 腾讯的 Dreamwriter 已经经历了四代的改造，在文字的处理能力和"仿生"能力上有了飞跃性的提升。人工智能本来就具有学习的能力，这也是其得到不断发展的一个重要基点。张梦、陈昌凤认为，人工智能的发展分为三个阶段：专用人工智能、通用人工智能与超级人工智能。[②] 目前对于人工智能的应用主要还是解决特定问题的专用人工智能。随着新一轮科技革命的进行，人工智能能够做到什么，仍然是一片具有充足想象空间的蓝海。算法程序的升级，"人"与算法的关系，都具有未知的前景等待探索。

此外，算法带给自动化新闻的很多优势也是自动化新闻存在的问题。这主要体现在三个方面。

一是算法的机械性。算法程序只能说明"是什么"，难以解释"为什么"。对于事件的选择，目前很多算法秉持的原则是"算法对于常规的偏

---

① 沈浩，元方."大数据时代"的自动化新闻写作的历史、实践与未来 [J]. 新闻爱好者，2017 (4)：19-25，80.
② 张梦，陈昌凤. 智媒研究综述：人工智能在新闻业中的应用及其伦理反思 [J]. 全球传媒学刊，2021，8 (1)：63-92.

离",但"新闻性"其实是一个内涵和外延都十分丰富的概念,现代的自动化新闻还是在进行"总结性"的工作,仍无法完成"创造性"的任务。算法无法胜任有关事件的梳理分析、新闻事件背后的社会运作规律、此事件与其他事件的关系等很多分析性的工作。

二是自动化新闻对数据的依赖。自动化新闻建立在强大的数据基础上,对数据库的体量和质量都提出了严格的要求,这就要求涉足自动化新闻的媒体实力雄厚并掌握庞大的数据库资源。对数据的整合和处理是自动化新闻的先天优势,但也会成为其发展的掣肘。

三是人文性的欠缺。归根究底,新闻行业要完成的任务不仅仅是对事实的描述,对新闻稿件的评价也绝不仅仅凭借"快慢""事实数量"这样简单的结构化标准,纵使算法在某些领域有着记者无法比拟的绝对优势,但是人类对人类的悲悯、对社会的关怀、对人性微妙的体察和表述,都是算法难以做到的。当然,诚如上文所讲,人工智能仍处于巨大的变革和迭代之中,人类在为算法的进化而努力,算法所蕴含的能量如何进一步释放还有待探索。

三、算法型分发——用户最大化逻辑

(一)算法型分发的定义及原理

根据喻国明等人的观点,人类的分发方式经历了人工编辑的媒体型分发、依托社交链传播的社交型分发和基于算法的算法型分发三个阶段的进化。① 与既往的分发方式相比,算法型分发与其说是一种颠覆,不如说是一种进化,它没有完全摒弃人工编辑和社交网络的特点,相反,算法型分发是在此基础上做的综合。媒体型分发作为传统的"点对面"形式,其发送的信息是对整个社会运作系统的关照,但是无法做到对用户个体的关注;依托社交链传播的社交型分发是互联网原生性产物,天然地重视个性化、场景化等要素,"个体"在大众传播时代从未被关注到的价值在社交

---

① 喻国明,韩婷. 算法型信息分发:技术原理、机制创新与未来发展 [J]. 新闻爱好者,2018 (4): 8-13.

型分发的形态中得到了尊重，不同的人可以在自我圈层内实现针对性信息的获取，媒体分发时代信息过滤机制发生了改变：你的关注对象、朋友帮你过滤信息，他们的信息输出建构了你的信息环境。至此，"长尾信息"的概念受到重视，成为开发互联网利基市场的关键。

算法型分发的本质是对用户的进一步挖掘，是一种用户价值指导下的场景化适配。社交型分发对"传者本位"的格局发起了挑战，随着信息化程度的不断提高，社交型分发无法真正解决海量信息与个体需求之间的矛盾，加之信息源爆炸导致了渠道的拥挤，获取信息时的选择成本甚至超过了寻找成本。此外，社交型分发在把关权力转移的同时，也将专业媒体中编辑的专业度一并抵消，依靠社交关系推荐的内容质量难以掌控。在此背景下，算法型分发真正解决了"效率"的问题：海量的信息与个性化需求实现了适配，人类传播的关注重点终于在传播者、传播内容、传播渠道之后，抵达了受传者。其工作原理是对用户在互联网上的"蛛丝马迹"，包括用户自己选择的标签、浏览记录、使用场景、圈层喜好等信息，进行立体化和全面化采集，运用程序分析用户特征，描摹精准的用户画像，然后通过对应的算法程序，为用户提供最适配的信息或服务。

用户逻辑是算法型分发的中心逻辑。算法型分发对于既有的新闻传播的重要影响首先在于逻辑层面的转变，"传者本位"变成"受者本位"；其次是把关权力的又一次改变，专业编辑的把关权力在被用户可以自我选择的"社交关系"分散一部分之后，算法代表的技术工具掌握了"把关"的大权。社会信息分发在无形中塑造着社会经济环境，渗透了统治阶级的思想宣传、经济集团的利益争夺。作为敏感的"兵家必争之地"，信息分发被视为一种公共权力的合情合理。算法型分发看似绝对公平的数据运作程序也是人为设定的，其背后隐匿着的"算法黑箱"和"算法偏见"的风险不仅影响着社会传播领域，也对政治权利和公共生活形成了新的挑战。

（二）主流算法型分发类型

在内容聚合平台之前，算法对内容的个性化分发已在搜索引擎、电商平台、社交网络等领域有着广泛的应用，下面我们主要关注流行内容分发算法在信息聚合平台、传统媒体和新媒体方面的融合形态。有学者总结，目前流行的算法分发机制主要可以概括为以下三种类型。①

1. 协同过滤推荐

协同过滤是基于过往经验数据进行联想学习，主要包括两种技术：基于记忆的（memory-based）协同过滤和基于模型的（model-based）协同过滤。两种类型都是基于系统其他用户的评分记录或其他历史数据，前者利用历史数据来寻找相似的推荐项目，后者可以运用历史数据进行预测，构建用户喜好模型，然后代入数据，进行评分预测。国外的 Netflix、Hulu、YouTube 等，国内的今日头条等信息聚合平台也基本应用此算法。其在推荐产品及服务方面会有不错的成效。有数据称，亚马逊35%的销售额都有推荐算法的助力。这种算法推荐可以更加关注用户的喜好，但是其只是基于既往数据，所以比较机械死板。

2. 基于内容的推荐

基于内容的推荐可以通过的用户历史信息特征的抽取来生成模型。在协同过滤机制中，如果用户是新用户，或既往产品信息缺失，会出现算法难以生成用户模型进而无法预测行为的"冷启动"问题，而基于内容的推荐可以弥补这一缺陷。但是该类型算法更适用于文字文本的分析，在处理复杂类型信息如音视频融合形式上存在不足。另外，此类推荐算法完全基于用户喜好和历史数据，长此以往，用户困于自我选择的信息环境循环之中，容易产生信息茧房。

3. 关联规则推荐

关联规则推荐是在用户历史数据的基础之上再深入探索数据背后的关联，可以进一步发掘现在还未显形的"潜在需求"。它的主要运作流程为：首先查看用户当前感兴趣的内容，然后根据数据的测算和清洗推导出用户还没有阅读过的但是可能会感兴趣的内容，并根据算法内在规则的支持度或者重要程度按照一定顺序将这些内容展示给用户。② 与其他规则相比，

---

① 喻国明，韩婷. 算法型信息分发：技术原理、机制创新与未来发展 [J]. 新闻爱好者，2018（4）：8-13.

② 曾春，邢春晓，周立柱. 个性化服务技术综述 [J]. 软件学报，2002（10）：1952-1961.

关联规则推荐的参考要素更多,所以产生的推荐结果也会更加准确,具有多样性。但是其规则复杂,到后期也会存在程序繁杂、系统难以管理的风险。①

(三) 算法型分发的优势与风险

与过往的人工媒体型分发、社交网络型分发相比,算法型分发到底有着怎样不可比拟的优势?又存在哪些问题?我们应该如何看待算法分发中的价值逻辑规律,其中是否有公众不知的权力动作?如果有,是怎样运作的?这对于社会信息环境的变革和社会结构又有什么样的影响?下文将就算法的特点对这些问题展开阐述。

1. 互联网思维:连接与场景

算法型分发诞生于互联网大数据环境,对于互联网思维有着天然的适应性,抑或说它就是互联网思维的产物。开放性、共享性、互动性、虚拟性等是互联网的基本特点,互联网消解了虚拟与现实的界限,改变了人们生存和交流的方式,每个人都成为互联网中的一个节点。数字化的信息时代要求我们以与工业时代全然不同的思维方式和角度去思考,在围绕信息和媒介展开的社会中,重新思考媒介的定位、媒介的商业运作模式及媒介在社会架构组织重建中扮演的角色。从产生逻辑上看,这其中包含着互联网时代"万物互联"的连接逻辑、对用户深度挖掘的个性化逻辑和对数据优化集成的技术逻辑。互联网"下半场"的发展不再将重点放在"规模化"上,而纵向的个性化需求满足,个性化的需求与相关服务、商品的连接是数字化和智能化着力解决的问题。② 算法的价值正在于此。马化腾说"连接一切",具体层面即连接人、连接设备、连接服务。网络化进程为"连接"奠定了基础,但是信息的汪洋也让"连接"变得庞杂,"场景"成为重要的连接器。与传统空间理论,如约书亚·梅罗维茨(Joshua Meyrowitz)所持的场景理论不同,这里的"场景"强调的是媒介技术所

---

① 李杰,徐勇,王云峰,等. 面向个性化推荐的强关联规则挖掘 [J]. 系统工程理论与实践,2009,29(8):144-152.

② 喻国明. 智库与创新:互联网发展"下半场"的机遇 [J]. 新闻与写作,2018(6):1.

带来的行为环境或者心理因素。罗伯特·斯考伯（Robert Scoble）将场景描述为一种媒介与用户建构关系的特定空间，即"用户对互联网的需求开始超越双向互动的层面，更加强调媒介与在地环境融合提供特定场景下的适配信息和适配服务"①。

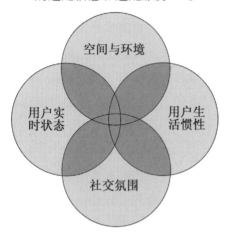

图5-2 场景的四个基本要素②

空间与环境、用户实时状态、用户生活惯性、社交氛围是构成场景的四个基本要素（图 5-2）③。在广告行业形势严峻的当下，电梯广告由于其对现实场景的绝佳适配而在诸多广告投放端口中收入遥遥领先。在封闭的空间和固定的时间中，受众的注意力犹如"笼中鸟"，只能被放在电梯广告上，这是固定场景定点投放的有效案例。而在移动媒体时代，受众穿梭于不同的时空，除却传统意义上我们所称的"固定场景"，如餐厅、书店、商场等，大数据传感器、基于地理位置的服务（location based services，LBS）、物联网等使得媒体可以精准定位用户不断变化的"移动场景"，而每个移动场景都必然带来不同的服务需求，用户产生的大量数据汇集于网络端口，算法为信息临摹和场景适配提供了保障。结合用户在固定应用上体现的生活习惯，算通过用户自主输入数据和既往数据采集分析，以及用户的社交关系数据，整合推荐与他们需求相匹配的内容或服务。算法的数据轨迹纪录的完整性及其学习性，决定了其不仅能够完成"彼时彼刻"场景的适配，还能够在时间线上延伸，预测用户下一步的行为，甚至是可以做到在他们此时行为的基础上对其的未来需求和行为方向做出诱导，创造出新的消费需求和产品空间。

---

① 谭天. 理念 融合 场景 算法：聚焦新媒体创新四个关键节点［J］. 媒体融合新观察，2020（5）：4-8.
② 图片引自彭兰《场景：移动时代媒体的新要素》一文。
③ 彭兰. 场景：移动时代媒体的新要素［J］. 新闻记者，2015（3）：20-27.

2. 更精确的信息：信息茧房

算法分发最直接的优势就是精确和高效。传统大众媒体的生产面向的是整个社会，信息以单向、单一的方式在相对封闭的渠道内流动，是"人找信息"模式。信息化时代的信息增量迫使媒体必须思考如何将自己的内容有效地传达到需要的人手中，获取用户的注意力并留住用户，增强用户黏性。以国内算法分发内容聚合平台的佼佼者今日头条为例，其基于场景、内容、用户偏好和平台优先级四个价值维度的参考测算，保证了能够为每一位用户精准提供信息服务，保证每个用户收到的都是专属于自己的新闻推送。①

"你关心的，才是头条"，今日头条的广告语传达出其对用户偏好的精准把握。内容分发作为中间环节，在数据化、智能化的算法的参与之下，不仅提高了有效内容到达受众的效率，也提高了用户在海量信息中寻找到"有用"信息的效率，"信息找人"的时代到来。算法的决策由于具有数字化和可计算化的特点，往往被认为是理性、中立、高效和值得信赖的，但是算法完全依照用户偏好搭建的"个人日报"是否会在一定程度上形成并加剧信息茧房？从算法的原理和最早的运作模式来说，这种担心不无道理。算法对于人们喜好的抓取确实可以为用户提供他们最感兴趣的信息，但长此以往，会导致"我"只看自己感兴趣的内容、"我"接收到的只有自己感兴趣的内容，而算法再收集，继续推荐相关内容，"我"再次沉迷。《人民日报》曾对算法过滤用户不感兴趣、不认同的信息的利弊进行评论，直指算法会窄化人们的信息渠道，久而久之，人们会困囿于自己的偏见和观点。但是从算法技术的演进来看，技术人员也在不断地对算法框架进行优化调整，以规避此类现象，在注重用户喜好的同时兼顾用户信息环境的全面性、完整性，提高个性化分发的能力。算法推荐的龙头平台今日头条在 2018 年 1 月针对算法的弊端隐患也做出了一些努力：招聘 2 000 多名内容审核编辑整顿平台内容，在学者、媒体人、公职人员共同组成的专家团

---

① 王茜. 打开算法分发的"黑箱"：基于今日头条新闻推送的量化研究 [J]. 新闻记者，2017（9）：7-14.

队的监督之下改善算法推荐的内容，为算法升级迭代提供思路，保证用户在看到自己想看的内容之外，也能获取其他方面的信息。人与技术的关系得到不断调整，技术本身也在不断升级迭代，虽然算法分发存在产生信息茧房的风险，但也没有必要因噎废食，公共部门、企业等都在探索"人机联姻"的路径方法，以谋求为用户营造一个实现最大程度的个性化的同时仍然多元、理性的信息环境。

3. 算法分发与事实核查

算法分发的原理是"数据匹配"：将要分发的信息与用户需求或平台需求进行匹配重合，实现信息的精确化发送。而对大数据和智能技术的使用不局限于信息到达受众这一步骤，在信息抵达受众之前，算法也可以通过编写好的程序来对其进行审查，以发现虚假新闻或不良信息。

目前，利用智能化技术进行虚假新闻、不良信息的判断与核查成为一种趋势。为了打击假新闻和谣言，《华盛顿邮报》开发了一款名为"事实分辨者"（Truth Teller）的客户端，它是"大嘴政客"的天生克星，能够把政客的陈述与"打假"数据库进对比分析，并给出是事实还是谣言的判断。新媒体机构 Storyful 研发了一个监测工具——"新闻专线"（News Wire），依托大数据检测工具，新闻专线可对 Twitter、Facebook、Youtube、Instagram 等社交媒体中的公众讨论的火爆内容和话题进行实时监测和审核。如今，中国也开始利用人工智能打击虚假信息。2016 年 5 月，新浪微博与公安部门联合推出"全国辟谣平台"，对全网信息进行实时监测，从源头上遏制了虚假新闻的传播和泛滥。2018 年 1 月，腾讯"较真"事实查证平台正式推出微信小程序版本，用户可以在小程序上搜索想要查证的信息，平台会在第一时间将信息与辟谣数据库对比，并公布"真""假""疑"的鉴定结果。这些举措有力地遏制了谣言的传播，符合互联网时代"网络善治"的理念。

4. 算法黑箱与算法偏见

人们对算法分发会造成信息茧房的担忧，其实来源于算法运作的"不可知性"。广大用户甚至是研究学者，对于算法运作的设计过程、运行逻辑都是一无所知的。算法的基本逻辑——"收集数据、算法画像、个性化推送"看似已经被人们熟知,但是如何收集数据、以什么标准测绘画像、推送时遵循什么样的标准等具体运算层面的技术运作对于大多数人来说,依然处于不可破解、难以进入的"黑箱"之中。技术黑箱是算法黑箱的第一个重要表征。

虽然"黑箱"在中文语境中有负面意涵,但是从技术层面上讲,"黑箱"是对于一个状态的中立描述。算法具有较高的技术门槛,普通人也没有必要对算法的技术运作谙熟于心,人文学者在对算法进行伦理使用方面的研究时,也可以使用"迂回"的手段,对某些难以逾越的学科鸿沟进行规避,但是算法运作的"偏见黑箱"不能不令人警醒和思考。算法是以数据测算为基础的技术理性思维的现实应用,算法的决策往往代表着中立、客观、可信,但是算法程序也是人编写的,人在编程算法的阶段可能就带有某些主观的价值观,各种"歧视"和"偏见"可能会以更加隐蔽的方式潜行。在今日头条的算法分发价值规则中,平台优先级是一个重要因素,即会优先推送本平台的自产内容,其余平台的内容即使内容质量更高,或者可能更符合用户的需求,在算法的运算规则中其优先级也会排后。这在营造一个客观的公共信息环境时可能起到不利的作用。除了平台利益外,算法设计者对于人们偏好的认知也包含着个人或团队自我的价值观,设计者对于用户信息需求的想象其实暗含了自我的想法,他/她的想象影响了算法最后呈现的过滤和推送效果。人类社会根深蒂固的各种"歧视"也会映射在算法世界,人类心理学中的隐形偏见在测试中更容易被人工智能算法捕获并且学习,如性别歧视、种族歧视等。[①] 除此之外,算法的数据采集会对不同地区、不同收入水平、不同文化水平等用户类型进行标签化区分,在进行内容分发的过程中依照"标签"进行分发,在简单化、类别化的标签下造成对某些个体的误伤和"歧视",在某种程度上拉大了人群间信息资源的分配不均。"数字鸿沟"也在算法的加持下被进一步拉大。人工智能在进行分析学习时,人类社会

---

① 斯眉.《卫报》:人工智能已出现种族和性别偏见[N]. 北京科技报,2017-04-24(007).

中复杂而深层的矛盾可能以人类不自知或不可控的形式进入数据世界,潜移默化地影响"机器",而这种歧视可能会在数据的进化中被进一步放大。算法给人们带来了方便,也因为其自身的计算特质,赢得了人们的信任,但如果这套规则本身就是具有"偏见"的,所有信息在进入分发渠道、送入大众的"喜好"轨道之前已经经过了一次算法的筛选,那么算法还是理性的吗?

四、算法权力与算法社会

(一)算法权力

在媒体不断数据化、智能化的进程中,以算法为代表的人工智能技术在整个社会中都扮演着越来越重要的角色。学者斯科特·拉什(Scolt Lash)有言:"在一个媒体和代码无处不在的社会,权力越来越存在于算法之中。"[1]对于算法的权力,需要从微观行业层面和宏观社会层面进行考量。

在微观行业层面,自动化新闻的尝试和发展打破了人在信息收集端的至高地位,而"人"所代表的传统专业媒体对信息权的垄断也随之瓦解。传统新闻行业的权力封闭体现在一个组织架构中为权力是闭合的,记者掌握收集和获取信息的权利,编辑判断新闻价值与"热点"、决定内容的分发、进行议程设置。网络时代所有人都可以在社交媒体上发布信息,信息的源头扩大也使得受众的选择扩大,算法对新闻生产和内容分发的参与从根本上实现了权力由"人"向"技术"的转移。传统新闻生产有一整套的标准要素可参考,行业内也有自己所遵循的行业价值准则、新闻人的职业要求等,专业新闻从业者会根据这些标准对事实进行判断和取舍;然而在速度与效率、便捷与共享、碎片与即时等互联网时代新要求的促使之下,选择取舍的工作由算法承担,算法生于数据、长于数据,对数据也更加敏感。《纽约时报》R&D 实验室开发的帮助编辑新闻内容的机器人可以对文章内容进行识别、标记、选择,帮助编辑进行新闻线索的收集和内容资料

---

[1] Lash S. Power after hegemony: Culture studies in mutation? [J]. Theory, Culture & Society, 2007, 24 (3): 55-78.

的整理；美国知名互联网新闻博客 Mashable 可以通过算法对人们的阅读习惯和流行趋势的把控发现文章的"爆点"。算法还可以帮助编辑判断文章的"饱和点"，如果算法认为该文章的分享率已达到目标流量，便会向编辑传递该信息，以节省成本。

除此之外，算法还重塑了新闻分发规则，传统媒体中的新闻推送是以传播者的价值考量为本位的，而在算法时代，原本属于媒体的权力有了两个转向：其一是基于社交网络的社交推荐，如在微博和微信上；其二则是让渡与算法。① 算法分发的设定程序为用户提供信息，无论是用户被动接受的内容推送，还是出于某种需求的主动搜索，都离不开算法。信息分发建构了每个独立个体的信息社会，为每个用户搭建了专属于他们的"拟态环境"，稍有不慎，用户便面临着信息窄化和信息茧房的风险。新闻编辑权、把关权的转移意味着传统社会中媒体承担的维护社会稳定、凝聚社会认同和主流意识形态的职能发生了变化，塑造社会信息环境的权力以一种更加隐秘但渗透性更强的方式转移到算法中，更准确的是到算法的归属者手中。跳出微观行业层面，以更宏观的视角来观察编辑权和把关权的流转，真正发生转移的是生产权力的"话语权"。

在传播学内分析权力的行使，离不开"话语"的概念。"话语即权力"，由法国哲学家米歇尔·福柯（Michel Foucault）提出，"在《规训与惩罚》一书中，米歇尔·福柯注意到作为话语的知识是如何与权力嫁接、互相助长，并被运用到实现实践之中对某些特殊群体形成规训作用"②。无形的权力由话语生产出来，成为某种可以被运用在实践中的表征，并且再次通过话语对人的规训实现权力的运作，完成权力由无形到有形的过程。在最早提出"话语即权力"时，米歇尔·福柯便强调权力在实际运作中的网络结构和弥散性，个人既是权力的持有者，又是权力的承受者，权力"无处不在"。传播场域之所以可以被作为一种社会权力进行讨论，一方面

---

① 喻国明，杨莹莹，闫巧妹. 算法即权力：算法范式在新闻传播中的权力革命［J］. 编辑之友，2018（5）：5-12.

② 石义彬，吴鼎铭. 论媒介形态演进与话语权力的关系变迁：以话语权为研究视角［J］. 新闻爱好者，2013（5）：4-7.

是因为它是话语生产的场所,也就成为权力孕育的摇篮,人们在传播场域内生产话语、接受话语;另一方面是因为它也是话语传播的场所,"话语"不被广泛传播、不被接受,就无法形成"合意",也就无法真实地发挥出力量。人与人、人与物、物与物在互联网的数据中实现联结,相较于传统媒体时代的议程设置,算法决定了你能接收到的"话语",为受众对现实的认知进行"选择性议题建构"①,社会是人的合集,算法把控了每个用户的信息渠道,事实上就掌握了形塑社会信息环境的力量。有研究者注意到到算法技术甚至是一种强大的"合理化力量",它"召唤"了我们思考和阅读的习惯,甚至可以影响我们的政治取向和思维方式,最终达到"洗脑"的效果,将用户形塑成集团或机构需要的一种人。②

我们不能轻率地下定论说是算法重构和改造了媒介生态,媒介环境的改变与设备本身的变革、技术的应用更迭乃至社会经济文化环境等种种都有着千丝万缕的联系。然而我们必须承认在这场变革中算法作为巨大驱动力的地位和作用。在媒介融合的大背景下,媒介是中介,但又不只是中介,而是成为社会生活的"平台"。媒介社会中,人们的日常生活都围绕媒介平台展开,算法勾连了一切数据,整合了一切数据,它作为内推力,促进了媒介融合和平台化的过程,以至于算法本身可以作为一种媒介范式去影响媒介融合的下一步走向,去参与社会平台的搭建,发挥出再造社会结构的巨大能量。

(二) 算法社会

如今的社会活动围绕着媒介平台进行,而平台赖以生存的算法渗透到人类生活的方方面面,媒介社会亦是算法社会。

算法将人类个体"数据化"。在算法推荐中,算法描绘出数据组成的用户画像,早期数据大多来源于用户主动进行的注册,也就是受众会根据对自我的认知建构网络中的"自我"。如今算法可以根据用户在网络中的

---

① 全燕,向钎铭. 算法传播时代的选择性议题建构 [J]. 传媒观察,2021 (2):85-90.
② 全燕,陈龙. 算法传播的风险批判:公共性背离与主体扭曲 [J]. 华中师范大学学报 (人文社会科学版),2019,58 (1):149-156.

一切痕迹，如发布的内容、浏览历史、购买记录等去探究和发现用户，算法在用户被动和无知觉的状态下建构了受众形象，甚至有可能比用户更了解他们自己。未来算法和其他技术的联合发展，会将目标范围进一步拓展，绝不仅是满足于静止的、稳定的测绘，而是基于不同时间空间所构成的不同场景，建立用户的动态数字化隐射模型，如人脸识别的应用、根据定位系统锁定人的空间轨迹变化。人在网络上被算法贴上标签，这些标签组成数字化生存的数字实体。这些数字实体有显示实体，似乎可以通过网络空间的数据掌控现实生活，数据成为完全可以指代人们的符号。个体拥有了"数字化人格"，即通过对个人信息的收集和处理勾画一个在网络空间的个人形象——凭借数字化信息而建立起来的人格。[1] 这种个人的数据化，首先影响了个人的评价信用体系，每个人的生存、活动都有迹可循，将人的行动变为清晰明确的数据，一旦人的行动产生了大量的数据，这些数据就会成为一种重要的资源，资本致力于将这种"资源"嵌入生产链条的每一个环节，以更好地获取利益。在算法时代，当生活中所有的行动都可以为数据所指代，虚拟数据与"真实存在"之间的界限也就愈发模糊不清。

在生活的方方面面，我们能感知到数据化和算法对我们生活方式的改变。衣、食、住、行被集合在一个个平台之上，人、物、服务被算法联结：购物平台的内容推荐、商家的打分机制、网约车平台的运作沟通、外卖平台中消费者的购买行为和骑手的劳动等都依赖于算法的操作和运行。算法主导下的打分评价机制量化了商业服务的质量，这进一步加重了资本方对于数据的重视，使数据成为一项重要的生产力要素，支配了商业资本运作的方向和反馈。以算法为运作框架的外卖平台是算法规制劳动的集中体现，有学者指出，外卖平台对骑手劳动时间的约束符合皮埃尔·布尔迪厄（Pierre Bourdieu）所分析的时间差序格局，即"让人等待社会权力的集中体现"，在平台算法的计算中，骑手的配送时间、配送路线，以机械化、线性思维的方式被精确地束缚在"智能话语"里，"人"的身体和劳

---

[1] 齐爱民. 私法视野下的信息 [M]. 重庆：重庆大学出版社, 2012: 62.

动被嵌入极不稳定的数字互联与算法分配之中。① 事实上，不仅仅是劳动者、商家、劳动者、商品或服务、消费者乃至资本本身都成为数据节点，被串联在算法贯穿的平台经济的链条中。

在更加宏观的层面，算法带来了全新的经济模式。有学者提出了"算法经济"的概念，即在经济领域也希望可以运用到算法的模式化和可计算化的优势，把既有的生产经验、逻辑和相应的规则总结提炼后固定成为一串代码，以实现经营活动脱离人为干预，可自动完成，利用算法改善决策，调整供需平衡，降低交易成本。也有学者重点关注某一个具体领域，希望将整个社会的治理模式与代表精确性、可计算性的算法进行结合，建立算法驱动的人工智能模型，利用数据分析和机器学习技术，建立数据驱动的综合管理结构。② 例如，新冠肺炎疫情期间健康码的使用就是算法治理的一次重要实践，它的诞生是面向人口的"安全技术"升级的一项标志。在数字城市性、算法化社会性和大数据主义这三个要素之上的算法治理已经迈出了实践的第一步。③ 在社会服务方面，算法可以利用大数据综合感知社会动态变化，通过对社会公众的信息采集处理，以机器学习和统筹整合更好地匹配需求与服务；在凝聚社会共识方面，算法可以以"最大公约数"的方式把握社会社群的偏好和兴趣，以算法框架搭建地缘社群链接，可以使政策、意识形态等的政治传播实现最大化的本土性、在地性，以更好地凝聚社会共识；在社会决策方面，算法参与社会治理的最大优势即将一切可能的因素都变成了算法上可以控制的元素，实际上这种可计算和可预测的决策行为也将风险系统统一纳入预测范围，从而降低了风险，从政府角度上来说可以最大限度地"保障共同体和国家的安全稳定"，降低社会风险。④

从社交媒体到日常生活，从新闻行业到社会治理，从虚拟到现实，无论

---

① 孙萍. "算法逻辑"下的数字劳动：一项对平台经济下外卖送餐员的研究[J]. 思想战线，2019，45（6）：50-57.
② 姚前. 算法经济：资源配置的新机制[J]. 清华金融评论，2018（10）：91-98.
③ 吴冠军. 健康码、数字人与余数生命：技术政治学与生命政治学的反思[J]. 探索与争鸣，2020（9）：115-122.
④ 彭兰. 生存、认知、关系：算法将如何改变我们[J]. 新闻界，2021（3）：45-53.

我们是否做好准备，算法确实已经全面侵入并正在改造着我们的生活。算法社会确实正在走来。技术逻辑下的媒介格局应该如何改变，融媒体在发展进程中又如何与算法技术结合，这是我们接下来要进一步探讨的问题。

第二节　算法破局：用户逻辑取代平台逻辑

县级融媒体中心是融媒体建设的"最后一公里"，是中央重点关注的融媒体建设阵地，也是国家融媒体建设的具体抓手。县级融媒体中心无论是从地理距离的角度出发，还是从心理距离的角度出发，都更加贴近群众。在县级融媒体建设的工作中，群众才是底层逻辑。有学者在实地调研时，感慨于有些县市融媒体中心设备的先进，但是单纯着眼于设备技术的更新，以搭建一个完善的媒体平台为目的，是本末倒置的平台逻辑。不能试图让用户适应平台，而是要围绕用户去建设平台。融媒体建设，用户是灵魂，内容是血肉，服务是骨架，要在平台建设中以用户为中心，产出优质内容，完善地方性服务，保证融媒体中心的良性循环。

一、融媒体建设的用户逻辑：引导群众与服务群众

扎实抓好县级融媒体中心建设，更好地引导群众、服务群众是习近平总书记在2018年全国宣传思想工作会议上指出的关于融媒体建设的目标准则。从"引导群众"与"服务群众"的核心要义足以看出，群众本身就是融媒体的根基，用户工作才应该是融媒体建设的中心工作。

（一）引导群众

1. 政策在地性解读

县级融媒体中心作为基层最贴近群众的媒体，其首要职能是舆论引导。在互联网"后真相"时代的信息环境中，人们的信息获取途径大范围扩张，由此带来的信息分散、传播场成为众声喧哗的广场的效应显著。具体到县、乡、村，受众的媒介素养不高，容易受到互联网舆论场中各种噪声的打扰，并且政策性方针、策略在层层下达的过程中也容易被误读，或

者无法与当地具体环境和人们生活适配。有学者指出我国基层政治存在"脱嵌"问题，而县级融媒体中心的建设有望实现从"脱嵌"到"回笼"的政治性决策。①

要把握好县级融媒体中心作为最基层媒体的优势，发挥出其健全我国主流传播体系的作用，加强党和群众最直接的联系。这种联系不仅要连接表面，如果县级融媒体中心还是单纯地作为"传声筒"，就没有实际意义。县级融媒体中心掌握基层第一手数据，应该善用数据，对地方舆论走向、地区热点事件、群众生活动态等方方面面有宏观的把控，通过合理运用算法的计算能力，科学分析县级融媒体中心应该"说什么""怎么说"，即地方受众最关心的问题的政策调整、热点事件的解决和后续等；当地舆论环境怎么样、最具地方特色的传播方式，与当地特色结合的传播话语风格；等等。政策的在地性解读对于政策的下达和落地具有重要作用，对于传播主流价值观、凝聚社会共识来说，"传达"和"传到"有本质性区别，意识形态和舆论话语深入人心，被人们接受，才能达到县级融媒体中心期望的效果。

2. 抵达第一"现场"

传统媒体的运作方式——"事件发生、记者赶到现场、拍摄素材写作、定稿审核发稿"这一流程，决定了传统媒体不可能像互联网一样具有以"秒"为单位的效率。媒介融合是传统媒体走进新媒体空间，主动参与社会讨论并引导舆论的过程②，发挥好主流媒体引导舆论的作用的前提是媒体本身要对事件有透彻的了解，在"全世界观看"的背景下"引导群众"，就需要在第一时间抵达事件现场，并在第一时间整合背景资料、相关联动事件的第一手情况，向公众发布真相。有了真相就没有了谣言、流言的滋生空间。在网络化的今天，"现场"已经不只是事件发生的现实空间，四通八达的数据网络中，"现场"的维度有三种：从空间角度讲，是事件发生的地理空间，包含在此空间中的地理位置、人员流动；从时间角度讲，以时间发生为节点，对于同一时间内此事件的联动事件，都需要考

---

① 郭迎春. 县级融媒体中心建设研究综述 [J]. 传媒，2021 (5)：35-37.
② 朱春阳. 县级融媒体中心建设：经验坐标、发展机遇与路径创新 [J]. 新闻界，2018 (9)：21-27.

虑到；最后是舆论场的第一现场，在互联网中信息的发布以"秒"为单位，每个围观者都可以将"随手拍""随手记"发布到社交媒体，无数的意见瞬间汇聚为舆论。融媒体平台的"融"包含了其要义：不是单纯地做加减法，而是对现有媒介渠道的规制和融合，以形成"全媒体"为目的，发挥出各方优势，统筹各方力量。技术对于媒介的改造的力量不可忽视，融媒体的发展不再仅满足于"两微一端"。融媒体平台对于地区数据的持有赋予了融媒体比任何其他媒体都强大的可以迅速抵达第一现场的力量，我们需要扭转既往的思维，给予数据足够的重视，勾连起强大的数据网络。这必然需要硬件，即设备和技术的支持。同时也要同步更新和发展算法框架。数据只是原材料，在拥有数据的基础上，需要有工具对其进行整理运算，然后才能发挥数据的价值。

（二）服务群众

融媒体是媒介融合进程中，由传统媒体到全媒体的中间过渡地带，如果说全媒体是媒介融合的最终目标，那么融媒体是必经之路，也是要实现的第一目标。在传统媒介时代，传播和政治经济、社会治理、日常生活之间是间接的关系，以独立架构的形式独立于社会生活之中。如今，我们难以再说"传播"能与社会生活的哪一方面完全分开，衣食住行的哪一个环节能完全脱离传统意义上的传播媒介，如网课是传播与教育交融在一起。据此，有学者提出了"小融合"和"大融合"的概念，"小融合"就是在媒体资源内部实现矩阵整合，而"大融合"要求拥有更加开放的心态和更加宽阔的格局，超越媒介本身，着眼于媒介与外部资源的融合，"以开放的逻辑，对于形形色色的社会的、商业的、文化的和个人的资源进行新的连接与再连接"[1]。媒介文本内容领域的革新和创造是所有媒介改革创新的要务之一，但绝不是全部，尤其是政府主导下的融媒体建设，结合了地域最先进的媒介技术，掌握地区最完整的大数据库。与更高一级的主流媒体，或者以网络意见领袖为代表的个人媒体相比，融媒体平台具有巨大的在地性优势，与群众贴得更近，受众更加集中，具有地域上的亲缘性，有

---

[1] 喻国明. 媒体融合：要"下一盘很大的棋"[J]. 新闻界，2020（9）：12-14，94.

效发挥这个优势有利于县级融媒体平台建设地域性社群。

如何发挥融媒体的优势，更好地服务群众呢？主要措施有以下两点。

1. 地区资源重构

在"大融合"的思维下，融媒体尤其是县级融媒体完全有机会克服自身的人才技术掣肘，扬长避短。融媒体依据自己的在地性优势，在媒介化大潮中，进行相应的资源重构，实现地域辐射范围的各种要素，包括政治、经济、文化、社会等的高效率重组。在新媒体崛起、信息爆炸的时代，要素流动的道路已经被全部打通，融媒体的角色是"组织者""重构者"，要构建更深层的社会流通网络，以算法技术计算出最有效率、最便捷、最能改善人民群众生活，能创造出有更多价值的要素组合。只有构建针对问题、困难、矛盾、功能进行价值重构的生活服务性平台，县级融媒体的建设才算真正走上正轨。基于县级融媒体掌握的资源，完成这样的目标是完全有可能的。这会形成一个融媒体乃至社会发展的良性循环，在将所有群众的生活融于融媒体时，作为用户的群众对于地区性融媒体的黏性就会进一步提高。首先，这有利于融媒体主流意识形态宣发的传播性任务的完成，可以更好地建设我国的主流舆论平台。其次，有权威和影响力大的融媒体必然会吸引到更多的受众，那么融媒体就可以搜集到更多的数据信息，对于地区情况的描绘会更加精准，数据库也会更加丰富，而这对进一步优化融媒体的决策、提高服务质量无疑是非常有利的。

2. 建设社会服务平台

媒介成为社会组织架构的骨血，在智能技术将媒介不断升级迭代的情况下，媒介可以成为"智能社会"的一个抓手。用户在媒介平台上可以完成日常的商业消费活动，甚至政府可以在媒介平台上完成日常的治理活动，政府提供的服务、相关政策的上传下达、信息的发布与查询，都可以被整合到融媒体平台中去，融媒体平台完全有望超越"媒体平台"这个单面的角色，成为"社会服务平台"。例如，山西晋城市沁水县的县级融媒体平台上，分别设置了新闻生产系统、政府信息系统、生活服务系统、舆情监测系统、技术系统五个系统，而这些分开的系统虽然承担了不同的职能，却受到系统中心的统一调度，既包含了履行媒体传统职能的新闻生产系统、舆情监测系统，又有统筹社会生活和政府管理的生活服务系统和政府信息系统。在沁水县政府的指导下，沁水县融媒体中心建立了"树理云"大数据平台，"树理云"平台设置智慧政府、智慧产业及智慧民生三大应用体系，包含智慧党务、智慧政务、智慧市政、智慧民生、智慧旅游、智慧商务等六大领域内的内容分享。① 沁水县以"树理云"平台为基础架构，将整个城市的信息发布、政务沟通和社会服务都布局在一张大网上，在智慧城市的建设上做出了初步的探索，也为其他城市的融媒体建设提供了可借鉴的经验。

二、用户逻辑下的内容策略与实施路径

（一）内容策略：由面到点

媒介融合要完成的任务：第一，对于主流媒体来说，要增强主流媒体的传播力和竞争力，建设一批兼具互联网眼光和高专业度的新型主流媒体；第二，从任务出发，要在两个传播场内外联动，建构网上网下议题全面统筹、内宣外宣两部联动的传播格局；第三，从整体上说，要建立以内容建设为根本，以先进技术为支撑，以创新管理为保障的全媒体传播体系。无论是发挥主流思想舆论阵地的作用，还是建设全媒体平台的传播体系，媒介的根本性底层逻辑依然是内容。根据"大融合"的思维，融媒体建设的内容由微观到宏观包括：一是履行媒介职能本身的内容，如新闻内容、政策解读等；二是宏观的组织架构，即融媒体的服务功能，将融媒体作为社会治理平台所推出的服务合集。就融媒体建设现况来看，媒介内容、媒介形态、媒介服务平台的搭建都存在一定的问题。从服务平台功能来说，虽然大多数县级融媒体在平台设置了数目繁多的栏目，具备多种功能，也在抖音、快手等短视频平台，以及"两微一端"等新媒体平台上建设自己的账号并发布内容，但是有大量的县存在网站上个别栏目超过一个月未更新的情况。有些县级融媒体平台的栏目虽然时有更新，但是原创

---

① 刘壮. 县级媒体融合发展的路径分析：以沁水县融媒体中心建设为例［J］. 广播电视信息，2021，28（1）：34-37.

性、趣味性和互动性都严重不足，有些平台直接选择传统媒体或者党政机关供稿进行发布，报道主体以领导活动、一般性的工作动态、总结性报道为主，缺乏时效性，报道方式和表现手法都显得老套落后，难以吸引眼球。① 融媒体建设首先要扭转思维范式：由平台思维向用户思维转变。以用户需求为导向，去搭建平台，填充服务，产出内容。服务和文本要两手抓，并且两手都要硬。融媒体平台建设的内容策略应该是由面向点、由平台到内容、由地域到个体。要依据数据内容和运算出的分析结果，科学有效地搭建服务框架。

大数据和算法参与下的对用户需求的洞察确实能够进入一个新的境界。在融媒体建设中，对于数据反映的用户需求，我们要重点关注以下几个方面。

1. 地缘性

同样是县级市，甘肃省玉门市的融媒体建设风格与浙江省长兴县的融媒体建设风格迥乎不同。相同的地缘背景会使人们对于"共同体"的概念有更深的羁绊，在平台界面设置中如果能融入地缘特色，会使用户在进入界面的一瞬间产生强烈的归属感。语言是"想象的共同体"建设的重要因素，某些县级融媒体中设置的"乡音栏目"广受好评。这样的虚拟空间使用户感受到了地理空间的迁移，从而能够在网络中寻找到家乡的存在，也更能拉近与当地用户的距离，增强用户黏性。

2. 社群性

"郡县安，天下安"，这是县级融媒体建设的重要政治动因之一。融媒体建设整合县市的资源，为群众服务。算法对地区数据进行整合，针对地缘群体或趣缘群体提供信息或服务，实现线上空间和线下活动联动。社群是社会的分子团，分子团的稳定与紧密连接对于社会的稳定和长治久安来说意义重大。

3. 场景性

我们需要挖掘地区地缘性特点，组成地区关系社群，最大范围地凝聚

---

① 谢新洲，黄杨. 我国县级融媒体建设的现状与问题 [J]. 中国记者，2018（10）：53-56.

社会个体力量，提高用户黏性。融媒体建设把用户看成群体进而在建设用户社群的同时，也要把握住用户社群都是由个体用户组成的。要保持对个体用户的精确化关注，对个体用户的兴趣偏好、关注维度、常用服务有深入的了解，建设个性化的界面平台，观测用户最感兴趣的内容，临摹用户形象，针对不同的用户推送不同的消息和产品。只有关注用户的细分场景，才能吸引用户并留住用户。吸引好最小单位，即作为个体的用户后，个体用户与自己的家庭又可以勾连成一个完整的家庭单位，以点带面，反过来促进地区社群的建立。

（二）算法参与下的内容创新路径

1. 生产源头：人机互创与集体互创

人工智能已不再是漂浮在电影和小说中的幻想之梦，随着技术的突破，以及各种辅助技术和设施设备的完善，人工智能已经成为时代的发展趋势，也是各行各业都应该看向的高峰。传媒行业站在时代的浪头，更应该以前瞻性的眼光和战略性的布局在媒介融合上积极引入人工智能。在由"你是你，我是我"到"你中有我，我中有你"再到"你就是我，我就是你"的媒介融合之路上，由单纯的渠道相加到后期的水乳交融，转换的不仅是平台的思维，还有媒体的"智媒"思维。智媒思维是新媒体时代创新、共享、开放的互联网思维的升级。从生产流程的思维逻辑上说，工业时代的媒体产品，按照版面划分为分隔的节目、栏目，内容与内容之间由于形式的不同形成泾渭分明的分隔，如报业集团下设报纸部门、期刊出版部门、新媒体中心部门，内容与内容之间仍然是彼此独立、互不干涉的，这只是"你需要我，我需要你"，还未做到真正的融合。在数据统筹一切事物的时代，数据资源可以被整合到一个平台上实现共享，形式之间的障碍也可以被打通，全媒体的内容生产流程的特点为"一次创意、多种生产、多次传播"。

而智媒意识在内容创新上的要求一是实现人机互动共创，要有运用数据和算法的意识与能力，将模糊的对象变成清晰、明确的数据，将主观的感受变成客观的信息，将抽象的原则变成具体的可执行的过程，提高信息筛选和匹配的效率。二是要打破"内容主权"的禁锢思维，不固守自己的创意和内容，将数据共享给多部门，联合生产多形式、全链条、多方位的内容产品，形成集体智慧和众创思维。先进融媒体建设范例可参看珠海市斗门区。珠海市斗门区融媒体平台在建设过程中，市、区融媒体技术平台无缝对接，优化区级融媒体体系结构，整合选题与报道联动、素材与电影互动等媒体服务，实现多渠道内容发布。依托高清互动机顶盒电视门户平台，打造斗门区一级电视媒体，整合统一门户和直播点播平台。斗门区融媒体中心机房通过广域光纤环网与珠海传媒集团广电融媒体中心机房连接。技术平台依托珠海传媒集团广播电视"中央厨房"业务平台，为市传媒集团提供财经媒体网络服务。在联合建设模式下，在区财经媒体中心机房内搭建基础音视频制作平台，提供业务系统所需的核心存储、计算资源和网络资源。采编发行联动平台构建了全媒体生产的采编、制作、发布一体化流程。电视、广播、新媒体业务以选题为主导，进行资料共享，编辑、制作、发布流程独立高效运作。① 斗门区融媒体中心系统架构如图5-3所示。

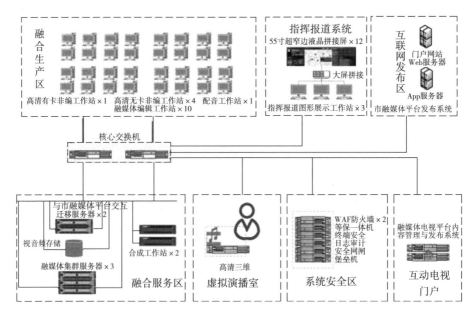

图5-3 斗门区融媒体中心系统架构图②

---

① 胡逢杰，王新通. 关于区县融媒平台建设的探索与实践［J］. 广播电视信息，2021，28（1）：30-33.

② 图片引自曾祥敏、李刚《我国媒体深度融合发展中的关键问题》一文。

2. 价值取向：主流价值引导与算法推荐相统一

算法主导的内容分发是融媒体发展的方向。在探索建设融媒体的进程中，应该把算法推荐视为一种工具，使得满足用户需求的算法推荐与主流价值观的传播相融合，以符合用户偏好的方式传递主流价值观。基于此有两个前景展望：在形式上，如果用户是短视频深度用户，那么在融媒体平台上对其推送的内容多以视频为主；如果用户是传统媒体的爱好者，那么融媒体平台整合的传统媒体资源，如报纸电子版等内容会更吸引该用户的注意力；在内容上，算法新闻的应用限于对现有新闻信息和新闻线索的组织，无法做到根据用户偏好定制新闻内容，"根据用户喜好定制内容"本身就是一把双刃剑，"迎合用户喜好"和"坚持新闻原则，建构合理信息环境"的矛盾更显尖锐。在上文对算法的概述中，我们也提到过算法推送所带来的信息茧房的风险。从技术中立的角度出发，技术只是被人类运用的工具，善用才能结善果。深入使用算法提高信息效率，将算法融入融媒体建设，更加需要正确价值观的引导。在人工智能的基础框架上，不仅要有崇高的价值判断标准，还要有足够的人文关怀，要达到三个统一：一是主流价值引领与个性需求满足相统一；二是娱乐互动与公共价值相统一；三是内容精品意识与算法推荐机制相统一。比如，《人民日报》进行的"党媒算法"实践，就是在算法运用中融入正确价值观引领的典型案例。①

（三）数据整合下地区强关系社群的建立

工业社会中社会的驱动框架是资本，而在以大数据、物联网和人工智能技术为代表的智能时代，个体与个体、个体与社群、社群与族群之间的互联互动程度都达到了与以往完全不同的状态。个体与社群所能造成影响的深度、广度和持久度都与日俱增，逐步成为社会压力和驱动力，与传统治理体系中以某点为中心向外进行权力辐射的模式形成反差。万物互联、万物皆媒的时代为群体的划分提供了更丰富的标准。通过社交网络和移动

---

① 曾祥敏，李刚. 我国媒体深度融合发展中的关键问题［J］. 现代出版，2021（2）：65-74.

媒体连接的社会社群，与传统的以资本利益等经济原因、政治原因为代表的不可抗力硬性指标不同，虚拟社会的社群结构偏向扁平化，在传统的"硬"指标之外，更多的人因为共同的兴趣爱好甚至对某种事物的讨厌而聚集起来，此类社群兼具松散性和紧密型的特点。松散性在于其组织架构的形成与维护全仰赖情感类无强制执行力因素，而极具戏剧性的是，此类社群又往往具有强大的社群共同体意识，情感为联结纽带，所依靠的是情绪和心理的内驱力，以依靠外力的强制性划分来说，这类群体又具有不可比拟的"紧密性"。当我们把融媒体平台视为政府基层治理的抓手时，需要最大限度地凝聚社会共识、集中社会力量；而当我们把融媒体平台视作数字时代的商业要素集中平台时，又需要精准定位用户群体以实现场景化需求的满足，这一切都离不开对"人"的探寻，由于地缘、趣缘形成的社群成为融媒体平台天然即成的用户群。技术将人的生存空间进行线上与线下联动，网络空间的社群之所以需要引起重视，是因为其往往是流量和数据的交汇地，能够被转化为巨大的现实力量，在政治、经济领域发挥出独特的作用。融媒体平台从县市级到省级在整合地区数据、凝聚地方团体上各有侧重与优势，因此，社群是融媒体平台必争之地，也是融媒体平台需要发力建设维护的重点。

第三节 融媒体算法传播应用的前景：省级平台共享算法技术开发利用

融媒体建设不只是在打造产品，在建立融合矩阵的过程中，体制机制、政策措施、流程管理、人员技术等方面都要加快融合步伐，做出相应的调整甚至是彻底的改革，尤其是当我们希望用智能思想打通媒介与社会的隔阂，以融媒体平台为中心聚拢社会生活、搭建社会服务平台、探索智慧城市建设时，若没有一个统一规划的体制机制架构，没有一而统之的领导方向，即使各县市能够在本地实现融媒体平台的建设，甚至超前进行智慧城市的探索，那么各自孤立、各自为政的县市级"智慧城市"又何来

"智慧"之说？尤其是在大数据时代下，没有共享系统，单纯的一市、一县的数据难以发挥互联互通社会的作用，也不符合大数据的题中之意。在各市县各自为政、运营管理缺乏统一调度的情况下，有些地区的各市县之间甚至存在恶性竞争、隐瞒数据的情况，造成资源浪费，拖延全国融媒体建设的进程。省级平台数据库的建设，要形成在国家级政策的指引下，以省级平台拥有的技术、人才为基础探索算法技术在融媒体平台内容创新和基层社会治理上可以发挥的作用，并由省级中心共享技术、统一调度地方各市县的发展。

（一）体制机制：自上而下统筹管理

有学者用"九龙治水"来描述目前融媒体平台的运行状况。在融媒体平台尚未完备建设的市县，各个媒体单位"各扫自家门前雪"，广播电视台、新闻中心、网信办、官方报社平台，彼此独立；而已经有成熟的融媒体中心的市县，也往往是在机构形式上的简单"合署办公"，并没有在体制机制乃至运作流程上形成统一的安排部署。每个机构各有一套班子，领导各有想法，平台之间难以统筹协调。主管运营部门的割裂给融媒体的"融"造成巨大的障碍：一方面，只有平台称号，个体与个体、部门与部门之间的沟通和信息共享效率极低，使得信息发布周期冗长，难以保证时效性；另一方面，在重要的政治政策上传下达的时候，独立的部门又很难统筹协调形成传播合力。[①] 进行智慧城市建设首先要保证数据库"量"的维度，秉持互联网开放共享的精神，将数据汇总到网络中，最大限度地发挥算法的作用，统筹整合各要素，做出最优配置。省级平台必须做出战略部署，统筹各市县的工作内容和工作进度，使得数据资源、技术资源、先进经验可以在全省范围内实现积极流动。要有战略上的统一和战术上的个性，市县可以根据本地区的经济情况、文化渊源、社会环境等，探索适合自身的发展道路，但是这样的个性化发展必须被统筹在省级和国家的统一战略目标之下，保证管理架构、产品矩阵的设置围绕着共同的目标。只有

---

① 谢新洲，黄杨. 我国县级融媒体建设的现状与问题［J］. 中国记者，2018（10）：53-56.

这样才能发挥融媒体的价值，建设智慧城市。

(二) 组织架构：生产结构重组再造

信息时代的融媒体平台需要具备的特点包括一体化资源配置、多媒体内容汇聚、共平台内容生产、多渠道内容分发、多终端精准服务、全流程智能协同。在多屏化、视频化、移动化和场景化的信息时代，只有采用基于大数据的生产方式和内容产出方式才能实现最高效率和最大收益。我们不能再在媒体集团内部按照媒体类型和技术专长划分组织，而应该以内容产品和服务用户为导向，以业务流程和业务要素为标准重构组织。具体来说，即按照具体内容领域，如财经类、体育类、亲子类等划分部门组织，而在同一部门则按照生产流程分配生产工作：全媒体内容采集、生产；多平台发布、运营；多网络传输、分发；多终端用户洞察建构细分组织架构。对融媒体从业者来说，这就要求全媒体人才不仅要"专"，更要"博"；既有新闻传播人文学科的历史性和经验性，又有数据运算、数据使用方面的理性和思维。

(三) 媒体 3.0 时代：智能生态

虽然省级平台拥有县市级平台所没有的技术、人才、资金优势，但是市县级平台与省级平台相比，在地性更强，与群众的距离更近，其用户的地缘性、社群性特征更加明显，而这在媒体内容建设和用户维护中是强大的优势。因此，在融媒体建设过程中，省级媒体和县市级媒体要各居其位，发挥各自的优势。在融媒体 2.0 时代，融媒体平台的用户基础是基于社交关系的用户集聚和通过高精准匹配度实现的用户黏性维护，在融媒体平台上实现数据聚合和互联互通。目前，已经有一些成功的县级融媒体建设可以基本做到这一点。而在融媒体 3.0 时代，在智能技术的普及和进一步迭代升级中，我们希望看到的是一个智能生态环境，即在平台中可以完成基本的社会服务和社会生活，有相应的移动场景和应用匹配。融媒体 3.0 时代的全媒体平台，连接了政府端、行业端和用户端，将三个主体的服务、需求全面整合。政府在融媒体平台进行党务政务等事务的发布以实现价值观引导，并通过融媒体平台完成基层治理和社会服务；行业在融媒体平台上追求商业机会、获取流量口和商务链；而用户则在平台上首先获取媒体信息，其次由平台勾连，进行精准的日常生活商业服务和政务公共服务的获取。这种智能化需要发挥省级媒体的资源优势，保证"量"的横向拓展，更需要县市级媒体的精准度来实现场景的精准匹配，实现纵向精准度的提升。

第六章

融媒体时代的
传媒资源整合

❖ **本章概要**

　　本章阐述了融媒体时代传媒资源整合的动因、传统传媒资源的优势整合、新兴传媒资源的融合出新。

❖ **教学目标**

　　1. 了解传媒资源整合的动因、变化及发展；
　　2. 了解我国与欧美国家传媒资源整合进程的相同点和不同点；
　　3. 了解传媒资源配置的现存问题。

❖ **教学重难点**

　　结合国内外不同时代的大背景、历史发展（如技术发展、政策变化等）来讨论当时传媒资源整合的相关问题。

第一节 传媒资源整合的动因

一、市场是动力源

传媒资源的整合就其发展的不同形式而言，大致可分为两大类：一类是传媒产业与其他产业的跨界重组，由此组建成更大的跨媒体集团，以集团品牌共同打造更具竞争力的传媒产业，应对市场变化；另一类是通过新技术的融合，形成新的管理模式，以全新的业态来适应外部环境。不可否认，市场的发展推动了媒介融合的进一步发展，可以说市场是传媒资源整合的动力源。国外关于媒介市场讨论最多的是防范"市场失灵"相关问题；不同于国外，我国的融媒体进程起步晚，还未形成巨头并立的局面，但是市场在整个融合进程中的地位依然不可小觑。

（一）欧美国家的传媒资源市场：以防范"市场失灵"为主题

西蒙·麦克菲利普斯（Simon McPhillips）和奥马尔·梅洛（Omar Merlo）研究了美国和英国市场的当前商业模式，两国市场拒绝接受由于媒介融合而产生市场革命的概念；相反，他们认为媒介的旧模式与新模式能够共存，直到融合开始发生。[1]

科技、媒体和电信部门都在某种程度上进行了合并。媒介融合正在通过不断推进的横向整合来重新定义行业边界。鉴于媒介融合带来的可能性，媒体所有者正在利用单一平台的潜在盈利商机。英国天空广播电视台（British Sky Broadcasting）在提供有线电视套餐的同时，还提供电信服务；谷歌再次进军电视业；美国威瑞森公司（Verizon）正在与有线电视运营商争夺美国的电影内容。很多公司正在以创新的方式将现有的和新的服务结合起来，如将有线电视、互联网、固定电话和移动电话结合起来形成

---

[1] McPhillips S., & Omar M. Media convergence and the evolving media business model: An overview and strategic opportunities [J]. The Marketing Review, 2008, 8(3): 237-253.

三网或四网合一服务。在英国，维珍传媒有限公司（Virgin Media）和天空电视台（SKY TV）正在多重领域展开竞争。

　　国外学者马修·根茨科（Matthew Gentzkow）和杰西·M. 夏皮罗（Jesseo M. Shapiro）认为，"竞争"的传统定义侧重于"产品市场的竞争"，而新闻市场中的相关竞争概念则是"信息市场的竞争"。[1] 这意味着，即使在所有权高度集中或少数主要参与者享有巨大市场份额的媒体市场中，信息市场也完全可能具有竞争性。市场调控失效通常是由市场经济监管基本原理中的"市场失灵"来表达的，也就是说，当市场没有竞争力，无法实现所有理想的目标时，就需要监管力量的介入。英国通信办公室针对"市场失灵"做了大量工作，并以此来作为实现监管目标的手段。造成"市场失灵"的原因可能有很多，如市场内部的力量和市场外部的力量。为了围绕新数字时代相关问题展开讨论，英国通信办公室进行了一次数字股息审查，以制定一个考虑市场失灵的框架，特别是考虑一些媒体和通信服务的更广泛的社会价值。英国通信办公室认为，当潜在市场价值未能达到最大化的"总价值"[2] 时，可能表明存在市场失灵。英国通信办公室以市场失灵为由干预广播市场。公共服务广播传统上采取政策干预来解决市场失灵。此外，英国的竞争法已扩展到广播监管领域，以实现对该行业的"结构性监管"。政府称之为"竞争加成"的方法，允许它在认为必要时保留特定行业的规则。

　　资料显示，美国坦帕新闻中心是最早被介绍到国内的不同媒介之间共通融合的案例，它旗下的媒体机构包含"坦帕论坛"及其门户新闻网站"坦帕在线"、电视台 WFLA-TV、网站 TMO.com 的编辑部门，坦帕新闻中心的管理者把这些下属机构整合起来通过统一的运行机制共同运行。新闻中心设有"多媒体新闻总部"，这一"大脑"一并协调三类不同属性媒

---

[1] Gentzkow M. A., Shapiro J. M. Competition and truth in the market for news[J]. Journal of Economic Perspectives, 2008, 22(2): 133-154.

[2] 在总价值的概念中，有两个关键的价值要素。第一种是私人价值，即消费者和企业在市场中相互作用所产生的价值；第二种是外部价值，即市场提供的服务产生的价值，但并未充分反映在消费者或企业的选择中。

介的新闻报道，使这三者之间产生了联动。这一先锋性的实验在媒体的内容生产机制变革上做出了积极的探索。当几类属性不同的媒介从独立的运营转向共同分工共同协作的运营机制时，新闻生产的整个流程就发生了质变。比如，在新闻生产的初级阶段，"多媒体新闻总部"会向各部门发布联合行动，各个部门间的互联互通将极大地减少设备、技术、保障资金以及人力、物力方面的额外开支，从而避免新闻生产过程中的基础开销。这种模式在媒介融合尚未普及的时代，使媒体于竞争中极大地激发了自身的潜力，取得了一定的效果。然而，这个实验终究没能摆脱"+互联网"的传统思路，难以突破媒体自身框架整合外部资源，无法从根本上抵御技术浪潮与新媒体的后续强烈冲击，最后以失败告终。

（二）我国的传媒资源市场：借助外部市场实现自我发展

视野转向我国，与国外完全不同的是，我国媒介融合的发展起始于国家的内部调控，由顶层设计师组织规划整合配置现有资源。但是，媒介融合仅仅被看作物理层面上渠道的相互叠加，而没有实现从媒介性质入手的整合创新。比如，当时有些媒体以计算机作为辅助，通过手机短信获取新闻线索；有的传统主流媒体还在刚刚兴起的微博等平台上通过发布征求新闻线索的帖子，获取社会公众的相关支持，以助力记者采访。再如，有的传统主流媒体运用新兴的电子技术和"+互联网"的传播模式衍生出了各类报纸的门户网站、手机信息推送（手机报）、网络电视等新媒体，扩大了传播覆盖面。

我国在这一阶段的传媒资源整合进程是将各类新媒体聚拢，也就是在传统报刊媒体执行新闻采写编任务的基础上整合各类运用互联网技术发展的新媒体，为传统报刊增加更加多元化的新媒体形态及内容分发渠道。以物理层面上聚拢而成的全新形态及多元化渠道为基础，有助于重新调配整合内外部的媒体资源，提升传统报刊媒体的内容产能、经济产能效率，同时也能积极调动社会资源，充分利用社会资源进行内容建设。其中较为经典的案例为河南日报报业集团组织其下属多个部门共同策划设计的《焦点网坛》栏目。该栏目以河南各市各区各县乡镇的公共生活报道为中心展开讨论，支持各阶层人民参与其中，同时涉及专业内容时，栏目编辑还会邀请相关专家做出专业解释。《焦点网谈》的下属栏目《短信民声》，由栏目组精心编排、24小时面向群众开通，在与热心市民沟通中，进一步挖掘潜在的新闻线索。对于市民提出的一系列问题，第一时间向有关部门报备，并帮助协调解决。可以说，《焦点网谈》栏目展现了传媒资源整合的全新思路。①

当然，国内传统媒体不仅仅是在整合资源上苦下功夫，媒体内部的组织机制变革也是暗流涌动。

千禧年年初，国内一些媒体开始了媒介融合的率先实践。第一步整合各类不同的报刊组织，统一共享组织内的传媒资源，如某直辖市的日报报业集团筛选了一批集团旗下各类刊物的优秀记者和编辑，由这些精兵强将联合组建了"即时播报记者小组"，该小组对报业集团负责，实时分享媒体资源，共同进行采写编工作，极大地提高了集团下属各类报刊新闻稿件的生产效率，但由于报业集团领导层缺乏管理经验，新闻稿件与记者编辑的绩效直接挂钩，小组内部出现了争议，这一举措在历经一段时间后未能达到成立之初整合各种传媒资源的效果。再如，广东某地级市传媒集团，针对当年的美国总统大选，从集团旗下各报刊、子刊、新媒体编辑部、电视台、广播台等挑选出业务能力出众的员工组成联合报道团队远赴重洋，面向国内观众对美国大选做全方位的报道。尽管本次报道从美国社会的方方面面着手剖析了大选的整个过程，内容翔实且吸睛，但决策者在此次报道后并未将其成功经验复制到其他报道上来，缺乏应有的战略性布局，最后没有形成新一轮的资源整合体系。

第二步是对各类各级媒体内部架构组织进行局部调整，甚至重构。2000年年初，南方报业传媒集团进行了对摄影摄像部门的改组，集中整合集团内各部门的专职摄像师供稿于统一的办公室，再由记者依据自身报道需求在该办公室内获取相应的图像、视频资源。但遗憾的是，这一举措由于当时各方面的问题特别是技术方面的约束最后没有完美落地。有的报刊

---

① 蔡雯. 媒体融合进程中的"连接"与"开放"：兼论新型主流媒体建设的难点突破[J]. 国际新闻界，2020，42（10）：6-17.

在其编辑部增加了网络新闻的分发处,实现互联网媒体与传统报刊的实时联动,做出了新闻 24 小时滚动播放的新转变。尽管这一模式有效实现了全天不间断跨媒体传播,但也只作为过渡性质的安排完成了新旧媒体联动的创新实践,从根本上来说,并没有做出进一步改革。

第三步是对整个媒体组织的结构性重组。国内头部互联网证券服务商中国证券网于 2006 年与《上海证券报》全面融合,实行统一管理制度;由《烟台日报》传媒集团创办、烟台本地历史最为悠久、最具权威性的纸质报刊《烟台日报》于 2008 年开始全媒体新闻中心的筹建工作,一年后"烟台市全媒体新闻中心"正式挂牌运行,作为中国最早挂牌的市一级全媒体新闻中心,曾一度为各大城市的融媒体建设提供了宝贵经验。①

二、政府的压舱石作用

从全世界范围来看,传媒资源整合发端于市场的驱动,但是发展过程中完全依靠市场是远远不够的,这时政府的作用显得尤其重要。欧美国家主要以立法的方式来保证媒介融合过程中人的主体地位;在我们国家,政府作为"融媒体"进程的战略层而存在,在不同的阶段将媒介融合实践中传媒资源整合初期的增量资源扩张逐渐转向更深入的存量资源并加以利用。

(一) 媒介融合作为国家层面的重要战略

在我国,2014 年《关于推动传统媒体和新兴媒体融合发展的指导意见》的审议通过,标志着媒介融合从地方试验田走出来,成为国家战略规划中的重要一环,由国家政策支持、专项资金拨付、国家立法保障,融媒体建设上升到新的历史高度。2014 年,头部主流媒体人民日报社统筹新华社的各类传媒资源,协调编辑部、新媒体中心等各个部门的人力、物力、财力建设"中央厨房",这一"主脑"将全方位、全时段、全语种为人民日报社提供新闻。2015 年"两会"召开时人民日报社首次启动专项报

---

① 蔡雯. 媒体融合进程中的"连接"与"开放":兼论新型主流媒体建设的难点突破 [J]. 国际新闻界,2020,42 (10):6-17.

道——"两会报道",共使用"中央厨房"机制12次,总计发布各类新闻信息产品2 000多件,被国内外各类媒体转载5万次。①

(二) 从中央到地方各级媒体的传媒资源整合措施

在科技的不断迭代更新下,我国传媒资源整合进程进入了深化和拓展的阶段,总体上来看,由于各类媒体的侧重点不同,不同的媒体间形成了差异化的传播策略,改革速度十分缓慢。在这一阶段,中央及地方媒体聚焦互联网,深层次挖掘互联网的社交属性,以平台作为资源整合的核心,改造内容生产模式,寻求经济效益,力求实现生产带动经营的良性循环,进一步扩宽内外部资源的有效整合道路。

1. 中央级融媒体:头部传媒资源的整合

中央级媒体作为头部媒体具有覆盖面广、资源丰富的巨大优势,只有率先改革才能真正"活"起来。其中最具有代表性的是人民日报社的"全国党媒信息公共平台"与新华社的"云现场"全国服务平台。

"全国党媒信息公共平台"于2017年8月正式启动,在业界又被称为"百端千室一后台"。平台以人民日报社"中央厨房"的强大资源媒体库为支撑,利用其庞大的内部媒体架构,向全国范围内的各类党报进行资源共享,同时,连接全国各级党政宣传部门、各类媒体、企事业单位的党建部门,为其提供多方位的技术数据支持。

新华社作为改革的头部通讯社,其"云现场"全国服务平台于2017年2月推出服务。这一平台与全国党媒信息公共平台的不同点在于,它借助全国主流媒体报刊的内容分发机制,连接各平台资源,为国家各部门提供云端在线服务,同时又为区县一级的融媒体机构提供技术支持。截止到2019年6月,入驻机构用户数量已增至3 400家,汇集采编人员55 000多人,共发起了18 000次现场直播报道,其中短视频报道超过130万条。② 新华社"现场云"全国服务平台有效地抓取了用户的消息,通过

---

① 黄灿灿. 人民日报社"中央厨房"解读 [J]. 新闻论坛, 2016 (1): 15-17.
② 蔡雯. 媒体融合进程中的"连接"与"开放":兼论新型主流媒体建设的难点突破 [J]. 国际新闻界, 2020, 42 (10): 6-17.

一手的消息源实现了内容建设的进一步发展,也在这些消息资源上实现二次开发。除此以外,通过主流媒体高效的策、采、编、发,平台可以组织用户展开联动报道,通过实时在场的状态,挖掘更深层次的新闻信息,形成网络的聚合效应。该平台还通过今日头条、腾讯新闻进行社外分发,"社内+社外"的分发体系使"现场云"可以触达全网受众。

2. 地方一级特别是县级融媒体:尾部传媒资源的整合

2017 年,中央宣传部原部长刘奇葆在推进媒体深度融合工作座谈会上发表了重要讲话,认为在当前的时代大背景下,传统媒体要与时俱进,在加速本身建设的同时须兼顾新媒体发展的前景,要尽快改变以往的思路,从简单的整合相加进入相融的阶段。座谈会吹响了主流媒体探索运营实践新媒体资源的号角。2019 年年初,中共中央政治局第十二次集体学习又阐明了全媒体时代的典型特征,概括学习了习近平总书记建设县级融媒体的讲话精神,强调了"四全媒体"的重点建设内容,指明了优先发展的新道路。围绕三次会议,我国政府对地方一级特别是县级融媒体的传媒资源整合架构,又有了全新的指导思想:同中央级媒体机构的区别在于,地方一级特别是县级融媒体须着眼于群众,通过整合起来的资源更好地帮助群众、引导群众。

作为地方一级的融媒体,由广东省委宣传部代管的羊城晚报报业集团,紧随中央级媒体的传媒资源整合进程,提出了整合运营全媒体采编大平台的概念,率先对内部机构进行了重新设置,也从多方面升级了硬件、技术,依靠集团本身的纸媒,紧随时代趋势,充分利用微博、微信公众号等新媒体资源的时效性,实现了全天候全时段新闻发布。

南方报业传媒集团打造的"南方+"新闻客户端,拥有了全新的社交属性,用户能够针对自己所遇到的问题向广州境内各区域的政府机构寻求帮助。2016 年,"南方+"正式入驻微信,成立"南方发布号",首批加入"南方发布号"传播矩阵的官方媒体就有上百个,其中大部分为政府部门的服务号,市民可以通过"南方发布号"办理政务咨询、教育问题咨询、医院预约挂号等业务,获得较好的服务。

湖北长江广电传媒集团利用自身实力创建了能够多元沟通的新平

台——"长江云"平台,通过平台的一体化进程推动湖北境内不同区域的县级融媒体中心建设。以"长江云"平台为桥梁,围绕"新闻+政务+服务"的核心发展理念,"长江云"平台与省内上千家媒体机构形成合作关系,开发了上百个名为"云上+"的 App,在各微信公众号、官方微博号、新闻网实现同步,形成的多媒体矩阵跨越了各市、各区,甚至是各县的党务、政务媒体,覆盖了群众生活的方方面面。

2011 年 4 月,长兴县政府牵头,组织合并了长兴广播电视台、长兴县县委报道组等多个县级媒体机构,成立了长兴传媒集团。通过一系列的运维发展,截至 2017 年,长兴传媒集团囊括了该地区大大小小 11 个媒体平台,依照国家融媒体发展战略,落实了建设县级融媒体中心的要求,于 2019 年推出了"掌心长兴"移动客户端,通过这一资源共享平台,为创业者提供数据服务。"掌心长兴"启用后,平台付费办理的业务创收不断攀升,占集团总收入的 1/3。①

2016 年成立的河南项城融媒体中心,由项城市副市长统筹分管,旗下设立了文化、教育、医疗等多个政府窗口,打通了政府服务大厅的多个端口,一站式服务赢得了市民的一致好评。

此外,一些地区的市政部门通过公开的招投标,吸纳外部的媒体运营机构承揽本地的政府政务新媒体,这样的举措为内部传媒资源的优化整合提供了新的路径。近两年随着短视频的兴起,视频类平台(客户端)的建设也加快了步伐,中央级媒体有《人民日报》的"人民视频"客户端、中央广播电视总台的"央视频"客户端,省级媒体有浙江日报报业集团的"天目"客户端、南方报业传媒集团的南都"N 视频"客户端等,它们成为抖音、快手、梨视频等商业平台之外的新生平台。

地方一级传媒集团通过改革实验进一步实现自我完善,但仍然存在较多不足,主要体现为忽视将自身的优势转化为用户的"产能",换句话说,用户仅仅是作为信息的接收者,而不能主动成为信息的创作者。这样,地

---

① 蔡雯. 媒体融合进程中的"连接"与"开放":兼论新型主流媒体建设的难点突破[J]. 国际新闻界,2020,42(10):6-17.

方一级传媒集团尽管在某种程度上优化了内部资源,但实际上还是简单地将各类媒体资源相加,而没能真正完成相"融"的任务。

三、技术赋能

在传媒资源整合的浪潮下,市场竞争、政府政策作为变革压力催生了媒介融合的新形态。但不可否认的是,媒介融合的大背景是技术的不断突破,新的传播技术的发展造就了新的媒介生态,也进一步在原有的基础上创造传媒资源整合的新契机。

(一) Web 2.0 技术:重塑传媒资源

相较于 Web 的最初形态而言,Web 2.0 以人为发展中心,逐步实现了马歇尔·麦克卢汉所说的"人的延伸"。[1] 传统的互联网用户仅仅作为信息的接收者,局限于信息的交互模式。Web 2.0 时代,技术的影响力同时印证了"媒介即讯息"这一表述,新的社交属性推动了媒介与受众之间的互联互通,"部落化社会"孕育而生,崭新的个人空间不断涌现,互联网用户成为具有个性的使用者,通过运用互联网提供的内容,进一步打造自我画像,从冷冰冰的接触转换成正式的参与,可以说独立的"部落"创造了更多的资源。最为典型的案例就是 QQ 空间(个人博客)的使用,用户通过注册腾讯账号,开通 QQ 空间相关服务,可以在 QQ 空间表达情绪,也可以通过 QQ 空间的装扮功能,赋予博客页面自己的个性。个人博客的出现使得资源有了极大的延伸,资源的互联互通、共建共享有了新的方向,技术的不断更迭使得传媒资源得到了极大的重塑。

只不过,重塑传媒资源是一个漫长的过程,要使其从一个简单的想法变得不断成熟。变革率先出现在美国,中译媒介综合集团(Media General Inc.)在编辑部门设立了"多媒体新闻编辑"这一职位,千禧年前后的互联网使得新闻的分发和资源的调配出现了各种可供选择的方式,编辑的工作变得复杂烦琐,只有设立独立的多媒体编辑才能更有效

---

[1] McLuhan M. Understanding Media[M]. 2nd ed. New York:McGraw- Hill Book Company,1964:23-24.

地进行新闻的策划和报道。美国论坛网集团旗下的《芝加哥论坛报》(Chicago Tribune)独树一帜,给予"多媒体新闻编辑"这一岗位全新的解释,在 1996 年年初创办了名为 Metro Mix 的网站,网站旨在搜罗各路奇闻轶事,如 20 世纪出现的"黄色新闻"①,编辑们对这些故事进行编排扩展,以达到吸引更多关注的目的。这一以网络为载体的"黄色新闻"的形式获得了巨大的成功,但令集团领导不解的是,尽管网站热度很高,旗下的报纸销售量却出现了下滑。调查发现,网站用户中竟有 60 万人在知道这个网站之后不会再主动购买阅读《芝加哥论坛报》。集团调整了报刊的经营策略,根据网友对"黄色新闻"的需求又创办了《红眼报》(Red Eye),果然,纸媒用户回归,读《红眼报》成为当时年轻人的阅读时尚。集团的无心之举开辟了利用互联网来对娱乐资源重新整合的全新模式。② 自此,互联网进入了大众的视野,敏锐的大众传媒从业者嗅出了新的商机,许多报纸开设了网络版,更有甚者抛弃原有的纸质媒体转战网络媒体,建立了自己的网站。电视台也紧跟步伐,把自己的节目从电视屏幕搬至电脑屏幕。

但是,在这一时期,更多的人在乎的是入网能为自己带来的商业价值,而没有意识到互联网技术本身的变革造成的影响将会是天翻地覆的。

在过去的三十年里,我们经历了计算机通信技术的巨大变革,互联网及其服务是发挥作用的主要力量。这些变化导致了信息的数字化,改变了人类的一切活动。媒体组织生产的数字化促进了新闻组织和实践的变革。这些变化还涉及制作流程,并且新闻制作的新方式、最终产品及其向最终用户的传播也发生了根本性的变化。生产系统的数字化使得内容能够跨越媒体传播边界。电视画面和片段可以在网络上发布,广播中经常使用电视声音。在当前技术环境下,媒体的工作流程发生了根本性变化。当下的新闻在制作前就要进行整体布局,实行跨媒体出版,即新闻一次性制作,并针对不同的出版渠道以不同的方式部署,因此,媒体可以覆盖更多的受众

---

① "黄色新闻",是指有关刺激性内容的报道。
② 蔡雯. 新闻传播的变化融合了什么:从美国新闻传播的变化谈起[J]. 采·写·编,2006 (2): 57-59.

需求，并提供相互补充的渠道。全球媒体行业的发展趋势清楚地表明，为了保证未来受众的长期忠诚度，必须从原本的单一产品模式转向以多媒体、内容和用户为导向的新模式。

（二）智能媒体技术：传媒资源整合的又一转折点

智能媒体的诞生改变了人们沟通、思考的模式，使技术进一步渗透到社会的方方面面，为传播提供了新思路。"智慧+"的生活方式使人们意识到，我们正身处于新的时代洪流中。在我国广泛使用的新媒体平台——微信、微博是人们日常交流沟通的首选产品。同时，短视频平台的崛起、互联网直播平台的兴盛正昭示着媒介生产经营新模式的出现，抖音、快手等一系列以算法为基础的平台呈现出另类的资源生产模式。

在物联网和智能媒体的加持下，我国的互联网应用面覆盖极广。从线上购物到线下的农作物观测，互联网平台正逐步整合从生产到销售的经营资源，同时根据媒体属性的不同侧重点也催生了更加多元化的场景。

近些年，"AI 大脑"成为万众瞩目的焦点。基于阿里云云计算、大数据技术及物联网技术，"阿里云 ET 工业大脑"在城市管理、农业生产等领域大显神通。2018 年，"阿里云 ET 工业大脑"首度同马来西亚政府合作，利用其先进的人工智能技术分析该国城市布局、交通规划。同年，"阿里云 ET 农业大脑"宣布提供农业生产咨询服务，借助"大脑"的智能化监测手段，实时监测农作物生产状态，再借由大数据技术进行分析，提取农作物生产状态，向农户提供农作物生长的第一手资料，减少了农户实地栽培的多方面成本，实现了农作物数字化生产。同样，"大脑"也能对畜牧业进行有效管理，如在四川省特曲养猪场，"阿里云 ET 大脑"能够有效识别每一头猪的生产状态。

传感器技术的发展极大地拓展了其参与运用的领域。通过佩戴 2018 年 6 月发售的 VR 眼镜"骁龙"，佩戴者能够进行基础的识别。眼镜一并配有二维码扫描功能，通过移动端指令可以扫描二维码分析信息。同年 9 年，美国脑机接口初创公司 CTRL-Labs 推出 VR 眼镜的神经端接口，使得眼镜能连接人体脑部神经，借助眼镜自带的大脑建模功能实现了科幻般的人脑接触现实互动功能。

随着媒介融合进程的加快,技术将不同场景以实变虚、以虚变实,进一步拓展了人类的感知系统,使人类的活动范围不仅仅局限于一小方土地上。VR眼镜、可穿戴的虚拟现实设备……可以预见的是,未来世界,媒介融合的趋势将围绕人展开,生物与机械的边界将变得模糊。

四、人才驱动

在市场、政策及技术的推动下,各传媒集团的差距进一步缩小,同时,竞争压力也不断增大。要想在传媒资源整合的进程中拔得头筹,集团内部拥有精兵强将显得尤为重要。上文中提到的很多融媒体建设的例子或成功或失败,都与人才密切相关。头部媒体本身体量庞大,是众多行业人才的意向之处,如何妥善选贤取能是一大问题;其他一些媒体机构如何凭借自身优势吸引人才,也是值得思索的问题。

(一)人才:作为"网红"的资源整合进程

在直播市场,传媒组织内部的人才资源得到重新整合,来自体制内的主持人变身为网红主播为传媒经济发展注入了新活力。譬如,中央广播电视总台主持人康辉,因在《主持人大赛》中妙句频出而被观众称为"新晋网红";在《新闻联播》中一改往常的严肃端庄形象,霸气回应中美贸易战一度为人所津津乐道;在《主播说联播》中以更生动的 Vlog 形式诉说大事小事;"康辉 Vlog"频频出圈,荣登各大平台的热搜榜。

再如,无锡广播电视台的"智慧联盟"企划,通过挖掘无锡地区不同媒体平台上的人才资源,在"智慧无锡"客户端开通聊天室展开社会、民生、经济的讨论,旨在征求社会各阶层意见改进当地政府工作。这一开放式的访谈企划在"智慧无锡"客户端的网红主播栏目进行多路直播。①

总的来看,传媒组织业务板块的调整目标应当是制定一个合理的业务

---

① 截至2019年,该网红主播栏目共计发起了188场活动、5 931场直播,总人气达32 251 920,创收业绩为568万。

组合。业务扩张不能盲目求大求全，而是要结合自身资源优势和对照战略层的顶层设计，寻找市场空白领域去深度挖掘用户需求，据此才能优化资源配置组合，进一步指导产品与服务层面的生产和创新实践，主持人转型"网红"的影响力才能得到市场初步认可。

（二）媒体专业人士的聚合：媒体智库

由媒体机构牵头发起创办智库最早开始于 20 世纪 80 年代。机构组成人员大多数是传媒领域的专家学者，他们多为国家、地方媒体提供发展支持。2012 年，政府出台政策，要求建立"中国特色新型智库"，至此媒体智库才有了全新的发展。各媒体机构的发展侧重点不同，其下属的媒体智库也各有差异，但总的来说，媒体智库的主要功能是对刚出台的国家政策进行研究并提供建议，引导公众舆论应对突发舆情，为管理者提供可靠的支撑，因此它是一个媒体机构的公信力来源。

媒体智库的发展在很大程度上要依靠外部机构的协作和支持。例如，2014 年南方报业传媒集团联合中山大学、暨南大学等成立南方舆情研究院；2015 年，湖北日报传媒集团联合湖北省委党校、湖北省经济学会、光谷联合产权交易所等机构成立长江智库；羊城晚报报业集团联合百度、国双科技公司等成立羊城晚报智慧信息研究中心；2018 年，佛山日报社和佛山市社科联成立佛山传媒智库……这些都反映出媒体智库的资源整合能力和开放性。

（三）人才体制的变革促使人才整合：湖南卫视的人才管理机制改革

在人才管理机制改革方面有必要着重关注湖南卫视的整体策略。2018 年 5 月，湖南卫视总监会召开会议，会议上审批通过了共同设立工作室制度的议题，通过工作室制度来锁定精英人才。同年 9 月，共有 12 个工作室审批通过，这些工作室分各类板块探索不同节目新的发展模式。该制度在实行后有效地组织了不同类型的人才：所有的工作室中培养出湖南卫视近一半的节目导演，这些导演完成了湖南卫视 80% 的节目策划，并为湖南卫视创造了直接经济效益。

简单来讲，湖南卫视的工作室制度不跳离卫视发展的大框架，不改变当年的财政预算和节目类型,在五大板块中实现创新:第一,设立激励政策,为有能力的创作者提供奖金分红,并冠名湖南卫视独家品牌,为其提供更好的持续创作环境;第二,设立试播制度,为新点子腾出空间,在播出的过程中不断改进,为创作者提供机遇;第三,下放权力,各工作室有独立的用人权力,自由招聘,自我负责;第四,颁发奖项,湖南卫视设立"项目价值奖"等各类奖项,鼓励好的创作者;第五,与芒果TV①达成协议,优秀的工作室能够承接芒果TV的制作项目,借此能够在更好的平台发展。

湖南卫视的实践证明了人才体制改革能够为推进传媒经营管理体制的整体性改革打开一个新窗口。需要注意的是,谋求传媒资源重组与媒介融合实践的突破仍然需要同步推进五个层面的努力:战略层的顶层设计、主体层的架构重组、业务层的方向调整、产品层的流程再造、体制层的推陈出新。只有结合自身资源优势和市场需求形势,在宏观资源配置层面保证资源要素向着最优生产部门流动,在微观层面合理配置生产要素组合和升级传媒生产模式,传媒组织才能完成对市场优势的再造;只有在注重自身发展的同时加强外部资源联合,传媒组织才能在逐步补足自身资源短板的同时,共同推动整个传媒生态的和谐发展。

第二节 传统传媒资源的优势整合

无论新闻机构实施的融合类型和速度如何,多层次的融合正在以多种方式重塑新闻业的格局。新闻编辑室的结构、新闻实践和新闻内容都在不断发展,毫无疑问,融合模式对新闻业的运作方式产生了严重的影响,因此,需要提出一个重要问题:融合到底是丰富了新闻业,还是削弱了新闻业?我们需要从不同的维度来回答这一问题:就经济而言,融合通过共享

---

① 芒果TV上线于2014年4月,是以视听互动为核心,融网络特色与电视特色于一体,实现"多屏合一"的独播、跨屏、自制的新媒体视听综合传播服务平台,同时也是湖南广电旗下唯一的互联网视频平台。

信息和资源及协调内容的分发，促进了协同收益模式的形成和各种新的广告机会的产生，达成了有效的目标并落实了旨在建立用户忠诚度和增加网站流量的品牌战略。就内容而言，融合强调即时性、内容共享性，打造"不断更新的新闻故事"，而不是将新闻视为不可挖掘的成品。但不可忽视的是，融合使各个新闻机构之间内容生产同质化严重，诱导了新闻的"不断复制粘贴"，记者越来越不愿意对有限的材料加以自我审度，不断地缩小事实的收集限度，仅限于将新闻提供于受众，而不是挖掘产出深度新闻。深度新闻要求记者侧重于意义创造、语境分析，尽管互联网媒介为我们提供了丰富的新闻资源，但深度新闻却变少了，主流新闻机构的内容基本相同。

从专业角度来说，融合正在重新定义"记者"，即谁是记者，他/她到底要做什么，他/她的社会角色是什么。新闻工作变化表现出两大趋势：第一，记者行业内部放松了对劳动力市场的要求，各类灵活的工作条件激发新就业形式的兴起，临时雇用员工现象、非典型性媒体工作越来越多；第二，工作场所的技术化产生了对新的新闻技能和业务能力的需求，使大部分的工作人员陷入困境。

一、策、采、编、发专业程度跨越式提高

新闻生产过程一般包括新闻发现和新闻报道两个基本部分。在新闻发现之前，还有另一个阶段，即信息收集阶段。在信息收集阶段，记者从各种消息源获得数据，并在多个消息源之间交叉核对信息、核对原始数据。在信息处理阶段，新闻的最终形态开始呈现。如果有必要，记者可以通过运用数据可视化技术，通过信息图表讲述复杂的故事。在大多数情况下，媒体组织依靠有经验的网页开发人员来生成可视化数据。但在某种情况下，记者可能被要求独立工作，并使用特殊的软件、应用程序来准备有效的可视化内容。使用免费的云计算应用程序（如 Google Docs）也可以很容易地完成这项任务。

（一）分工协作：角色职能细化

智媒体技术的应用，提高了信息首次采集、处理分析的速度，较以往

人工采集的模式是一次质的飞跃。智媒体技术在汇编信息时能同时向各类不同性质的平台分发，做到了一次采集、多种用途。从信息采集者的角度来看，这在解放了劳动力的同时提高了生产效率，使创作者能腾出额外的时间挖掘更深层次的思考和情感诉求，不断提升创作能力。

随着传媒分工的进一步细化，垂直类信息的生产是新闻事业发展的关键点。智能媒体所扮演的角色，再也不是幕后的协作者，它从以往作为简单的技术支撑走向台前，对基于符号代码的新闻产品进行融合与创新，通过与受众的互动功能，使受众能更好地理解创作者的意图。例如，"供职"于新华社的写稿机器人"快笔小新"，专注于体育赛事、经济行情等报道的写作。如今，智能媒体的内容生产已成为完整的工艺流水线，完美地融入了当下的媒体产业链中。2018年，由新华社及阿里巴巴联手打造的新华智云开发了全新的智能平台MAGIC。针对当年的俄罗斯世界杯，MAGIC利用其强大的大数据驱动技术，整合海量的实时数据和材料，向世界不同新媒体平台分发创作内容。①

（二）形态升级：可视化和交互式体验成为新潮

目前，AI技术的运用已极大地解放了媒介形式，可视化技术的诞生为以"快"为时代背景的社会提供了新思路，媒体创作者创新原有的内容，试图将可视化加入创作中，以"图片+数据"的形式呈现了以往难以诉说的内容。妙趣横生的交互式体验将读者带入故事中，同时VR技术在新闻生产中的应用，使场景的恢复和新闻事件的还原更加接近事实。

虚拟现实新闻代替了以往生硬的文字叙事，使用户以"第一视角"亲历事件的发生现场，从视觉、嗅觉、味觉、触觉等多方面入手，增强还原事件的真实感。此外，虚拟现实感官技术还可以以现实为基础叠加更多的虚拟画面，实现多角度、多元化叙事。在2018年的全国"两会"期间，新华社发布了一篇题为《无人机航拍：换个姿势看报告》的报道，使用"无人机+虚拟现实"创造了具体的体验和创新的产品形式。两分半钟的动

---

① 李彪，刘泽溪. 聚合与重塑：2018年我国智能媒体发展观察［J］. 出版广角，2019 (3)：29-32.

态影像收集了全国各地的精美航拍影像。视频中的数据内容与背景主题高度一致，实景描绘出了国家建设取得的辉煌成就。

2018年，一些媒体尝试了游戏互动，实现了VR技术由"第一人称"到"第三人称"的转变。游戏本身就会以其非凡的参与感使人沉溺于其中，从这个方面来说，参与游戏的用户自发进行游戏体验时，能对新闻内容有更进一步的认识。例如，腾讯的慈善项目"照亮留守儿童那盏灯"，除了使用文字与图片展示留守儿童上学之路的困难外，还推出了《灯山行动》微信游戏。在游戏中，玩家需要扮演留守儿童角色，在游戏设置的昏暗的场景中，尽量避开陡峭的悬崖与路上的野兽，直到安全返回家园。用户在复杂的操作中对留守儿童的不易感同身受，然后产生情感共鸣，实现了信息灌输。

二、内容生产能力进一步提高

（一）技术领航：内容生产领域的强势介入

在传统媒体时代，新闻内容生产呈现单向线性流，每一个环节都需要新闻从业者亲自操作把关。而如今，随着科技的进步，在传媒产业中，AI技术逐渐进入了新闻采写制作与分发的全部流程，AI技术的强大干预使内容的生产更为多向互动。目前，数据采集在社交媒体上的具体应用体现在对平台用户的情绪信息与舆论趋势的挖掘和分析，依据此信息寻找潜在的新闻价值进行精准高效的内容生产制作。《华盛顿邮报》在美国总统大选期间推出了一款基于大数据技术的聊天机器人，该机器人通过加入各大论坛，实时收集论坛用户对于美国大选所发表的言论，再根据这些话题生成符号用户偏好的新闻内容。

使用无人机进行新闻报道在近两年已不是什么新鲜话题。无人机通过其独特的视角对新闻内容的抓取起着不可替代的作用，如在港珠澳大桥的完工仪式上，无人机航拍视频真正展现了大桥的全部面貌，跨海大桥宏伟壮观的景象一览无余。谷歌公司积极研发的机器人新闻写作系统为英国的新闻机构提供服务，使其内容生产速率有了较大的提升；国内媒体也紧跟机器人写作潮流，如上文所提到的"快笔小新"。①

(二) 渠道融合：资源的多层次跨界整合

传媒产业融合先进科学技术进行生产制作的趋势越来越明显，经营模式也越来越显示出多元化、创新性的特征。传媒业内部结构的媒介融合趋势从简单的产品融合向媒体基因彻底再造转型②，专业媒体与技术平台跨越国界的融合已成为未来传媒行业媒介融合发展的新风向。

《证券时报》旗下技术部门开发了基于大数据的名为"数据宝"的财经类新闻写作媒体。该媒体运用爬虫技术，截取各财经平台的证券分析类文章，以数据分析股市走向。2018年，我国股市处于低迷阶段，"数据宝"以其卓越的分析能力，为众多股民避险，取得了口碑、阅读量双丰收的佳绩。

2018年是我国大数据发展的元年，媒体机构同大数据企业的联合促成了新一轮的技术融合，也助推了传媒产品的不断创新。例如，在这一年，《安徽日报》与科技企业共同建设了新闻大数据中心。各媒体平台对从组织架构到制度流程进行了全方位的调节和整合，形成了"一次收集、多元化制作"的高效生产模式。

此外，技术融合助推了创新传媒产品破土而出。LBS 技术是近两年来的媒体新宠。通过移动客户端提供的用户位置定位，媒体机构能够因地制宜，结合算法推荐，为用户推荐更为合适的内容，原本单一化的静态推送依靠 LBS 技术实现了多维立体的动态复合推荐。例如，在用户乘坐公共交通工具时，媒体能够依据场景的变化随时推送不同的广告。

三、提升主流媒体的公信力和影响力

(一) 媒介融合时代的公信力

公信力是一个复杂的概念，同时与传播过程的所有组成部分、信息质

---

① 王斌，程思琪. 反推式变革：数字环境中的新闻消费特点和转型路径 [J]. 编辑之友，2018 (12)：65-67.
② 李彪，王永祺. 2017 年媒介融合趋势：从单向度融合到多层次融合 [J]. 出版广角，2018 (3)：20-23.

量的真实性、传播者、媒体的性质和声誉,以及最终决定传播者传播行为的所有因素有关。由于互联网中往往包含不准确的、未经验证的信息,发布信息的设计者也必须参与信息可信度的创建。数字化导致了媒介视觉传播的重大变革,主要体现在三个方面:业余视觉生产的兴起、视觉信息的全球传播(最初用于地方或区域层面的信息正在向所有人提供)和视觉信息的去语境化(由于文化背景的影响,这一过程导致出现不同的解码过程)。落后就意味着淘汰,在此变革之下,如何快速、高效地整合现有的传媒资源,抓取更多用户的注意力并从中获取更多价值,乃是各路媒体亟须解决的问题。

当今,主流媒体愈加青睐以短视频平台为代表的新媒体平台,其优点是利用这些平台可以改变传统的新闻叙述风格,因而更能贴近并吸引受众。在进一步做强做精融媒体、推进传统媒体供给侧改革的大背景下,不少电视台和报社为了去除"重数量轻质量、重开设轻建设"的通病,率先裁撤冗余部门、淘汰落后产能——"关停并转"乃是题中之义。

以关停、合并、转让为主要手段的机构改革只是第一步,接下来的资源整合与再造才是重头戏。在理想状况下,"减负"后的传统媒体应当能够重新配置资本、人才、技术等要素组合并将其投入效益最高的生产部门,在取得资源配置效率最优的基础上进一步追求生产力向更高阶段的再释放,实现传媒资源与生存机会的"再造"。

(二)关停并转:"再造"主流媒体公信力

正确认识媒介融合,首先应当树立大局意识,结合当前媒介融合实践的具体形势分析其阶段性特征与存在的问题。《媒体融合蓝皮书:中国媒体融合发展报告(2019)》指出,2017—2018年是我国媒体融合发展的一个重要阶段,媒介融合从形式架构的相"加"迈向内容生产的相"融",从个体融合迈向整体融合,从企业云建设迈向媒体云建设。2019年以来,我国媒介融合已跨入以体制机制融合为主要特征的融合3.0时代。

融合3.0时代的一个显著变化是媒介融合实践从传媒资源整合初期的增量资源扩张逐渐转向更深入的存量资源利用,更加注重"关停并转"后的传媒资源组合优化和资源利用效率提升。这一步,对于传媒组织来说是一次"惊险的跳跃",盲目扩张、求大求全将会掉入规模不经济的陷阱,而畏缩不前、犹疑不定又会坐失良机。

那么,媒介融合顶层设计方案究竟该如何书写?学者们结合当前阶段媒介融合存在的问题做出方向性判断。中国教育电视台总编辑胡正荣表示,当前的媒体融合大多浮于表面,流于形式,未能从本质上做到真正融合。例如,成立融媒体中心后,多种媒体生产的内容有重合板块,而很多融媒体中心仅策划新闻类内容,针对某一类产品或垂直类产品的内容与流程策划少之又少。据此,胡正荣指出,媒介融合向"真融、实融"发展首先要做好顶层设计,而顶层设计的重点应当是稀缺资源的获取和独有优势的建立。①

中国社会科学院新闻与传播研究所传媒发展研究中心主任黄楚新也对当前阶段媒介融合存在的问题有类似看法。他认为,当前许多县级融媒体仅从媒介形式上进行融合,如传统媒体建立"两微一端"等平台,而在内容上缺乏原创,优质内容贫瘠,同质化严重,并未从实质上进行深入的融合运作。② 要解决媒介融合同质化严重的问题,应当认识到融合实践并没有所谓的固定模板,更不能一味效仿其他媒体既有的发展模式。县级融媒体唯有扎根本土、因地制宜发掘自身资源优势,才能做出差异化、个性化的产品与服务。

综合来看,媒介融合实践的理想状态应当是异质性资源汇聚到自有平台上,差异化定位的垂直类产品实现全流程打通,传媒组织各自依托核心定位形成独有的发展模式。以抓牢稀缺资源为导向,传媒组织在战略层上结合内部资源优势与外部用户需求制订顶层设计方案,这样能够更好地把握媒介融合的方向。

不破不立,破而后立。传媒资源整合的前提是将人力物力从长年低收益甚至亏损的冗余业务部门与不能创造价值的行政部门中解放出来,在此

---

① 饶雷,肖婧为. 媒体融合的方向渐趋清晰:专访中国教育电视台总编辑胡正荣[J]. 中国广播,2018(8):27-30.
② 黄楚新,许可. 当前中国媒体深度融合的热点、难点与机制突破[J]. 传媒,2021(14):12-14.

基础上谋求传媒资源的统筹规划、重新组合。此外，以稀缺资源为导向的顶层设计要求传媒组织减少与其他媒体的市场定位重叠，实现差异化发展。同理，传媒集团内部同样要减少同类型业务部门的过度竞争与内耗，唯有先行去除过剩产能，才能在革新除弊的基础上轻装上阵，去面对更加残酷的外部市场竞争。

目前，以"关停并转"为主要方式进行组织架构重塑，已经成为业界普遍展开媒介融合实践的第一步。然而，我们仍然要进一步追问，"关停并转"的选择与执行机制是什么？在机构改革中如何确定哪一类部门应当被撤除或保留？

一个简单的判定方法是以部门能否给集团带来可观的利润为依据，直接撤除效益较差的部门。但是在实际操作中，我们常常发现传媒集团对于两个同样处在亏损的业务部门，其解决策略也并不都是"一刀切"式的关停，甚至说对于处于两个相似境地业务部门的改革方式呈现出截然相反的结果。

由此可见，以成败论英雄并不能完全解决现实中机构改革的困惑。"关停并转"的核心思路还是要以长远为计，综合战略层面的考量，包括顶层设计方案中对稀缺资源的判断、对业务板块的规划等，再对照现实中各业务部门是否存在市场定位重叠、内容同质化竞争、资源利用效率不高的现象，在多方求证之下做出选择。

（三）开源节流：实践中的公信力

媒体合并潮在很大程度上改变了上海的报业市场。上海报业集团党委书记、社长裘新曾提出：上海报业集团刚刚合并组建时，拥有全国报业集团最多的报刊量，集团组建后对近三分之一的报刊进行了休刊，目前实际运营的报刊减少了11家。2013年年底，上海报业集团在舍弃与旗下《新民晚报》市场定位高度重叠的《新闻晚报》后，即刻启动了《东方早报》新媒体项目的招聘，实现了从剥离传统业务到拓展新业务的迅速转换，这种以业务为导向推进融合的实践思路为媒体合并中的关停与改革工作提供了范例。

又如，据相关新闻报道，绍兴市新闻传媒中心（传媒集团）原内设49个机构，在2019年4月正式启动组建实施方案后，压缩至25个，中层职数减少37个，精简率达33%。集团还全面实行部门定岗定编定经费原则，按照先行政、后采编、再经营的顺序，分步推进1 000多名员工进行双向选聘，精简35%的行政岗位，并增加采编、经营等一线岗位员额，充分体现了业务优先的导向。

综合来看，以抓牢稀缺资源为目标、以业务板块设计为导向、以精简机构为关键抓手进行组织架构重组改革，既能够保证战略层的顶层设计在具体工作层面得到贯彻实施，为下一步的传媒资源整合做好准备；又能避免集团内部无休止的"内耗"，在去除过剩产能的同时也降低了运营成本，提升主流媒体公信力和影响力已是题中之意。

第三节　互联网传媒资源的融合出新

当今世界，出版业与传媒业都在经历前所未有的巨变。新技术正在迅猛发展，新设备在很短的时间内就可以被获得。除了个人电脑和笔记本电脑之外，智能手机、平板电脑等移动电子产品在人们的日常生活中无处不在。即使是传统的电视台也越来越与互联网融合。所谓的"第二屏"将社交媒体带入我们的视野。此外，亚马逊等公司还提供Kindle等电子阅读器，将书籍和杂志作为电子书和电子杂志直接传送到设备上。可以说，在不同的周边技术的帮助下整个世界将越来越数字化。这就是所谓的Web 2.0改变了人们处理互联网的方式，任何人都可以通过使用不同的媒体，如博客、维基甚至视频和音频博客，轻松地在全球网络上写作和发表文章。许多不同的应用程序允许人们通过技术协作，实时地在文档上进行编写。媒介融合同时改变了人们获取信息与处理信息的固有模式，也改变了地方、国家和全球各级对信息的反应。媒介的技术融合并没有体现在向新的信息传播媒介的过渡上，而是体现在从多种来源创造信息，并通过各种现有的表现形式——文本、视频和音频——来表现信息，留给用户选择的方式，满足他们的沟通需要。尽管媒介正在相互融合，但它们不能简单地融合。

一、社交媒体与推荐算法的优势整合

随着信息技术在移动互联网时代的迅猛发展,信息生产者与信息消费者都在这个信息过载的时代中面临着前所未有的挑战。对信息消费者而言,人们越来越难进行信息的过滤与筛选;而对于信息生产者而言,使用户从海量信息中关注到自己生产的信息,也并非易事。因此,算法推荐系统应运而生,化身一座连接信息消费者与信息生产者的桥梁,轻而易举地解决了难题,不仅使信息消费者触达自己感兴趣的信息,也使得信息生产者更高效精准地生产内容,实现双赢。目前,推荐算法有三大主要类型,即协同过滤推荐、基于内容的推荐、关联规则推荐。随着社交媒体技术的不断完善,单一的算法推荐体系难以覆盖用户对于不同话题的关注,只有三类算法推荐模式相互协作、取长补短才能满足用户的综合性、多元化需求。[①]

二、5G、VR、AR 技术:传媒资源中时空、场景和逻辑的转变

(一)时空:从时空分离到时空一体

电磁波的出现使得信息的传播速度达到了光速,同时人们所感知的空间进一步压缩,米歇尔·麦克卢汉关于"地球村"的预言实现了,人们生活、工作的场景不断重叠,在互联网里形成了多维度、多交叉的虚拟时空。人们利用手机端自带的 AR 识别软件,穿梭在城市间寻找"宠物小精灵"、参与支付宝发起的"扫福"活动。其实早在 2017 年的央视春节联欢晚会中,节目组就全面启动了 VR 视频直播,将现场视频转化为 360 度全景视角,使得电视机前的观众身临其境,像是来到了春晚的演播大厅。

再者,此技术还被运用到了重大的赛事转播上:韩国平昌冬奥会的新闻报道就采用了 VR 直播,运动员好似在身边呼啸而过;欧洲足球联赛中

---

① 喻国明,韩婷. 算法型信息分发:技术原理、机制创新与未来发展 [J]. 新闻爱好者,2018(4):8-13.

裁判员根据 VR 直播的视频回放来判断运动员是否越位；苹果公司新推出的"sport+"服务，通过 VR 技术将健身学员带入虚拟健身室，并由专业的教练带队开展线上健身。虚拟现实创造了一种虚拟环境，打破了叙述者和使用者之间的"第四道墙"，满足了观众的"在场"体验，仿佛他们在现场目睹整个事件。①

（二）场景：从"虚实分明"到"虚实交融"

AR 技术是一种增强现实感，将虚拟信息与现实世界巧妙融合的技术。这一技术的诞生，不仅能为受众提供更为丰富的"在场"空间体验，从创作者的角度来说，也为创作者提供了天马行空的想象空间。与 VR 新闻的相同点在于，AR 新闻最大化地刺激了观众的感官系统，使他们以主观参与的方式对信息有了更深刻的理解，也打破了传播者单一的传播形式，使传播效果得到提升。2018 年上线的新华社 5.0 客户端就成功实现了 AR 技术的应用，用户扫描屏幕就能进行交互性操作。通过 VR 技术或者 AR 技术对事件场景的建模再现，将受众的"身体缺席"转化为"注意力在场"。例如，2020 年"火神山"方舱医院云直播就运用了 VR 技术，人们触摸屏幕就能看到方舱医院从地基到建筑整体的施工全过程。

（三）逻辑：从内容为王到数据至上

2021 年，根据澎湃新闻 2021 年 5 月的题为《刘烈宏出席 2021 中国国际大数据产业博览会》的报道，在贵阳召开的中国国际大数据产业博览会上，工信部副部长刘烈宏称，2020 年我国的大数据产业规模超过了 1 万亿元人民币。纵观大数据产业的发展历史，大数据技术的不断发展推动了传媒生态的不断变革。大数据作为传媒资源，改变了传媒业生产的传统模式。传统媒体在内容生产的过程中无法避免人的主观臆断，而大数据以其绝对理性，避免了生产者主观臆断的错误。除此之外，大数据使得基于"时间轴"等其他数据的可视化媒体产品的逻辑连接成为规范，可以帮助用户直观迅速捕捉到数据指向的现象与趋势。譬如，全球数据新闻奖获奖

---

① 李彪，刘泽溪. 聚合与重塑：2018 年我国智能媒体发展观察［J］. 出版广角，2019（3）：29-32.

作品《快钱》(*Easy Money*) 分析了大量"经济案"数据,以"证券犯罪"的再犯罪率作为讨论核心,揭示了在加拿大"证券犯罪"后所要付出的司法代价远不如罪犯铤而走险获得的报酬高。大数据技术不仅能为新闻内容生产提供全新的思路,其本身对用户的精准画像(算法推荐)还能为传媒生产带来额外的经济效益。

第七章
融媒体改革的困境

❖ **本章概要**

　　本章主要阐述了融媒体改革的困境，分别从人才结构、从业人员观念、内部矛盾机制、舆论导向传播力、本土化等五个方面对目前的困境进行了细致分析。

❖ **教学目标**

　　1. 全面了解融媒体改革的困境；

　　2. 了解融媒体改革所涉及的人才结构、从业观念、内部机制等方面存在的具体问题，并能够对其中一些重点问题进行思考与拓展；

　　3. 在学习的过程中培养辩证思考能力，并为以后的实际工作打下基础。

❖ **教学重难点**

　　1. 了解融媒体改革所面临的困境，以及困境背后的深层次原因；

　　2. 全面了解融媒体改革需要一定的实践基础，否则对其的理解会浮于表面；需要加强相关实践研究，从而深度理解融媒体改革的困境。

2014年是中国媒介融合发展的里程碑之年，这一年媒介融合发展战略正式上升至国家层面，因此也被称为"中国媒介融合发展元年"。习近平总书记强调，传统媒体和新兴媒体要优势互补、一体发展，坚持以先进技术为支撑、以内容建设为根本，推动传统媒体和新兴媒体在内容、渠道、平台、经营、管理等方面的深度整合。① 2020年是媒介融合的新节点，是"媒介深度融合年"，出现了中央、省级再到县级的媒介融合。其中，中央媒体层面的媒介融合以人民日报社"中央厨房"（2016年2月成立）为代表，省级媒体融合以"津云"（2017年3月成立，隶属天津新媒体集团）为代表。

融媒体改革是时代赋予的使命，在国家政策的号召下，融媒体中心建设正在如火如荼地开展。它以深度融合、整体转型为目标，在人才机制、理念思路、内部机制、内容形式等方面进行艰辛的探索和创新实践，虽然有突破，取得了一些成绩，但是同时也会受到各方面条件的制约和影响。融媒体还有很长的路要走，也就是说，融媒体改革的过程中也有许多困境亟待解决。

第一节 人才结构不够合理，难以应对融媒体改革

现阶段，媒体竞争的实质是人才竞争，只有高质量的人才队伍才能为媒体竞争带来优势。当然，在融媒体改革的过程中，人才队伍是推进融媒体改革的中坚力量，人才队伍建设是实现媒体改革"相加"到"相融"的抓手。也就是说，在融媒体改革的进程中，需要以人才队伍建设作为改革的动力。然而，当下融媒体人力资源结构不尽合理，人才队伍无法适应融媒体改革的新环境。本节从人才队伍基数、专业人才占比、人才知识素养、人才队伍结构、人才引进机制等方面阐述融媒体改革过程中的人才队伍建设困境。

---

① 《人民周刊》编辑部. 中国媒体步入融合发展元年 [J]. 人民周刊，2015 (6): 82-83.

一、从业人员队伍庞大，人员冗余问题突出

人才队伍建设是实现融媒改革从"相加"到"相融"的抓手。智能媒体时代对融媒体从业人员提出了高标准和严要求，但目前的融媒体从业人员队伍情况并不乐观，其综合素质和业务能力远未达到融媒体改革的标准和要求。

这首先体现在从业人员队伍庞大，人员冗余问题突出。媒体在"相加"过程中产生了从业者数量的"相加"。一些沿海发达地区的县级融媒体中心，员工冗余现象严重，这不符合精简高效的劳动力原则。

融媒体中心人多事多，但是能做实事的人少，人员数量与事件数量产生矛盾，事件积压成堆。究其原因，在用人机制方面，媒体不能真正实施竞争和淘汰机制，造成人员队伍庞大，基本处于"吃大锅饭"的局面，有的职工不愿干事，有的职工技能低不能干事……这些影响媒体整体从业人员的工作积极性，也成为全面推动融媒体改革的绊脚石。

二、专业领域人才匮乏，人员结构不够合理

人才是媒体竞争的核心要素。"功以才成，业由才广。"专业领域人才队伍是融媒体可持续发展的力量源泉。人才队伍建设是实现媒体改革从"相加"到"相融"的抓手，人才队伍建设需要注重其政治素质和业务水平的提高，这关系到媒介融合发展的前进动力。目前，融媒体改革过程中所产生的从业人员数量"相加"现状，直接导致了从业人员队伍庞大，从编制总量上看，人员处于过剩状态。但由于媒体技术的飞速发展，媒体已然横跨广电、通信、设备制造等诸多传统行业，其改革已呈现出"全行业"的发展态势。媒体改革过程中对于人才的要求更高，不仅对传统的编辑、记者等媒体人才提出新要求，而且对于数据处理工程师、UI设计师等新工种人员的需求不断增大。即使融媒体有一个庞大的从业人员团队，其大部分从业人员都是从原来的广播电视台和新闻信息中心调来的。他们缺乏融媒体专业知识，高位的岗位技能要求与低位的职业素养现实之间的偏差给融媒体改革带来较大阻碍。

很多媒体机构呈现出重媒体设备、轻媒体人才的改革现状，既不舍得高薪聘请专业人才，又缺乏对于现有职工的专业再教育。然而，媒体设备的实际操控者还是媒体人才，就算媒体设备相当完善，若缺少了实际操控者，媒体改革也处于缺环状态。此外，人才队伍深入融合不够，难以从根本上实现全面的融媒体改革。融媒体从业人员结构不够合理主要体现在两个方面：一方面是年龄结构层次不合理；另一方面是队伍结构不合理。人员结构关系到融媒体改革的长期建设问题。媒体机构还存在一部分编外人员，他们虽然在一定程度上改变了从业人员的年龄结构和知识结构，缓解了媒体内部有效人力资源不足的压力，但是一部分编外人员的专业不对口，难以应对融媒体改革。

由于媒体技术更新速度快，采编等技术岗位要求从业人员不间断地学习新技术，传统媒体从业人员对融媒体一知半解，对融媒体技术存在畏难心理，大多不愿意选择采编等对技术要求较高的岗位，而更加倾向于管理岗位。这导致技术岗位从业人员较少，技术岗位与管理岗位从业人员比例失衡，或者技术岗位从业人员"身在曹营心在汉"，难以全身心投入技术岗位工作，这是全面推进融媒体改革的障碍之一，大大影响了融媒体改革的进度。

三、从业人员融媒体知识素养欠缺，思路不够开阔

在媒介改革中，传统媒体从业者需要迅速成长为适应媒介融合发展的融媒体记者。融媒体改革不只是机构、人员重组，融媒体从业人员单一的传统媒体理念也在悄然变化，他们必须具备融媒体思维和融媒体视野，才能助力融媒体改革。而原先的传统媒体从业人员缺乏对基础的融媒体知识的了解，他们的融媒体知识素养较低，显然不完全具备融媒体思维和融媒体视野。

对于传统媒体从业人员来说，他们只需要完成采访、写作、拍摄或者编辑中的一项或多项即可。但是在互联网发达的今天，微信、微博、新闻客户端等各种新兴传播载体应运而生，自媒体攻势明显，人们倾向于通过自媒体快速了解新闻信息，传统媒体占据的话语权地位受到冲击。在此情

况下，融媒体改革对从业人员的高标准要求是全方位的，既包括采编等传统媒体的"老要求"，也包括现代媒体技术等"新要求"——需要会拍、会写、会跑、会直播。传统媒体从业人员需要充分了解新兴传播载体的使用方式、传播特点等，以此提高融媒体操作能力及对新闻价值的判断力，并在发布新闻时将与新闻相关的文字、图片、音频、视频通过各种新兴传播载体进行立体传播。如果传统媒体从业不愿、不想，甚至是不能了解、研究新兴传播载体的使用方式与传播特点，就无法适应新的工作方式和工作环境。倘若不能更好地服务于融媒体环境下新闻产品的生产与传播，原有的传统媒体从业人员最终将被淘汰。

也就是说，融媒体从业人员必须深入了解新媒体技术，了解并熟练运用各种媒介，在各种媒介转换的过程中起到一定的"润滑剂"的作用，确保新闻采集、生产、传播整个流程顺利运作。

传统媒体时代，受众只能被动地接收媒体传达的新闻信息，无法掌握信息接收的主动权。媒体传达信息的过程是以传者为中心的。随着媒体技术的更迭，"以传者为中心"转变为"以受者为中心"，每一个人都既是信息的接收者也是信息的传播者，他们可以根据自己的意愿在新兴载体上发布文字、图片、音频或者是视频信息。受众与媒体的关系发生了巨大的变化，原有舆论环境和传播模式被打破，传播者与受众之间是一种互动关系，因此，受众有一定的话语权。为争夺受众，融媒体从业人员需要树立服务意识，也需要听取受众的建议和意见，了解受众的偏好，生产和传播受众所偏好的新闻信息。

传统媒体更加重视新闻内容的质量和价值，当下由于快节奏时代和碎片化时代的到来，融媒体新闻更加重视市场影响力。在这种环境下，原先的传统媒体从业者需要尽快转变工作思路，在采集、撰写、发布新闻内容时，顾及受众所偏好的新闻内容，预测新闻产品的市场效果。

四、年龄结构较为老化，学习知识意愿不强

在融媒体改革的过程中，要注意人才结构问题，这关系到融媒体的实际发展。目前，年龄结构老化是传媒整合中迫切需要解决的问题。一方

面，年龄结构老化，年长者接受新思想、新事物的意愿和能力不强；另一方面，一些年轻人缺乏创新的意愿和勇气。总之，整个队伍对于互联网、智媒技术等新知识了解较少，也不愿意更新自己的知识库，缺乏对新媒体技术的研究热情，总是带着过去在传统媒体工作的心态从事媒体工作，使得制作出来的内容难以在新媒体平台上得到充分传播。

例如，安徽某市融媒体中心成立于2018年，尚属成立较早的县级融媒体中心，但现有员工多为从传统媒体直接转隶的老员工，他们年龄普遍偏大，对新观念的接受度低，对新技术上手较慢。即使已经是融媒体中心的工作人员，他们大多只熟悉传统媒体采编方式，对微信、微博及客户端的稿件撰写和编辑较为陌生，更不用提网络直播、VR、H5等新兴技术。如此一来，融媒体中心更像一个空壳，仅仅是成立了融媒体中心，但实际上其人力资源并没有按照融媒体运作的实际要求重组，而是仍以原来的平台模式进行分工，难以发挥人员的实际作用，"融"的特色难以体现。[①]

媒介融合过程中，融媒体从业人员既要熟悉传统媒体的制作流程，也要熟练运用新媒体技术，只有传统媒体和新媒体两手抓，才能使工作更加高效、更容易推进，这是融媒体从业者最基本的职业要求。

融媒体从业人员首先要拓宽自己的知识面。在实际的新闻生产过程中，需要除了传媒行业之外的其他跨学科的知识，融媒体从业人员在平时就要积累各学科的基础知识，做好自身知识储备，提高自身竞争力，以备不时之需。同时，提升自身的媒体设备操作技能也十分重要。融媒体从业人员需要熟练掌握摄像、摄影设备的使用，运用电脑写作、编辑并发布在新兴媒体上。然而，这对年龄较大的融媒体从业人员来说，是一个难题。缺乏跨学科知识的概念、学习效率较低、学习意愿不强等都可能成为他们拓宽知识面的绊脚石。

与传统媒体相比，融媒体从业人员需要始终保持高效率工作——融媒体记者在第一时间赶到新闻现场，融媒体编辑需要及时修改作者的文章……在工作的过程中，需要"手、脑、眼"并用，不仅要对眼前发生的

---

① 王阵. 县级融媒体的人才困境与对策探讨 [J]. 新闻世界，2020（5）：21-24.

新闻事件进行记录、分析,捋清线索,生产出受众喜闻乐见的新闻产品,而且要具有使用和驾驭新媒体设备的能力,这样生产出的新闻产品才能符合融媒体时代的要求。但是,由于从传统媒体融合过来的人员都是事业单位体制,有些资历较老的从业人员认为入编上岗就等于端上了打不破的"铁饭碗",抱着得过且过的心态,觉得没有必要再为工作拼搏,不需要再冲业绩,不在乎是否在第一时间赶到新闻现场,抱着"能拍上就拍,不能拍上一手新闻就拉倒"的心态,而这些从业人员又不能被随意裁撤或者开除,久而久之,就造成融媒体中心"有用的人才进不来,进来的人才用不上,好用的人才留不住"等情况。

五、媒体改革吸引力弱,缺乏人才引进机制

在媒介融合过程中,融媒体中心事业性与企业化兼具的管理模式的短板较为明显,缺乏灵活的管理机制和人才引进机制,无法吸引复合型人才加入,导致整个机构缺乏工作积极性,服务意识不足,难以取得长足发展。

首先,薪酬是激发从业人员的工作动力的重要因素之一,融媒体从业人员同样如此。薪酬改革的难度较大,但也是新闻行业在发展过程中所必须经历的阶段。一方面,媒体内部的事业编制人员和社会化招聘人员在薪资等待遇方面还存在一定的差别,即使两者做着同样的工作,社会化招聘人员也并未获得同等的薪酬,这在一定程度上影响其工作积极性。甚至在有些地区,事业编制人员的薪资等待遇能比社会化招聘人员高出 3 倍之多。另一方面,融媒体从业人员的薪酬与绩效也没有完全挂钩,人人分吃大锅饭,平均主义现象较为严重,普遍认为"干多干少一个样,干与不干一个样,干多错多",这在一定程度上也影响了融媒体从业人员的工作热情和工作主动性,媒体改革吸引力逐渐降低,融媒体从业人员也不寄希望于融媒体改革与发展。

其次,缺乏人才引进机制和考评机制。融媒体改革过程中,资金投入更加偏向于融媒体中心的硬件建设,忽视了人力资源对于融媒体改革的重要性。如果一次性投入过多的硬件建设资金,而没有配套的人力资源投

入，就会产生硬件设施充足和人力资源不足之间的矛盾。融媒体中心的体制机制相对僵化，且现存的激励、考评等机制较为老套，行之并未有效。如此一来，融媒体从业人员的工作积极性得不到激发，从而导致整个机构缺乏活力。

浙江省长兴传媒集团作为全国率先推进融媒体改革的县级媒体，重视加强人才队伍建设和培养，率先实施"对外引进"和"内部培养"相结合的双套机制。在媒介融合的过程中，"对外引进"机制主要是针对专业技术岗进行调整——实行"首席"聘任制，打破编制内外人员身份，实行积分制员工考核体系。"内部培养"机制主要是针对中层岗位——员工平等参与岗位竞争，依靠自身干才竞争上岗。长兴传媒集团还制订"万物生长"计划，希望通过"对外引进"和"内部培养"的激励机制和考评机制使全集团的传媒人才专业素质不断提升，使集团活力不断增强。

第二节 从业人员观念较陈旧，出现路径依赖现象

一、存在官本位观念，融媒体改革动力不足

全方位审视当前传媒业的改革，可以发现传统媒体和地市级电视台的观念相对落后，其改革时应向互联网、中央和省级媒体靠拢。其实在整个融媒体改革的过程中，相比于中央级和省市级的融媒体来说，县级融媒体改革要走更长的路。如今，囿于资金、政策、技术、环境等，很多县级电视台的观念甚至还停留在十年前，他们认为县级融媒体属于事业单位，存在盲目自信和骄傲自满的情绪。在媒介融合过程中，观念转变不可能一蹴而就。很多融媒体从业人员已经适应了"体制内"的工作模式，很难从官本位观念上转变角色定位，缺乏动力变革自身观念。

省级融媒体尽管基础资源雄厚，但全国省级行政区接管所有县级行政区的媒介融合与发展工作意味着巨大的管理成本和压力；对于县级融媒体而言，尽管具有地域特色优势，但相对薄弱的经济体量、有限的媒体资源

和人才的不足无疑成为其发展瓶颈，况且地域特色并非普适性条件，容易造成同质化竞争。① 县级融媒体是媒介融合发展的关键节点。县级媒体的前身主要还是县级电视台，仍参照事业单位的管理模式，从上至下的"铁饭碗"观念犹存，行政领导的思维仍停留在传统媒体发展阶段，以"老理念"参与"新改革"，影响融媒体建设的进程。

在媒介融合方面，与县级融媒体相比，地市级融媒体改革步伐更慢，其融媒体改革更为落后。因此，在现阶段的融媒体改革中，中央媒体、省级媒体和县级媒体改革如火如荼，而地市级媒介处于边缘化位置。在实际改革中，新媒体平台归属混乱，"中央—省—市—县"融媒体改革体系的构建存在缺环现象，"分散型"媒体改革现象突出。随着县级融媒体改革上升为国家战略，省级媒体和县级媒体往往直接对接，绕过了地市级媒体，导致地市级媒介融合进程相对滞后，"等靠要"思想仍存。由于人事权等没有随融媒体改革而进行变革，官本位思想使县级容易受到上一级，也就是地市级的制约，不能放开手脚重构融媒体建设，阻碍了"中央—省—市—县"融媒体改革体系的构建。

为避免"中央—省—市—县"融媒体改革体系构建中缺环情况加剧，黑龙江省绥化市提出通过融媒体改革合作实现规模效益。绥化市为充分解决历史遗留问题，成立融媒体组建工作领导小组，小组成员囊括市委办、政府办、组织部、宣传部、人社局、财政局等21个部门和单位，并设立办公室及工程技术建设组、人力资源组和资金保障组等3个工作小组，制订《绥化市融媒体中心建设规划》，力图从组织架构上为融媒体改革凝聚力量，实现媒介融合的统筹发展。另外，为建立分工明确、职责到位、层次清晰、有机联动的传播矩阵，地市级媒体融合发展应适当把精力放在特色突出的媒体平台上，关停冗余的媒体平台，不断明确新媒体管理机构。同时，黑龙江省绥化市和河北省衡水市的网信办分别发起了"自媒体走基层"活动，实现党政新闻的联动传播和地方特色的深

---

① 谢新洲，石林."上下夹击"与"中部突围"：我国地市级融媒体发展研究：基于四市媒体融合发展的实地调研［J］.现代传播（中国传媒大学学报），2019（12）：1-8.

度挖掘，不仅加强了与当地自媒体的合作，还优化了兼顾区域自媒体管理和主流媒体传播策略。①

二、自身媒体定位较狭窄，难以发挥体制优势

互联网为媒体改革提供了技术支撑。离开了技术支撑，媒体单纯依靠自身很难实现产业的良性运转，更不用说实现可持续性发展。现阶段，有些融媒体从业人员的思想较为落后，缺乏自我学习、自我更新精神，因此，难以跳出传统媒体来看待融媒体这种新事物。融媒体其实是不同媒体综合整合的成果，是包含人力资源、平台建设等各方面作用的结果。媒介融合不能被简单地归为传统媒体自身的改革问题。

也就是说，传统媒体需要借助其他的优势资源拓展业务范围，延长传统媒体产业链。尤其是对于地市级媒体和县级媒体而言，目前它们仍靠财政补贴来维持运转，但在融媒体环境下，它们需要借力其他优势资源重新自我定义，减轻财政压力，通过其他收入反哺传媒产业，完善自身造血机制，实现融媒体改革可持续发展。

融媒体背靠体制，相比其他媒体公司来说，有更多机会利用体制性优势来获取其他稀缺资源，把融媒体中心打造成新时代治国理政的新平台，提升新时代的社会治理能力，构建社会治理体系，总之，就是完成"互联网+媒体+政务+……"智能媒体新平台的架构。

在这方面，浙江日报报业集团基于"媒立方"的"天自云"和湖北广播电视台的"长江云"的政务服务探索走在融媒体改革前列。

浙江日报报业集团将自身定位为互联网的枢纽集团，准确掌握互联网的市场规律，将"用户连接重建"作为目标，推行"新闻+政务"的模式，其中也包含了政府和生活服务。集团自始至终都敢为人先，冲在媒体改革的前线。集团充分利用大数据等技术，通过创建"媒立方"融媒体平台实现采编流程再造。在媒介融合的推动下，浙江日报报业集团重塑了商

---

① 谢新洲，石林."上下夹击"与"中部突围"：我国地市级融媒体发展研究：基于四市媒体融合发展的实地调研［J］.现代传播（中国传媒大学学报），2019（12）：1-8.

业模式和盈利模式,其媒介融合转型取得了良好的成效。①

"长江云"媒体平台隶属于湖北广播电视台,在完成自身媒体信息传播的同时也十分重视政务服务,充分满足群众的新闻、政务需求;与此同时,将媒体技术全方位植入融媒体改革,仅共用一个后台便可实现融媒体客户端的全面布局。

"长江云"媒体平台在发挥自身服务功能的同时,注重舆论引导和媒体生态环境构建,满足用户的多样化需求。基于此,湖北省范围内已有超2 000个移动服务客户端,包含省市县等不同区域。另外,还汇集了大约20个区域的将近120个政府部门的官方客户端,总用户数量超8 000万人。依托省级"中央厨房",全省共享新闻资源,缩短新闻采集、收发等时间,提高效率。"长江云"媒体平台不仅在用户与政府部门之间搭建了沟通桥梁,而且拉近了政府部门与各行各业之间的距离,为以后更深层次的合作提供了空间。②

三、从业人员存在本领恐慌问题,对媒体彻底重构接受度较低

面对融媒体改革,从业人员心态较为复杂。一方面,融媒体时代的到来倒逼从业人员学习更多的从业技能,他们带有半推半就、不情不愿的心态,存在畏难情绪,不愿意学习新技术,企图吃老本蒙混过关;另一方面,客观上融媒体从业人员对新兴媒体技术不太熟悉,在学习的过程中较为抵触。

在实际工作中,"本领恐慌"表现在思维、学习、工作等各个方面,表现形式多样。安徽马鞍山融媒体中心从业人员的心理就与之吻合,他们采编人员里中老年人占一半以上,工作活力不足。在一定程度上,融媒体从业人员不仅为自己过去的成绩、本领沾沾自喜,还对新兴媒体技术存在排斥心理。但实际上,他们对于新兴媒体技术的掌握程度较低。③

---

① 郭全中. 我国县级融媒体中心建设研究 [J]. 南方传媒研究,2020 (1):111-128.
② 郭全中. 我国县级融媒体中心建设研究 [J]. 南方传媒研究,2020 (1):111-128.
③ 梁发年. 新形势下新闻舆论工作者如何应对"本领恐慌":学习习近平总书记新闻舆论工作座谈会重要讲话精神体会 [J]. 新闻世界,2016 (6):3-5.

工作观念影响工作思路，工作思路影响工作行为。融媒体改革要以转变从业人员的工作观念为抓手，按照媒体发展规律切实提升从业人员的业务能力和业务水平，构建有效的培训机制，扩大从业人员能力提升空间。

融媒体从业人员的自身求变才是自我改革的内在动力。融媒体从业人员必须明白，融媒体改革是媒体的发展形势与趋向，容不得任何人存在侥幸心理。首先，融媒体时代国家和政府部门大力鼓励创新，从业人员要树立危机意识，主动增强自身的创新意识和求变意识，主动有所作为，发挥自身的能动性以适应媒体发展趋势。其次，从业人员要重视技术，主动学习大数据、人工智能等最新技术，增强媒体技术运用能力。

简而言之，融媒体从业人员必须保持勤奋和坚持思考，协调工作和学习的时间，不断提高业务水平，满足时代的发展和工作的需要。

四、不够重视科学技术赋能，依赖传统媒体路径

技术创新是媒介融合不可忽视的一环，5G、大数据及云计算都是推动媒介深度融合的技术动能。融媒体改革环境下，不同媒体通过各种渠道把新闻信息推送到各种平台上，这一过程的实现需要科学技术的支持。如今，有些融媒体从业人员仍认为生产出高质量的新闻产品才是王道，这一点无可厚非。但是高质量的新闻产品一旦脱离了媒体技术的支持，就无法被传播到更多的平台上供受众了解。有些融媒体从业人员一方面认为技术很重要，另一方面仍旧有些轻视技术。如果融媒体从业人员认为只要内容质量高就可以了，那么这种轻视科学技术的落后观念必定会阻碍融媒体发展，成为媒体转型的绊脚石。

媒体变革从根本上来说就是技术的更新迭代。媒体技术不断改变信息的存储、发布、传播方式，实现了信息在网络空间更快速的传播，给人们提供了信息交流的网络平台，引发了对原有媒体秩序的重构。说到底，媒介融合实际上也是媒体技术的再次更迭。融媒体时代，媒体技术的重要性不可忽视。

融媒体从业人员需要树立"内容为王""技术为本""互动为纲"的融媒体新理念。媒介融合要充分利用互联网技术，优化策、采、写、编新

闻生产流程，缩短信息传递链条，使信息传播变成"点到点"的瞬间过程。这一过程的实现，需要两个关键环节：一是要学习和掌握先进媒体技术，提高自身的新闻敏感度，运用媒体技术缩短新闻生产的时间和传播链条；二是要把握融媒体改革节奏，合理分配不同资源，在不同传播渠道之间打好配合，搭建智能融媒体平台，优化新闻生产流程，从而实现媒体资源的整合运营，保护和激发传媒行业从业者的积极性，构建一次收集、多次发布的全媒体矩阵传播模式。

在重视媒体技术方面，甘肃省玉门市、吉林省农安县等融媒体中心走在前列。在起初建立融媒体中心时，甘肃省玉门市、吉林省农安县等融媒体中心就意识到了媒体技术的重要性，与技术公司合作，在搭建新平台的过程中利用云计算、大数据等技术优势充分考虑用户需求与反馈。与此同时，甘肃省玉门市、吉林省农安县等融媒体中心也很重视融媒体中心的政务功能，为用户和政府部门搭建新的沟通平台，逐渐实现融媒体的双向政务沟通、场景化生活服务功能，重构与基层用户的关系，以提供更优质的公共服务来实现社会治理。①

五、仅升级既有设备，缺少"移动优先"思路

融媒体建设需要对既有设备进行更新换代，因此，不少融媒体中心对采编播设备改造升级采购项目进行公开招标。比如，宁夏回族自治区灵武市人民政府发布《灵武市融媒体中心采编播设备改造升级采购项目招标公告》，该招标包括一标段的制作网核心万兆存储、交换机、制作网数据库服务器、新闻制作无卡非编工作站等46种设备，二标段的控制台、融媒体操作台、视频编辑平台等19种设备，两个标段的最高标价之和超300万元。由此可见，融媒体中心建设、发展过程中对既有设备的更新升级较为重视。但是，仅对现有的设备进行升级而忽略"移动优先"的思路是不可取的。

---

① 谢新洲，朱垚颖，宋琢谢. 县级媒体融合的现状、路径与问题研究：基于全国问卷调查和四县融媒体中心实地调研［J］. 新闻记者，2019（3）：56-71.

"移动优先"是媒介融合的核心概念。简单地说，将内容战略和传播战略的重心转移到智能手机、平板电脑等移动媒体上的操作就是符合"移动优先"战略的。"移动优先"的特点是视频化、社交化、个性化、矩阵化。

视频化的内涵在于视听渠道在移动优先中将发挥重要的作用。这里所说的"视频化"突破了传统的视听应用范畴和场景。随着4K技术的飞速发展，以及互动式、沉浸式、强体验视听场景的高速发展，视听业务将成为"移动优先"的重要组成部分。对于融媒体改革而言，融媒体中心要考虑将视听场景拓展并深化到相关垂直领域。

社交化的内涵在于建立用户圈层。"移动优先"的优势在于互动性的无限增强。自媒体的冲击导致传统媒体流失了大批用户，融媒体改革需要考虑用户需求，增强用户黏性，加速用户回流和把用户聚合到平台上，实现融媒体可持续性发展。

个性化的内涵在于精准传播。算法新闻是基于大数据的定制化推荐新闻，改变了传统的新闻制作和发布模式，融媒体中心需要建立"用户至上"的理念，积累用户数据，了解用户偏好，加速用户回流。

矩阵化的内涵在于多样化、多元化和多维化。融媒体改革需要在多种传播渠道、传播平台建立节点，加强节点连接，超前布局更多节点，加快建立全局视野的物联网，实现融媒体改革的全局化。

"移动优先"是媒介融合的最终发展目标。从表面上看，这只是增加了传播渠道和传播平台，将各个传播节点连接起来，形成传播矩阵。但是从深层次来看，这是智媒时代带来的媒体革命，媒体的生产力和生产关系也在媒体革命中更迭。融媒体改革若是缺少"移动优先"的路径，只会升级既有设备，浮于表面，则无法实现媒介融合从"相加"到"相融"的质变。

第三节　存在内部机制矛盾，媒体经营方式缺乏创新

融媒体改革的最终目的在于实现融媒体经营，大多数传统媒体在进行

融媒体改革前依靠广告收入和财政补贴维持运营。它们要想从体制内身份向市场化身份转变，需要解决融媒体内部矛盾，拓展盈利模式，改变媒体经营方式。因此，本节将从事业编制体制、盈利模式、媒体功能、经营方式、组织结构等方面阐述融媒体改革存在的内部机制矛盾突出的问题。

一、事业编制体制略僵化，难以适应融媒体运营方式

大多数传统媒体属于事业单位，有自己的运作模式，往往只是将自己定位为媒体，履行媒体职责，完成文化宣传任务，缺乏市场化意识和服务意识，很难从官本位观念上完成角色转变，媒介融合较为困难。

融媒体改革必然改变原来的一套运行模式。长期单兵作战的媒体在进行融媒体改革时，改变运行模式十分困难。原本经营较好的媒体，其实并不愿意进行融媒体改革，因为进行融媒体改革会降低本身的效益。例如，湖南省浏阳市县级融媒体中心是由广播电视台和浏阳日报社合并而成的。浏阳日报社的效益比浏阳广播电视台好，两者合并之后，浏阳广播电视台就带走了浏阳日报社的部分收益。因此，浏阳日报社想要融合的积极性就不高。[1]

融媒体改革必须重新规划顶层设计，而顶层设计的改革面临体制、机制和经营方式的调整。体制、机制、经营管理层面的改革要推动组织机构一体化，要从根本上建立一体化机构，而不是先简单地建立融媒体机构，再去处理事业体制机制等，改革从一开始就应该内应外合，从而达到一体化经营的目的。

进一步说，机制活了，人才才能留下来；人才队伍建设搞好了，机制与体制改革才能彰显成效。一体化机构的建立也为融媒体改革提供了强有力的体制、机制支撑。近两年，一些机构已经在体制和机制的改革上取得了一些成效。

澎湃新闻客户端和《新京报》客户端是融媒体中心体制和机制的改革

---

[1] 穆瑞琦，张小锋. 湖南省县级融媒体中心建设现状调研报告［J］. 传媒论坛，2020，3（2）：14-15.

的重要成果。澎湃新闻的前身是《东方早报》,《东方早报》自 2017 年 1 月 1 日起休刊,原有的新闻报道、舆论引导功能全部转移至澎湃新闻。目前,澎湃新闻已经成长为具有传播力和影响力的互联网平台。《新京报》客户端是由"一网两报"整合而来的,于 2018 年 10 月 31 日正式上线后,《新京报》全员转型至客户端,全面实施"移动优先"战略。

不管是澎湃新闻还是《新京报》,它们紧跟融媒体改革潮流,率先进行体制和机制的改革,并取得了一定的成效。①

二、依靠广告收入或财政拨款,盈利模式较为单一

传统媒体的盈利模式相对简单,主要靠国家财政拨款和自身的广告收入。虽然融媒体改革的目的不是盈利,但是连续亏损的融媒体建设也不是融媒体改革的最终目标。而从当下的媒介融合来看,部分传统媒体单一的盈利模式并不能适应市场化竞争,它们未探索新的盈利点,也未进行新的盈利模式探索,特别是县级融媒体中心。研究数据显示,各县级融媒体中心的超 80%的经费来自政府拨款。② 而融媒体改革需要大量资金来"招兵买马",一次性的财政拨款难以支付高昂的设备采集、高层次人才引进等融媒体改革费用。

作为媒体机构,盈利的多少是受众对于媒体的认可度的一种呈现方式,只有得到受众的不断认可,受众才会为融媒体拓展的盈利模式买单。因此,融媒体改革需要在盈利模式上有所创新,加大探索力度,最终服务于融媒体中心的可持续性发展。

当然,寻求多种盈利模式并不意味着让融媒体中心完全放弃广告经营,而是改变过去的广告发布方式,精准发布广告信息,为广告商量身定做广告产品,用更加合适的传播渠道和传播平台进行广告推广,也可以利用短视频、H5 等进行广告生产,切实提高广告产品质量,产生比过去更好的传播效果,以吸引广告商。

---

① 姚林. 报业融媒体经营的转折节点 [J]. 中国报业,2020 (1):23-26.
② 张化冰. 提升县级融媒体社会治理参与度 [N]. 中国社会科学报,2020-12-24 (A03).

具体而言，优化融媒体中心的盈利模式，提高其"造血"能力，需要在多方面下功夫。

在内部管理方面，特别是平台管理和账号管理，专人分管，不断完善制度，全方位实现创新发展。利用融媒体中心的官方背景，集聚不同领域的力量，争取稀缺资源，助力新闻生产和传播迈向新的发展阶段，实现跨行业发展。

例如，江苏省邳州市融媒体中心开展的相关媒体项目目前已经实现直接创收500多万元，其实该中心就是利用其融媒体平台，组建新媒体执行团队，利用新媒体技术，为合作单位提供新闻宣传、信息发布、数据共享、新媒体托管、活动策划、技术研发等一对一精准服务，并收到良好的成效。①

三、功能局限于媒体区域，未转化为功能型平台

目前，媒介融合已经取得初步进展，新闻生产方式已然发生转变，媒体和受众之间也开始有互动，传播效率大幅提升，传播效果也较之前有所增强。但是纵观整个传播过程，融媒体中心的功能仍然局限在媒体区域，以发布信息为主。当然，发布信息是融媒体中心的功能之一，这无可非议。但是，在互联网环境下，如果只依靠发布信息就想争夺新闻市场、提升主流价值观的影响力，在融媒体时代是不可能实现的。

融媒体改革也要注重"流量变现"。融媒体中心发展到一定规模，并占据一定的市场份额时，要发挥自身的经营变现能力。因此，媒介融合不仅仅是单纯地构建媒介传播，而是通过跨界整合资源，将融媒体嵌入越来越多的生活场景之中，树立服务意识，体现平台型思维，打造生活方式平台。

从国家宏观角度而言，打造生活方式平台，其实也是社会治理和政府服务在媒体空间的延伸。融媒体改革依靠大数据背景，利用云计算、人工智能等新兴技术为受众提供信息服务、民生服务及政务服务，不仅可以节

---

① 唐瑞峰. 看看这些县级融媒体中心是怎样盈利的[EB/OL]. (2019-06-04)[2020-12-08]. https://xw.qq.com/cmsid/20190604A007D700.

省政策下达的时间，也可以节省受众办理事务的时间，提高双方的效率，充分发挥融媒体平台的连接性、互动性和服务性，巩固融媒体的地位。

县级融媒体作为连接地方党委政府和人民群众的纽带，有利于巩固基层政权、促进党的政策落地。县级融媒体在充当基层主流媒体的同时，更是体现党和政府治理能力和治理体系的舞台。县级融媒体扮演的角色包括但不限于一般媒体，它应该成为基层宣传思想工作的阵地，成为政府服务大众的窗口，成为党政部门的"数字办公室"。中宣部特别指出，要把县级融媒体打造成引导舆论、服务群众的平台。信息服务平台已成为集信息服务、政务服务、社区服务于一体的智慧平台。例如，河北省石家庄市县级融媒体注重用户体验，充分挖掘自身政府职能，加强与政府各职能部门的合作，整合不同机构的服务职能，搭建"新闻+政务+社区"综合媒体智能服务平台，为用户提供便捷服务。

四、技术驱动略显不足，缺少多元化经营连接

技术是融媒体改革的内在驱动力，媒体革命的背后都有技术作为支撑。媒体技术不仅极大地改变了新闻生产方式和传播方式，而且改变了媒体经营模式。大数据、人工智能开启算法时代，用户画像、个性化推荐都是基于大数据、人工智能技术，简而言之，媒体变革都是靠技术实现的。没有技术驱动，融媒体多元化经营就无法正常运作。

反观融媒体改革的当下，由于缺乏技术人才支持，多数融媒体的技术驱动略显不足，因此，将技术转移给外包公司进行开发。外包公司仅负责软件开发，不负责相应的运营工作。客户端开发之后，其只具备相应的发布功能，而不具备相应的用户数据追踪、用户画像及个性化推送功能，更别提服务和多元化经营的连接。因此，当下的融媒体平台的功能还较为局限，仅聚焦于信息发布。从根本上来说，融媒体改革若缺乏大数据、算法等技术支持，相应的用户数据追踪、用户画像及个性化推送服务就无从谈起。

当然，技术只能为多元化经营提供基础驱动，单靠技术驱动也难以完成媒体经营转型。融媒体经营无法突破障碍的原因在于虽然进行了融媒体

改革，但是仍然沿袭传统媒体的经营模式，停留在传统经营方式，基本游离在互联网经营的核心之外。改变经营模式最根本的是需要转变观念，建立互联网意识。技术驱动只是从表面上支持融媒体改革，完成融媒体"相加"阶段，难以完成深层次的融媒体"相融"阶段。

其实，互联网化经营与过去的传统媒体经营模式是有天壤之别的。在互联网经营模式中，营销与服务的边界正在消弭，经营功能化与营销服务化是互联网经营模式的发展方向，这种模式更容易被广告商和受众接受，因此，也吸引了更多的广告商，增加了长尾用户，进一步完善了融媒体的多元化经营连接。

平台的聚集为传统媒体的可持续发展提供了源源不断的动力。国家统计局数据显示，2018年新闻信息服务业营业收入超8 000亿元，增长速度较快。数字经济快速发展，跨境合作有利于突破利润困境。媒体业务不断向外拓展，从提供单一的新闻信息服务向多元化经营转型，继续努力向公共服务平台转型。

综观行业可以看到，在传媒集团纷纷寻找出路时，有一批传媒集团正在拓展新兴业务，以此来拉动其收入增加。例如，浙江华媒控股股份有限公司大力推进"党员订党报"工作，在督促党员进行政治学习的同时，其报刊发行收入增加超7 500万元，增长幅度较大；华闻传媒投资集团股份有限公司充分拓展其数字内容服务和信息技术服务业务，营业收入增加超3亿元，带动集团的整体营业收入增长3.0%。①

再如，浙江省长兴县融媒体中心通过多个部门单位整合组建，成立了全国第一家县级传媒集团——长兴传媒集团，坚持"移动优先"战略，不断探索多元化经营模式，不仅推出"电视+电商"的服务模式，还帮助合作单位拍摄纪录片、宣传片等，开拓媒体类服务模式。②

---

① 李雪昆. 主流媒体须认清自身核心资源 融媒体经营如何深度挖潜？[EB/OL]. (2019-9-10) [2020-12-10]. http://media.people.com.cn/n1/2019/0910/c40606-31347023.html.
② 李彪. 县级融媒体中心建设：发展模式、关键环节与路径选择[J]. 编辑之友, 2019 (3)：44-49.

五、存在组织结构矛盾，难以保障互联网化经营

通常来讲，组织结构的变革会遇到阻力，自身的组织结构的变革绝非易事，因此，媒体自身不会主动进行组织结构变革，除非受到外部环境的强力推动。当前，媒体的外部环境发生巨大变化，而媒体内部组织结构未随之改革，难以适应互联网化经营。老化的体制、机制和运营模式带有强烈的历史性因素，与互联网市场化经营相悖。

互联网时代，媒体无法继续维持过去的组织结构，面临组织结构革新的问题，再加上国家鼓励媒介融合，融媒体改革需要在全局中找准自身定位，服从媒体变革实践的国家战略大局。

组织结构调整是媒介深度融合的内生动力，是融媒体改革的基础性改革，势必会为媒体可持续的高质量发展拓展空间。组织结构改革需要从实际出发，进行周密的顶层设计，开拓视野，着眼于融媒体中心的长远发展，打破内部边界和制度束缚，利用后续的政策、人力、组织、智力等，多方协同，系统性推动组织结构改革，构建适应市场变化的组织结构，形成自上而下的整体融合，实现媒体的竞争力和影响力再造，以应对当下的市场竞争环境。

例如，河北省武强县融媒体改革注重组织结构的变革。武强县融媒体中心属于社会公益类事业单位，其整合了中共武强县委宣传部的外宣功能、网信功能、政府网站功能等，依靠政府拨款，并由中共武强县委宣传部进行全面管理。武强县融媒体中心设置了以"中央厨房"为核心的全媒体指挥调度中心、全媒体采访中心、全媒体编辑中心，注册成立武强县融媒体发展运营管理公司，实现事企分离①；增强媒体内部活力，加强媒体内部联系，推动现代化媒体组织结构体系建设。

再如，《南方都市报》在18年的发展中已经构建了媒体集群、业务集群、公益集群等三个主要集群。媒体集群主要包含了6份报纸、6份杂志、

---

① 许海涛. 贫困县融媒体中心建设如何破除难点：以武强县级融媒体中心为例 [J]. 新闻前哨，2019（7）：51.

4个网站、1个官方微博微信群；业务集群主要包含了内容销售和改版咨询顾问、广告活动营销、汽车旅游地产公益娱乐文化等行业服务；公益集群主要包含了3个机构、2个基金及3个常设论坛。在媒体集群、业务集群及公益集群等业务逐步拓展的过程中，机构变得臃肿，逐渐与高效机构的基础背离。《南方都市报》应该对一些机构进行精简，让层级扁平化、机构精简化；① 推动媒体集团内部的模块化分工，提高组织结构的稳定性，以适应互联网化经营。

第四节 社交媒体攻势明显，舆论导向传播力不足

融媒体中心的传播力包括传播内容生产能力和传播效果达成能力两个方面，是指媒体利用各种方式实现有效传播的能力。根据哈罗德·拉斯韦尔（Harold Laswell）提出的"5W模式"将传播者、讯息、媒介、受众、效果并列可知，提供服务、提供信息、受众关注、传播模式和运营模式都是构成融媒体中心传播力的要素。本节从平台建设力度、信息传播效率、权威引导能力、议程设置改革、舆论生态构建、传受平台建设等方面阐述融媒体改革过程中舆论导向传播力不足的情况。

一、平台建设力度不足，有效传播能力有限

媒体的传播力是其引导力、影响力形成的基石，无论媒体怎样改革，有效传播能力始终是媒体所追求的。而有效传播能力有限是目前融媒体中心发展面临的主要问题，对于县级融媒体中心尤为明显。

第一，县级媒体的影响力有限。以县级电视台为例，县级电视台的收视率较低，收视率份额主要由中央电视台、省级电视台等强势平台瓜分。其新闻节目存在报道观念、报道方式和表现技巧陈旧的问题。很多县级新闻报道的主题仍然是地方领导的活动、工作动态和总结报道，不够及时，

---

① 刘庆. 融合环境下媒体组织架构的调整与响应 [J]. 中国记者, 2014 (10): 48-50.

不能满足基层群众的实际需要，缺乏吸引力。第二，县级媒体面临着新媒体的巨大挑战，地域性并不明显。部分县级宣传部门、媒体在"两微一端"也有官方今日头条账号、抖音账号等，但与服务本地和以市场导向的媒体相比，既不接地气，也没有优势，即使聚集了一定数量的粉丝，由于内容和政策的限制，也很难实现商业价值，无法形成资源的良性循环。第三，目前县级融媒体中心缺乏服务受众的意识，没有将服务受众放在核心环节，难以落实上传下达的任务。第四，媒体追逐受众，受众追逐信息。融媒体时代，受众对于信息的需求不断变化，而县级融媒体中心仍沿袭传统媒体时期的观念，以传者为主，没有顾及受众的信息需求。第五，县级融媒体的传播模式和运营模式没有随着技术变革而创新，以前的传播模式和运营模式已经无法满足现在融媒体发展的需求。

为改变现状，县级融媒体中心应充分考虑群众的需求，贴近基层，了解群众需求，提供有效信息，调整优化媒体布局，不断深化内部改革，实现国家政策的上传下达，形成新的生产力，诞生新的传播力。

二、信息传播效率较低，权威引导能力弱化

从报纸、电视到网站论坛，再到社交媒体，在这个过程中，信息传播成本不断降低，而信息传播效率不断变高。信息传播的速度非常快，并且很多信息的关注度从发布到抵达井喷式增长顶点只需短短几个小时。在手机、电脑等现代通信设备的发展影响下，社交媒体往往呈现一对多的传播现象，信息传播速度不断加快。另外，社交媒体的兴起让用户的角色发生了改变，他们由单一的信息接收者变成了集信息接收者和信息传播者的身份于一体。用户在社交媒体上发布信息后，其社交圈内好友可以及时围绕信息进行讨论，也可以将其转发到自己的社交主页中，以放射型模式传播，一传十、十传百，进而扩展到整个错综复杂的关系网中，传播效率极其高。因此，社会热点一出现，有些用户就会在社交媒体发表相关观点和看法，其社交圈内好友围绕社会热点或者其观点和看法进行评论，进行二次传播。简单来说，信息接收者又在新一轮的传播中成了信息传播者。社交媒体上的信息通常秒速更新，迅速地被生产又迅速地被消费。

相比社交媒体，融媒体中的传播者相对单一，虽然也是一对多的传播模式，但是第一轮传播过程中的信息接收者角色单一，完成第一轮传播后未进行二次传播，并没有呈现出放射型传播模式，整体来说，传播效率相对较低。

融媒体中心还要提高舆论引导力。我国媒体环境、舆论生态发生变化后，融媒体改革进程加速，社交媒体抢占了大部分市场份额，传统媒体受众流失严重。微博、微信等社交媒体上的信息传播速度不断加快，社交媒体甚至扮演着舆论发酵器的角色。但同时，一些传播者为了吸引受众，发布各种虚假、低俗信息，危害我国的信息生态。在智媒发达的今天，虽然新的新闻内容生产方式冲击着传统的新闻内容生产方式，但媒介伦理底线不能被突破。此时，融媒体中心的作用和重要性开始凸显，依靠传统媒体所塑造的高权威度和高可信度，融媒体中心承担着权威引导职能，应增强导向和问题意识，严格把控内容生产。当出现虚假新闻等新闻失范现象时，融媒体中心要及时进行辟谣，提供真实信息，引导舆论，稳定民心，提高媒体的公信力，牢牢把握住舆论场的主动权。

另外，现阶段的县级媒体中心在政务服务功能上生产优秀原创内容较少，同时没有很好地对应用户需求。例如，江西省分宜县融媒体客户端"画屏分宜"在政务服务功能方面还有所欠缺。其政务服务功能的实现仅仅是从网页进行直接"搬运"，并没有结合客户端的传播特点进行优化。因此，融媒体改革还要注意功能服务的便民化设计，以满足用户需求，更好地服务群众。①

三、议程设置较为老套，与受众舆论需求不太相符

媒体是党和人民群众之间的桥梁。长期以来，以报纸、广播、电视为代表的传统媒体在制定议程、树立正确舆论方面发挥了不可替代的作用。党和政府通过媒体将纲领、政策反复传达给群众，使这些纲领、政策等深

---

① 谢新洲，朱垚颖，宋琢谢. 县级媒体融合的现状、路径与问题研究：基于全国问卷调查和四县融媒体中心实地调研 [J]. 新闻记者, 2019（3）：56-71.

入人心。媒体应为多个分散的利益群体建立开放通畅的意见表达渠道，在其中找到各方利益的平衡点，不断整合舆论，使不同群体需求达到相对平衡，潜心引导公众。

议程设置是媒体在舆论引导中常用的理论方法。融媒体改革中，传统媒体与新兴媒体聚合起来，形成一个相对独立的媒介环境，进行议程设置后通过各种媒介平台对外传达信息，以短视频、H5等多种方式呈现，可以提升议程设置的传播效果，扩大议程设置的传播范围。但是目前融媒体改革中的议程设置仍然跟传统媒体时期相似，较为老套。媒体环境不断变化，受众的舆论需求也与之前大不相同，但是融媒体中心没有根据受众的需求进行议程设置创新，跟受众的舆论需求相悖。

北京市顺义区融媒体中心充分把握各种传播渠道的特点，创新议程设置，处于媒体改革的前沿。2018年是中国改革开放40周年，如何抓住这一契机，提高媒体传播的有效性，加深用户对媒体形象的认识，引发了各大媒体之间的新闻大战。为了让用户在海量信息中了解顺义区的发展，顺义区融媒体中心提前进行了议程设置和舆论导向生成的前期规划。在这个过程中，顺义区融媒体中心有三点值得其他媒体学习：一是抓住关键节点，尽快"说"出来。顺义人民广播电台、顺义电视台、顺义新闻、"顺光传媒"微信公众号推出了系列报道，展示了该地区整体经济和社会事业40年的典型发展成就。这直接引起了当地和其他地区受众的注意，充分响应了当地受众的需求。第二，重视UCG制作。顺义区融媒体中心让受众亲身讲述40年来自己生产生活方式的翻天覆地的变化，其他受众产生共鸣。第三，利用今日头条、抖音等渠道增强互动效果。因此，顺义传媒这次的议程设置，以全方位、多媒体、立体的方式将顺义40年来的巨大变化呈现给广大受众，并取得了良好的互动效果。①

四、"舆论场"趋于多元，冲击网络舆情生态

媒体是舆论的载体，既能传播舆论、反映舆论，也能引导舆论、影响

---

① 方攀，强强. 议程设置理论在融媒体新闻舆论导向中的应用探索：以顺义融媒体为例[J]. 新闻研究导刊，2019，10（2）：138-139.

舆论。随着自媒体等新媒体不断发展，更多用户参与到信息生产、信息接收的过程中，用户的身份也在不断发生变化，舆论生态场域也逐渐多元化。① 国信办副主任任贤良在第 14 届中国网络媒体论坛上做了名为《加快融合发展建设新型媒体》的主题演讲，指出传统媒体和新兴媒体的深度融合，以及新型主流媒体的出现对国家发展而言将意味着形成一个良性的网络舆论生态圈。

在这种发展态势下，提升媒体影响力，把握舆论场上的主动权，从而引导民意非常重要。融媒体改革应借力移动传播，牢牢占据舆论引导的传播制高点，扭正负面意见、偏激观点的传播态势，发挥积极引导社会意见的重大作用，承担好构建和谐、健康、充满正能量的网络生态和社会生态的重大责任。

面对这一现状，湖南日报社充分利用"中央厨房"，策划推出"追梦新湖南"系列专题报道等融媒体产品；湖南广播电视台开设多个融媒体演播室；"红网"、时刻新闻推出融媒体作品，注重作品质量，对应不同用户需求，充分彰显"全程媒体、全息媒体、全员媒体、全效媒体"新景象，形成良性的媒体生态圈。

五、双向互动明显不足，缺少传受交流平台

在传统媒体时代，传受双方的互动很少。而在社交媒体时代，传受双方的互动性不断增强，改变了以往单向传播的模式。一条信息在网上推送出来之后，信息传播者会知道受众数量、受众基本画像，受众的感受，以及受众的意见、建议等，这样的双向互动传播让传受双方之间的交流更加顺畅，交流频次增多，双方在充分交流的过程中会减少误会，从而使信息的传播更加高效、透明。在融媒体改革中，如果沿袭传统媒体的模式，那么传受双方互动会较少，传者不了解受众反馈，也无法立即做出相应的调整。

---

① 车雪莹. 浅谈融媒体时代下主流媒体如何占据舆论场主动地位［J］. 新闻研究导刊，2019，10（5）：249-250.

究其原因，一是融媒体改革并没有重视受众的反馈，只是从信息传播者的角度考虑传播全过程；二是融媒体改革中缺少传受交流平台，受众的反馈难以被传递给信息传播者，造成双方互动明显不足；三是融媒体改革中沿用传统的说教式、灌输式宣教语态，没有和受众建立良好的传受关系。

要想改变这一现状，首先，需要改变观念。在融媒体时代，受众反馈也是融媒体改革的信源，根据受众的意见做出相应改变是较快的发展方式。其次，需要建立传受交流平台，增加传播者和受众之间的交流频次；最后，需要改变语态，根据不同用户的实际需求，改变以往说教式语态，向渗透式、感召式传媒语态转变，建立良好传受关系，在最大程度上实现有效传播。

第五节　内容较为枯燥单调，未实现本土化落地

融媒体改革实现了传播到达的必然性，但是没有考虑到传播渠道的可行性。目前，内容较为枯燥单调，难以实现真正的有效传播。因此，本节从内容生产来源、内容受众及内容生产主体角度剖析融媒体改革在内容生产方面存在的问题。

一、内容照搬传统媒体，同质化现象严重

媒体必须坚持正确的舆论导向，将内容建设放在第一位，不能盲目追求产品给用户带来的视觉冲击。融媒体改革发展到今天，还存在各种各样的问题，主要是定位仍不清晰：有的媒体过于强调自身的媒体职责，而忽略了融媒体服务的属性；有的媒体进行多元化经营模式的推广，偏离了主业；有的媒体过于追求设备的升级换代，而忽视了根本的优质内容生产，未能平衡媒体技术和新闻产品内容之间的关系。

在内容生产方面，融媒体的互联网融合思维不够，导致早期多数融媒体中心沦为新闻的"搬运工"，过度强调媒体职责，推送的内容千篇一律、

不够丰富、原创内容较少，对内容的趣味性不够重视，忽视本地受众的需求，缺乏具有地方特色的节目和内容，因此对受众吸引力不够，难以满足受众日益增长的信息需求，面临受众分化危机。

这样的情况在县级融媒体上体现得更为明显。县级融媒体平台仅注重形式上的全媒体矩阵，在运营人员有限的情况下，仅一个县级融媒体平台就运营10余个账号，包括微信公众号、微博账号等，内容涉及天气、生活、文化、交通等各方面。这容易导致出现两种问题：第一，由于运营人员数量有限，当受众出现互动意愿时，运营人员无法与受众形成良性互动，久而久之，受众的互动意愿逐渐下降；第二，发布内容出现重复，且抓不住重点，无法满足当地受众的实际需求。[①]

例如，从江西省分宜县融媒体中心的发展来看，"新闻"与"民生""专题""直播分宜"等栏目在内容上存在一定程度的重合，同一个政策新闻既可以在"专题"栏目下看到，也可以在"直播分宜"栏目看到，用户在使用过程中难免出现"消化不良"的情况。[②]

此外，部分县级融媒体平台在用户体验方面做得不够好，如产品界面不够美观、产品使用不够简单、内容丰富性和趣味性不强，导致受众流失，影响力和传播效果有限。融媒体改革要坚持"内容为王"，增加多元化内容，提升内容的趣味性和质量，将内容资源全面打通，增加资源的利用面，把各部分的原创内容聚合在一起，提高传播效率，提升媒体影响力。

内容生产能力不足的主要原因包括四个方面：第一，现有员工的全媒体业务素质较低和运营能力不足，他们不愿意学习新的媒介知识，遇到困难时消极怠工，工作积极性较低，不利于内容制作；第二，缺乏相应的人才引进机制和激励措施；第三，新闻挖掘浮于表面，从业人员不愿意进行实地采访，缺少对当地政务新闻、社会新闻和相关资讯的深度挖掘；第

---

① 刘鹏飞，周文慧. 县级融媒体建设中的难题如何破解？［EB/OL］.（2020-01-25）［2021-01-25］. https://www.sohu.com/a/368874447_481352.

② 余旺鸿. 县级融媒体中心建设现状、问题与前景分析：基于江西分宜县级融媒体的实地调研［D］. 广州：广东外语外贸大学，2020.

四，节目老套，缺乏创新思维和理念，与受众日益增长的文化需求相悖。

二、信息与本土关联弱，忽视本地受众需求

目前多数的融媒体中心建设，更偏向于硬件建设，在内容生产上更多地对新闻进行转载加工，没有将注意力放在挖掘新闻资源上，产出的原创内容较少，与受众的生活联系性不强，无法有效聚合受众的关注点。

当下内容消费升级，受众的需求发生了变化。而融媒体建设过程中，传统媒体并没有注意到受众的行为习惯的变化，其内容生产脱离受众市场、发展环境等实际情况，埋没地域性优势，并未满足本土受众的需求。

其实，融媒体的下沉市场存在很多具有地方特色的长尾资源，如果能够盘活这些优质的地方长尾资源，就既能增加内容的丰富性，又能增加多元化经营渠道。例如，县级融媒体中心可以通过开展农村文化遗产数字化建设，助力农村优秀传统文化保护传承，激发文化活力，助力数字经济。县级融媒体中心对本地资源与特色资源的开发利用可以助力基层社会治理和乡村振兴。①

一方面，可以关注一线互联网公司的关注热点，摸清市场运作逻辑，学习其布局下沉市场过程中的经验和技巧，满足下沉用户的需求；另一方面，整合内容、渠道、技术及运营资源，形成传播矩阵，增加优质原创新闻产出，吸引更多的受众，形成递增效应，更好适配下沉市场需求，促进融媒体改革的长足发展。

三、传播主体趋于单一，本土资源未被充分挖掘

今日头条、抖音、百家号等内容平台基本不生产内容，但是利用大数据技术聚合内容，根据用户偏好推送个性化内容。从这点来看，聚合已经成为内容生产的一个重要分支，将内容汇聚在移动端口是成本低、效果好的方法。

---

① 林文婧. 贵州省县级融媒体中心建设研究：以盘州市、桐梓县、修文县为例 [D]. 昆明：云南财经大学，2020.

但是目前对于融媒体来说，传播主体主要是融媒体从业人员，传播主体较单一。究其原因，主要是融媒体中心定位不清晰。与传统媒体有所区别，融媒体中心为用户生产、专业生产及职业生产提供平台，在尊重受众需求的同时，结合地方特色进行有效引导，由多元主体参与新闻内容生产，提升 UGC、PGC、OGC 产品质量，构建多元传播生态体系。

由于传播主体较为单一，本土内容资源未被充分挖掘，原创本土内容资源未被广播、电视、报纸、网站、客户端、微博等共享。同时，受众生产内容的积极性较低。融媒体作为平台型媒介，应激发基层受众与组织的内容生产热情，以进一步激活基层区域内更多的社会资源、商业资源、生活资源的流通。

内蒙古融媒体率先做出表率。内蒙古融媒体客户端在升级到 2.0 版本时更名为"草原"，主要在 UCG 生产系统方面做了较大升级，保证用户可以自己建立话题与其他用户进行讨论，同时还保留了 1.0 版本新闻生产的专业性和丰富性。在"草原"客户端新增"问吧"这一板块，用户在使用该客户端时可以直接向政府机构提问，这拉近了普通用户与政府机构之间的距离，增加了有效沟通概率。"草原"为用户和政府机构提供了交流的平台，充分体现了其政务服务功能。同时，普通用户、政府机构实际上也成了"草原"的内容生产者。在此平台上，内容充分汇聚，用户与产品、用户与用户、用户与政府机构之间的联系更加密切。①

---

① 刘艳婧，周逸斐. 打造内蒙古功能型服务型融媒体平台："草原"客户端掀开党媒建设新篇章 [J]. 新闻论坛，2020（1）：66.

参考文献

[1] 保罗·莱文森. 莱文森精粹 [M]. 何道宽, 编译. 北京: 中国人民大学出版社, 2007.

[2] 保罗·利文森. 软边缘: 信息革命的历史与未来 [M]. 熊澄宇, 等译. 北京: 清华大学出版社, 2002.

[3] 鲍楠. 短视频内容的主要类别与特征简析 [J]. 中国广播电视学刊, 2019 (11): 25-26, 32.

[4] 布莱恩·克里斯汀, 汤姆·格里菲思. 算法之美 [M]. 万慧, 胡小锐, 译. 北京: 中信出版社. 2018.

[5] 蔡雯, 朱雅云. 从新闻聚合平台看新闻编辑业务的变化 [J]. 国际新闻界, 2018 (10): 101-112.

[6] 蔡雯. 从面向"受众"到面对"用户": 试论传媒业态变化对新闻编辑的影响 [J]. 国际新闻界, 2011 (5): 6-10.

[7] 蔡雯. 媒介融合前景下的新闻传播变革: 试论"融合新闻"及其挑战 [J]. 国际新闻界, 2006 (5): 31-35.

[8] 蔡雯. 媒体融合进程中的"连接"与"开放": 兼论新型主流媒体建设的难点突破 [J]. 国际新闻界, 2020, 42 (10): 6-17.

[9] 蔡雯. 媒体融合与融合新闻 [M]. 北京: 人民出版社, 2012.

[10] 蔡雯. 融媒体建设与创新 [M]. 北京: 中国人民大学出版社, 2020.

[11] 蔡雯. 新闻传播的变化融合了什么: 从美国新闻传播的变化谈起 [J]. 采·写·编, 2006 (2): 57-59.

[12] 曹明倩. 融媒体时代编辑的坚守与转型 [J]. 传媒观察, 2019 (12): 84-89.

[13] 陈洁敏,汤庸,李建国,等.个性化推荐算法研究[J].华南师范大学学报(自然科学版),2014,46(5):8-15.

[14] 陈力丹.用互联网思维推进媒介融合[J].当代传播,2014(6):1.

[15] 陈映.媒介融合概念的解析与层次[J].北京邮电大学学报(社会科学版),2014,16(1):1-7.

[16] 党君.重大疫情事件中建设性新闻对于公众情绪的调节与引导[J].当代传播,2020(4):56-59.

[17] 邓晓懿,金淳,韩庆平,等.基于情境聚类和用户评级的协同过滤推荐模型[J].系统工程理论与实践,2013,33(11):2945-2953.

[18] 丁迈,张天莉,罗佳.短视频的用户生态与需求演进:《短视频用户价值调研报告(2020)》[J].新闻与写作,2021(2):52-59.

[19] 方方.社会化媒体时代短视频热潮解析[J].新闻研究导刊,2016,7(10):349.

[20] 方洁.美国融合新闻的内容与形态特征研究[J].国际新闻界,2011(5):28-34,46.

[21] 方洁.数据新闻概论:操作理念与案例解析[M].北京:中国人民大学出版社,2019.

[22] 郭钦.数据新闻:大数据时代新闻报道新模式[D].武汉:华中师范大学,2014.

[23] 郭迎春.县级融媒体中心建设研究综述[J].传媒,2021(5):35-37.

[24] 郝莉.主流媒体短视频传播矩阵研究:以央视为例[D].武汉:华中师范大学,2020.

[25] 胡逢杰,王新通.关于区县融媒平台建设的探索与实践[J].广播电视信息,2021,28(1):30-33.

[26] 黄楚新,曹曦予.2020年报业媒体融合发展状况、问题及趋势[J].中国报业,2021(1):22-24.

[27] 霍华德·芬博格,劳瑞恩·克林格,张建中.未来新闻业的核

心技能［J］. 新闻记者, 2014（11）：22-28.

［28］贾宝玲, 杨璐铭. 立体媒介：快手平台的转型策略与战"疫"研究［J］. 电影评介, 2020（7）：97-100.

［29］杰弗瑞·S. 威尔克森, 奥古斯特·E. 格兰特, 道格拉斯·J. 费舍尔. 融合新闻学原理［M］. 郭媛媛, 贺心颖, 主译. 北京：中国时代经济出版社, 2010.

［30］克劳斯·布鲁恩·延森. 媒介融合：网络传播、大众传播和人际传播的三重维度［M］. 刘君, 译. 上海：复旦大学出版社, 2012.

［31］匡文波, 杨梦圆. 媒介融合背景下主流媒体移动短视频传播策略研究：以"央视新闻"抖音号短视频传播为例［J］. 新闻论坛, 2019（6）：23-25.

［32］雷攀. 社交网络进入短视频时代［J］. 西部广播电视, 2014（16）：4-5.

［33］雷跃捷, 何晓菡, 古丽尼歌尔·伊力哈木. "融合报道"的概念、内涵、特征及发展趋势：基于中国新闻奖与普利策新闻奖"融合报道"作品的比较分析［J］. 新闻战线, 2019（13）：40-47.

［34］李彪, 刘泽溪. 聚合与重塑：2018年我国智能媒体发展观察［J］. 出版广角, 2019（3）：29-32.

［35］李彪, 刘泽溪. 思维、创意与技术：融媒体时代传媒产品的生产路径创新［J］. 新闻战线, 2018（5）：45-48.

［36］李彪, 王永祺. 2017年媒介融合趋势：从单向度融合到多层次融合［J］. 出版广角, 2018（3）：20-23.

［37］李鹤阳. 融媒体时代我国短视频新闻的传播及发展对策［D］. 长春：吉林大学, 2020.

［38］李杰, 徐勇, 王云峰, 等. 面向个性化推荐的强关联规则挖掘［J］. 系统工程理论与实践, 2009, 29（8）：144-152.

［39］李良荣. 网络与新媒体概论［M］. 北京：高等教育出版社, 2019.

［40］李良荣. 新闻学概论［M］. 6版. 上海：复旦大学出版

社,2018.

[41] 李晓静,付强,王韬. 新冠疫情中的媒介接触、新闻认知与媒介信任:基于中外大学生的焦点小组访谈[J]. 新闻记者,2021(3):76-86.

[42] 李轩. 融媒体时代主流媒体的融合创新:以江苏广电总台融媒体新闻中心为例[J]. 视听界,2017(5):37-40.

[43] 刘冰. 融合新闻[M]. 2版. 北京:清华大学出版社,2021.

[44] 刘冰. 融合新闻采集与呈现[D]. 济南:山东大学,2015.

[45] 刘寒娥. 融合新闻理念对新闻报道方式的影响[J]. 新闻实践,2007(10):18-19.

[46] 刘涛,黄雅兰,谷虹,等. 融合新闻学[M]. 北京:高等教育出版社,2021.

[47] 刘义昆,赵振宇. 新媒体时代的新闻生产:理念变革、产品创新与流程再造[J]. 南京社会科学,2015(2):103-110.

[48] 刘越飞,曹国东. 从媒体到平台:主流媒体平台化的媒介逻辑分析[J]. 新闻论坛,2020,34(6):7-10.

[49] 刘壮. 县级媒体融合发展的路径分析:以沁水县融媒体中心建设为例[J]. 广播电视信息,2021,28(1):34-37.

[50] 鲁京菁. 融媒体背景下的新闻报道特色研究:以2021年两会报道为例[J]. 视听,2021(10):149-151.

[51] 陆晔,周睿鸣. "液态"的新闻业:新传播形态与新闻专业主义再思考:以澎湃新闻"东方之星"长江沉船事故报道为个案[J]. 新闻与传播研究,2016,23(7):24-46,126-127.

[52] 马克·格兰诺维特. 镶嵌:社会网与经济行动[M]. 增订版. 罗家德,等译. 北京:社会科学文献出版社,2015.

[53] 孟笛,柳静,王雅婧. 颠覆与重塑:人工智能时代的新闻生产[J]. 中国编辑,2021(4):21-25.

[54] 欧阳霞,王江珹,白龙,等. 情绪、信任、行动:建设性新闻本土化传播效果的实验研究[J]. 国际新闻界,2021(8):73-89.

[55] 彭宝辉. 融媒体对传统纸媒编辑提出的新要求[J]. 采·写·

编,2019(1):74-76.

[56] 彭兰. 场景:移动时代媒体的新要素[J]. 新闻记者,2015(3):20-27.

[57] 彭兰. 生存、认知、关系:算法将如何改变我们[J]. 新闻界,2021(3):45-53.

[58] 彭兰. 视频化生存:移动时代日常生活的媒介化[J]. 中国编辑,2020(4):34-40,53.

[59] 彭兰. 推动中国网络媒体变革的七大博弈[J]. 编辑之友,2014(5):6-11.

[60] 彭兰. 网络传播概论[M]. 4版. 北京:中国人民大学出版社,2017.

[61] 齐爱民. 私法视野下的信息[M]. 重庆:重庆大学出版社,2012.

[62] 全燕,陈龙. 算法传播的风险批判:公共性背离与主体扭曲[J]. 华中师范大学学报(人文社会科学版),2019,58(1):149-156.

[63] 全燕,向钎铭. 算法传播时代的选择性议题建构[J]. 传媒观察,2021(2):85-90.

[64] 沈浩,元方. "大数据时代"的自动化新闻写作的历史、实践与未来[J]. 新闻爱好者,2017(4):19-25,80.

[65] 石长顺,梁媛媛. 互联网思维下的新型主流媒体建构[J]. 编辑之友,2015(1):5-10.

[66] 石长顺. 融合新闻学导论[M]. 2版. 北京:北京大学出版社,2020.

[67] 石义彬,吴鼎铭. 论媒介形态演进与话语权力的关系变迁:以话语权为研究视角[J]. 新闻爱好者,2013(5):4-7.

[68] 司峥鸣. 媒介融合传播概论[M]. 北京:中国铁道出版社,2019.

[69] 斯眉.《卫报》:人工智能已出现种族和性别偏见[N]. 北京科技报,2017-04-24(007).

［70］孙萍.“算法逻辑”下的数字劳动：一项对平台经济下外卖送餐员的研究［J］.思想战线，2019，45（6）：50-57.

［71］孙少晶，陈昌凤，李世刚，等.“算法推荐与人工智能”的发展与挑战［J］.新闻大学，2019（6）：1-8，120.

［72］覃华巧.全媒体出版语境下编辑应具备的核心素养和提升路径［J］.惠州学院学报，2020，40（5）：107-110.

［73］谭天.理念 融合 场景 算法：聚焦新媒体创新四个关键节点［J］.媒体融合新观察，2020（5）：4-8.

［74］王斌，程思琪.反推式变革：数字环境中的新闻消费特点和转型路径［J］.编辑之友，2018（12）：65-74.

［75］王垂林，张志安.英国媒体数字化转型：案例与模式［M］.广州：南方日报出版社，2017.

［76］王军峰，李亘.主流化：融合背景下商业短视频平台的正能量传播:以抖音、快手为例［J］.电影评介，2020（17）：94-97.

［77］王齐欣.短视频时代主流媒体的破围之路［J］.青年记者，2021（4）：115-116.

［78］王茜.打开算法分发的"黑箱"：基于今日头条新闻推送的量化研究［J］.新闻记者，2017（9）：7-14.

［79］王巧.融媒背景下传统主流媒体短视频传播策略研究：以"央视频"为例［D］.兰州：西北师范大学，2020.

［80］韦千千.大数据背景下国内新闻专业主义理念的发展［J］.声屏世界，2021（9）：19-20.

［81］吴冠军.健康码、数字人与余数生命：技术政治学与生命政治学的反思［J］.探索与争鸣，2020（9）：115-122.

［82］项亮.推荐系统实践［M］.北京：人民邮电出版社，2012.

［83］谢茜.省级融媒体平台建设标准蓝本的探索与实践：以湖北广电长江云移动政务融媒体平台为例［J］.传媒，2021（6）：36-37，39.

［84］谢新洲，黄杨.我国县级融媒体建设的现状与问题［J］.中国记者，2018（10）：53-56.

[85] 徐翔, 王丽, 翁瑾. AR/VR 技术与信息传播模式重构 [J]. 出版广角, 2018 (19): 65-67.

[86] 许向东, 郭萌萌. 智媒时代的新闻生产: 自动化新闻的实践与思考 [J]. 国际新闻界, 2017, 39 (5): 29-41.

[87] 杨翠芳. 媒体融合发展综论 [M]. 北京: 人民出版社, 2015.

[88] 姚前. 算法经济: 资源配置的新机制 [J]. 清华金融评论, 2018 (10): 91-98.

[89] 喻国明, 韩婷. 算法型信息分发: 技术原理、机制创新与未来发展 [J]. 新闻爱好者, 2018 (4): 8-13.

[90] 喻国明, 杨莹莹, 闫巧妹. 算法即权力: 算法范式在新闻传播中的权力革命 [J]. 编辑之友, 2018 (5): 5-12.

[91] 喻国明. VR: 具有巨大发展价值空间的未来媒体 [J]. 新闻与写作, 2018 (7): 52-54.

[92] 喻国明. 媒体融合: 要"下一盘很大的棋" [J]. 新闻界, 2020 (9): 12-14, 94.

[93] 喻国明. 智库与创新: 互联网发展"下半场"的机遇 [J]. 新闻与写作, 2018 (6): 1.

[94] 约翰·帕夫利克, 张建中, 李雪晴. 创新与新闻业的未来 [J]. 新闻记者, 2013 (11): 3-10.

[95] 曾春, 邢春晓, 周立柱. 个性化服务技术综述 [J]. 软件学报, 2002 (10): 1952-1961.

[96] 曾祥敏, 董华茜, 罗坷欣. 媒体深度融合语境下时政报道创新研究: 基于 2021 年全国两会媒体融合产品的分析 [J]. 新闻与写作, 2021 (4): 40-48.

[97] 曾祥敏, 李刚. 我国媒体深度融合发展中的关键问题 [J]. 现代出版, 2021 (2): 65-74.

[98] 詹绪武, 李珂. Vlog+新闻: 主流话语的传播创新路径: 以"康辉 vlog"为例 [J]. 新闻与写作, 2020 (3): 98-102.

[99] 张超, 丁园园. 新闻业的沉浸偏向: VR 新闻生产的变革、问题

与思路[J]. 中国出版, 2016 (17): 38-41.

[100] 张璐晶. 《华尔街日报》探索新媒体融合: 全球化、数字化、专业化[J]. 中国经济周刊, 2015 (25): 75-77.

[101] 赵昱, 王勇泽, 马昕. 短视频的传播现状分析[J]. 广播电视信息, 2015 (9): 53-55.

[102] 郑越, 杨帆. 记者和算法谁更值得信任: "机器人新闻"可信度的影响因素探析[J]. 现代传播（中国传媒大学学报）, 2019, 41 (6): 63-67.

[103] 朱春阳. 县级融媒体中心建设: 经验坐标、发展机遇与路径创新[J]. 新闻界, 2018 (9): 21-27.

[104] 訾谦. "融"人"融"钱"融"内容 合力构建县区融媒体平台: 我国部分县区融媒体中心典型案例分析[J]. 新闻爱好者, 2021 (4): 49-51.

[105] Beer D. Power through the algorithm? Participatory web cultures and the technological unconscious[J]. New Media & Society, 2009, 11(6): 985-1002.

[106] Breese J. S., Heckerman D., Kadie C. Empirical analysis of predictive algorithms for collaborative filtering[C]. Process of the 14th Conference on Uncertainty in Artificial Intelligence, 1998: 43-52.

[107] Ding J., Zeng M. Ideological development and evolution of constructive journalism and its value in China[R/OL]. (2020-3-1)[2021-4-1]. https://webofproceedings.org/proceedings_series/ESSP/ICSSAE%202019/SAE20114.pdf.

[108] Gentzkow M. A., Shapiro J. M. Competition and truth in the market for news[J]. Journal of Economic Perspectives, 2008, 22(2): 133-154.

[109] Haagerup U. Constructive news: How to save the media and democracy with journalism of tomorrow[M]. Aarhus, DK: Aarhus University Press, 2017.

[110] Kohring M., Matthes J. Trust in news media: Development and validation of a multidimensional scale[J].Communication Research,2007,34(2):231-252.

[111] Kormelink T. G., Meijer I. C. What clicks actually mean: Exploring digital news user practices [J]. Journalism, 2018, 19(5):668-683.

[112] Kovacevic P., Perisin T. The potential of constructive journalism ideas in a Croatian context[J].Journalism Practice,2018,12(6):747-763.

[113] McIntyre K. E, Sobel M. Motivating news audiences: Shock them or provide them with solutions? [J]. Communication & Society,2017,30(1):39.

[114] McLuhan M. Understanding media[M].2nd ed. New York: McGraw-Hill Book Company,1964.

[115] Quinn S. Convergent journalism: An introduction[M]. Amsterdam: Elsevier Inc.,2005.

[116] Rotmeijer S. "Words that work?" Practices of constructive journalism in a local Caribbean context[J]. Journalism, 2018, 20(4):600-616.